Die großen Liebespaare

des
20. Jahrhunderts

Die großen Liebespaare

DES
20. JAHRHUNDERTS

ZUSAMMENGESTELLT UND BEARBEITET
VON JÖRG MEIDENBAUER

Faktum
LEXIKON INSTITUT

Inhalt

Der Traum von der immerwährenden Liebe bestimmt bis heute die Sehnsüchte vieler Menschen. Dem schönsten Moment im Leben, einer feierlichen Hochzeit, soll die Reise in eine gemeinsame glückliche Zukunft folgen.

Liebe im Medienzeitalter

Die Liebe, so sollte man meinen, ist die privateste Sache der Welt. Aber sie löst nicht nur etwas Besonderes zwischen zwei Menschen aus: sie kann auch Karrieren ermöglichen, sie kann Karrieren beschleunigen, und sie kann Karrieren zerstören. Dies gilt erst recht, seit das Lieben und Leiden der Schönen, Reichen und Mächtigen im Blickpunkt der Medien stehen.

Wie oft schon hat die Liebe dem Leben der unterschiedlichsten Menschen eine neue Bahn gegeben: Der erfolglose Schriftsteller Henry Miller trifft die schöne Anaïs Nin in Paris. Sie wird seine Geliebte, und ihm gelingt mit »Wendekreis des Krebses« endlich ein großer Wurf. Die Olympia-Hostess Sylvia Sommerlath lernt in München Karl Gustaf von Schweden kennen. Sie ehelicht ihn und wird Königin von Schweden.

Nach welchen Gesichtspunkten Menschen ihre Partner auswählen, ist schwer zu enträtseln. »Die Liebe ist ein seltsames Spiel«, trällerte einst Cornelia Froboess, »sie geht von einem zum anderen.« Oscar-Preisträger Nicolas Cage bringt das menschliche Paarungsverhalten auf einen einfachen Punkt: Frauen, so hat er beobachtet, lieben Männer mit Geld. Und die können ruhig alt sein. Männer hingegen lieben Frauen mit den Eigenschaften von Models: jung und gutaussehend. Und die können ruhig arm sein.

Bei prominenten Beziehungskisten geht es mehr noch als bei Normalsterblichen um Status, um Image, um Ansehen in der Öffentlichkeit. Denn der, der in der veröffentlichten Meinung gut wegkommt, bekommt die lukrativeren Werbeaufträge, erhält die besseren Filmrollen und verdient einfach mehr Geld. Wenn Prominente sich paaren, beginnt das große Rätselraten: Liebt Claudia ihren Copperfield wirklich? Oder ist alles nur ein Marketing-Gag? Natürlich muß Liebe nicht immer das reine, unschuldige und große Gefühl sein wie in den alten Hollywood-Filmen, in denen sich Mann und Frau am Ende die ewige und unvergängliche Liebe schwören. Aber vielleicht gibt es sie ja doch: die wahre, die echte Liebe, die wie im Kinohit »Titanic« unvermittelt zwei Menschen trifft, und dieses neue Glück beschert beiden ein neues, viel glanzvolleres Leben, als sie es zuvor führten.

Frauke Ludowig moderiert mit »Exclusiv« die erfolgreichsten Star-Nachrichten im deutschen Fernsehen.

Das gibt es auch in Wirklichkeit: Erst die Extravaganzen seiner Gala, einer Tänzerin russischer Abstammung, trieben den unbekannten Maler Salvador Dali zu künstlerischen Höchstleistungen. Aber es funktioniert auch anders herum: den Liebesaffären von Marilyn Monroe verdankt Hollywood seine klassische Beziehungskomödie »Wie angele ich mir einen Millionär?«. Im Film singt die Monroe den legendären Song »Diamonds are a girl´s best friend« und entscheidet sich doch, aus Liebe einen scheinbar armen Schlucker zu heiraten. Der entpuppt sich am Ende als Millionär: Liebe und Geld, so die positive Botschaft, vertragen sich doch.

Litten die Frauen früher oft noch unter ihren Macho-Männern und endeten ihre Beziehungen häufig als Tragödien, so läuft es mittlerweile anders. Ein Onassis wäre heute wohl nur in Reederkreisen bekannt, hätte er nicht die Kennedy-Witwe Jackie O. geheiratet. Auch ein Dodi wäre ohne seine Affäre mit Prinzessin Diana nie über den Status des unbekannten Gigolos aus reichem Haus hinausgekommen.

Vorbei auch die Zeit, als die Affäre des englischen Königs Eduard VIII. mit der bürgerlichen und zudem noch geschiedenen Mrs. Simpson eine Staatskrise auslöste, die den Monarchen schließlich zum Rücktritt zwang. Heute nehmen die Leser der Klatschpresse die Vorgänge am englischen Hofe routiniert zur Kenntnis und erwarten nicht einmal mehr vom Adel besonders gutes Benehmen. Längst weiß man, daß im Königshaus wie bei so vielen anderen Familien der Haussegen hin und wieder schief hängt, Eheleute sich nicht vertragen.

»Die großen Liebespaare« präsentiert denn auch die unerschöpfliche Vielfalt prominenten Liebeslebens: von wahrer Liebe, von Verrat, von Berechnung, von heimlicher Leidenschaft ohne Trauschein bis hin zur Goldenen Hochzeit. Das Buch belegt zudem, daß auch Männer es geschickt verstehen, das Können von Geliebten und Ehefrauen für ihre eigene Karriere zu nutzen, so wie der berühmte Schriftsteller Bert Brecht. Nur wenigen allerdings gelingt es, das Zusammenleben von Mann und Frau so simpel auf den Punkt zu bringen wie ein deutscher Bestseller: »Männer sind anders – Frauen auch«.

Frauke Ludowig

1900–1909

Große Hoffnungen liegen auf dem neuen Jahrhundert. Künstler entfliehen den schmutzigen Großstädten, um neue Ausdrucksmöglichkeiten und Lebensformen zu finden. Den Weg zu einer revolutionären Kunst und zu neuen Grundlagen der Wissenschaften gehen auch die herausragendsten Persönlichkeiten zu zweit.

Liebesdrama um die Zukunft des Theaters: Eleonora Duse und Gabriele d'Annunzio

Niemand versteht, warum die Bühnenkünstlerin die Publikation des Skandalromans »Feuer« aus der Feder ihres Geliebten am 5. März 1900 nicht verhindert hat.

Eleonora Duse (1858–1924, l.) in »Francesca da Rimini« (1901). Den Stoff dazu hat ihr Geliebter, der Dichter Gabriele d'Annunzio, (1863–1938, r.) Dantes »Inferno« entnommen. Die weibliche Hauptrolle ist, wie viele seiner anderen Figuren auch, der Duse auf den Leib geschrieben. Im Verlauf der siebenjährigen Liebesbeziehung entsteht eine Reihe von Dramen, die die Theaterprinzipalin oft gegen den Widerstand des eigenen Ensembles und den Unmut von Publikum und Kritik durchsetzt.

Das Buch ist ein kaum verhüllter Schlüsselroman über die Beziehung zwischen dem Bühnenstar und dem Schriftsteller. Er schildert die Bemühungen der alternden Schauspielerin Foscarina, die leidenschaftlich und verzweifelt die Gunst des jungen Dichters Stelio Effrena zu erringen versucht. Der Fassungslosigkeit ihrer Freunde und Kollegen entgegnet Eleonora Duse, sie habe den Druck gestattet, weil ihr Leiden nicht zähle, wenn der italienischen Literatur ein neues Meisterwerk geschenkt werden solle. »Überdies«, so fährt die Darstellerin fort, »ich bin 40 Jahre alt. Und ich liebe«.

Neben der 1897 begonnenen leidenschaftlichen Liebesbeziehung entwickeln Eleonora Duse und Gabriele d'Annunzio ein regelrechtes Sendungsbewußtsein für die Erneuerung des italienischen Theaters. Vorbild ist die Idee eines »Gesamtkunstwerks«, wie sie Richard Wagner in Deutschland bereits formuliert hat. Die erste große Paraderolle, die d'Annunzio für die Duse schreibt, ist »La Gioconda«. Ein Debakel allerdings ist die Uraufführung von »Francesca da Rimini« im Teatro Constanzi in Rom.

Gabriele übernimmt ohne jede Theaterpraxis die künstlerische Leitung. Ergebnis ist ein sechsstündiger Abend, der das Publikum durch einen pathetischen Ton abstößt, mit mißlingenden Spezialeffekten verärgert und durch lange Musikpassagen von der ohnehin handlungsarmen Geschichte ablenkt.

Aber es ist die Kunst der Duse, die das Stück nach Streichung von mehreren tausend Versen zusammenhält und von der der Dichter Hugo von Hofmannsthal schwärmt, daß erst sie »dem Dichter Gestalt« gebe und die Handlung dort fortsetze, wo der Autor versagt hat. 1904 beginnt d'Annunzio eine Affäre mit einer 27jährigen Adeligen und besetzt das neue Stück mit einer jüngeren Schauspielerin. Nach diesem privaten wie künstlerischen Verrat beendet Eleonora Duse die Beziehung.

Liaison zwischen Hofburg und Burgtheater

Katharina Schratt und Kaiser Franz Joseph: Der einsame Herrscher feiert am 18. August 1900 seinen 70. Geburtstag. Trost findet er bei der jungen Schauspielerin.

Tief enttäuscht von ihrer Ehe, zieht sich seine Gemahlin, Kaiserin Elisabeth, schon bald nach der Geburt ihrer Kinder von ihrem Mann und vom Wiener Hof zurück. Der Kaiser fleht seine noch immer geliebte Frau in Briefen, die er mit »Dein einsames Männeken« unterzeichnet, an, nach Wien zurückzukehren. Doch das Bitten wird nicht erhört. Um Franz Joseph, der nur für die Pflichterfüllung lebt, wird es immer einsamer.

Als Elisabeth 1888 bei einem ihrer seltenen Besuche in Wien bemerkt, daß Franz Joseph an der 30jährigen Burg-Schauspielerin Katharina Schratt Gefallen findet, lädt sie sie in die Hofburg ein: Der 58jährige Regent verliebt sich den Plänen der Kaiserin entsprechend in die Schauspielerin. Die Beziehung zwischen Katharina und Franz Joseph wird zwar bald Gegenstand des allgemeinen Klatsches im Reich, steht aber unter dem besonderen Schutz der Kaiserin. Katharina folgt dem Monarchen auch in die Sommerfrische nach Bad Ischl. Jeden Morgen können die anderen Kurgäste beobachten, wie sich der Herrscher über 40 Millionen Untertanen allein und zu Fuß zum Frühstück in die Villa Schratt begibt. Dort stehen für den anspruchslos und bescheiden lebenden Kaiser schon die selbstgebackenen Kipferln bereit.

Nach dem tödlichen Attentat auf Kaiserin Elisabeth im Jahr 1898 beginnt es zwischen dem Kaiser und der Schauspielerin zu kriseln. Katharina drängt nun auf die Legalisierung der Beziehung, doch Franz Joseph darf und will keine Bürgerliche heiraten. Dennoch bleiben sie bis zum Tod des Herrschers zusammen.

Die beiden wichtigsten Frauen im Leben des österreichischen Kaisers Franz Joseph (1830–1916): Seine schöne, aber unnahbare und exzentrische Gemahlin Elisabeth (r. dargestellt von Romy Schneider mit Karlheinz Böhm in der »Sissi«-Verfilmung von 1955) und die schlichte, warmherzige Schauspielerin Katharina Schratt (1855 bis 1940, hier ein Rollenbild um 1885). Bei ihr findet der Kaiser, der sich wie hier (gegenüberliegende Seite) in Bad Ischl auch öffentlich mit ihr zeigt, Trost.

Große Hoffnungen: Harriet Bosse und August Strindberg

Der ebenso berühmte wie berüchtigte 52jährige Dramendichter und die ehrgeizige 23jährige Schauspielerin vermählen sich am 6. Mai 1901 in Stockholm.

August Strindberg (1849 bis 1912) gehört zu den Wegbereitern des modernen Dramas. Der Journalist und Bühnenautor entwirft in Stücken wie »Der Vater« oder »Fräulein Julie« komplexe Beziehungen zwischen Menschen, die an ihrer inneren Zerrissenheit zugrunde gehen. Dabei steht Strindberg mit seinen eigenen Psychosen häufig selbst Modell für seine Figuren. Die Ehe mit Harriet Bosse (1878–1961) dauert zwar nur drei Jahre, doch beruflich bleibt die Beziehung lebenslang bestehen.

Strindbergs Heiratsantrag, den er Harriet Bosse am 5. März des Jahres macht, ist in die Literaturgeschichte eingegangen: »Möchten Sie nicht ein kleines Kind mit mir zusammen haben, Fräulein Bosse?« Harriet berichtet über ihre Reaktion: »Ich knickste und antwortete völlig hypnotisiert ›Ja bitte‹, und dann waren wir verlobt«.

Der geniale Schriftsteller hat sich bereits im Frühjahr 1900 in die attraktive und umschwärmte Schauspielerin des Stockholmer Dramatischen Theaters verliebt. Als Puck in William Shakespeares »Sommernachtstraum« begeistert sie ihn nicht nur mit ihren »entzückenden Beinen«, sondern auch durch »eine vollkommen okkulte Offenbarung von Anmut, Schalkhaftigkeit, Urpoesie«. Neben der erotischen Anziehung, die sich zwischen beiden entwickelt, hat die Beziehung auch eine professionelle Ebene: Für den Schriftsteller ist die junge Frau eine Inspirationsquelle, für die karrierebewußte Schauspielerin ist der prominente Liebhaber ein Machtfaktor. Strindberg hat nicht nur Einfluß auf die Rollenvergabe im Dramatischen Theater, sondern kann ihr sogar neue Rollen schreiben.

Die Ehe zwischen Harriet und August wird allerdings eine Qual. Dazu trägt auch Strindbergs skandalöse Einstellung zu Frauen bei. So habe, verkündet der Schriftsteller unter anderem, die Frau nicht die Wollust zu suchen, sondern finde ihren Genuß im Abwarten und Gebären. Als Harriet schwanger wird, ist dies zugleich der Anfang vom Ende ihrer Ehe: Sie teilt August mit, daß das Kind ihren Nachnamen tragen solle. August notiert dazu in seinem Tagebuch: »Gab ihr die gehörige Antwort! Krach!«. Die ausweglose Folge von heftigen Auseinandersetzungen und überschwenglichen Versöhnungen, die sich anschließt, findet erst am 27. Oktober 1904 mit der Scheidung ein Ende.

Aufbruch in der Moorheide: Paula Becker und Otto Modersohn

Am 25. Mai 1901 wird das Malerpaar getraut. Doch das Fest ist überschattet vom nahenden Tod des Brautvaters: Die Hochzeit findet am Krankenbett statt.

Paula und Otto haben natürlich von einer Trauung in der Worpsweder Kirche geträumt. Aber Paulas Vater, Woldemar Becker, leidet unter starken Schmerzen und bereitet sich, umgeben von der Familie, auf den Tod vor. Im Wohnzimmer der Bremer Wohnung traut Ottos Bruder Ernst, ein in Münster lebender Pastor, seinen verwitweten Bruder und dessen elf Jahre jüngere Frau.

Kein gutes Omen für eine Beziehung, die in der euphorischen Stimmung des Künstlerdorfes Worpswede ihren Anfang genommen hat. Otto gehört zu den Gründungsmitgliedern der Kolonie, in der nicht nur anders gemalt, sondern auch anders gelebt wird als gemeinhin üblich. Der Verstädterung, die Ende des 19. Jahrhunderts vollendet ist, entfliehen die jungen Künstler in die Weite der norddeutschen Landschaft. Das Dasein in bäuerlicher Einfachheit ist eine Reaktion junger Intellektueller und Künstler auf das immer hektischer werdende Leben in den Großstädten mit seinen, wie Paula Becker notiert, »Schlagworten und Schlagmeinungen«. Glücklich berichtet Otto Modersohn von unbefangenen Spielen: Paula

Paula Becker (1876–1907) und Otto Modersohn (1865–1943) im Jahr 1903. Die Künstlerkolonie Worpswede besteht seit 1889. Ihr gehören die Maler Fritz Mackensen, Hans am Ende, Fritz Overbeck und Heinrich Vogeler an sowie die Malerin Marie Bock und die Bildhauerin Clara Westhoff.

»nimmt mit Clara Westhoff und Fräulein Bock Luftbäder, tanzt mit Clara Westhoff und Herma einen Elfentanz im Mondschein in der Birkenkuhle im Akt.« In den Wirtshäusern der Umgebung lehnen die benachbarten Bauern derlei Vergnügungen allerdings als »nächtliche Orgien im Wald« rundweg ab.

Die herbe Umgebung mit ihren intensiven Farben und schnell wechselnden Lichtstimmungen fasziniert die Maler, die hier ideale Voraussetzungen für ein neues, befreites Arbeiten finden. Paula kann die Erkenntnisse aus ihren Paris-Aufenthalten in ihre künstlerische Arbeit einbringen. Zusammen mit ihrer Freundin Clara Westhoff, die ebenfalls im Jahr 1901 den Dichter Rainer Maria Rilke heiratet, sieht sie dort Bilder von Paul Cézanne.

Im Lauf der Zeit aber werden die Unterschiede in der Kunst- und Lebensauffassung des Ehepaares Modersohn-Becker deutlich. Während Otto seßhaft seinem Worpswede und seiner Malweise treu bleibt, treibt es die den aktuellen künstlerischen Strömungen und der Avantgarde gegenüber aufgeschlossene Paula immer zur »aller-allermodernsten« Kunst nach Paris. Sie trennen sich 1906 zunächst, aber Otto folgt ihr bald nach Frankreich. 1907 kommt ihre Tochter Mathilde zur Welt, doch an den Folgen der schweren Geburt stirbt die erst 31jährige Paula Becker am 20. November.

Paula Becker in einem Selbstbildnis. Die Malerin zählt zu den wichtigsten Wegbereiterinnen des deutschen Expressionismus.

Liebe und Kunst in malerischer Landschaft

Gabriele Münter und Wassily Kandinsky: 1902 begegnen sie sich in der Schwabinger Künstlerszene, verlieben sich und leben im »Russenhaus« wie ein bayerisches Ehepaar.

Wie viele junge Künstler wird auch der aus Moskau stammende Maler Wassily Kandinsky vom Ruf Münchens als führender Kunststadt Europas angelockt. 1896 beginnt Kandinsky, der perfekt Deutsch spricht, ein Kunststudium in der bayerischen Metropole. Die von ihm 1901 gegründete Künstlergruppe »Phalanx« betreibt auch eine Malschule, an der er unterrichtet. Dort studiert die 25jährige Malerin Gabriele Münter. Schon bald sind Gabriele und der elf Jahre ältere Wassily, der noch mit einer Cousine in Moskau verheiratet ist, ein Paar. Die Jahre zwischen 1904 und 1907 verbringen sie auf Kunstreisen, die sie durch ganz Europa und nach Nordafrika führen.

Auf Betreiben Wassilys erwirbt Gabriele im Frühjahr 1909 ein Haus im oberbayerischen Murnau. Da auch Kandinskys Landsleute und Malerfreunde Alexej von Jawlensky und Marianne von Werefkin öfter zu Besuch dorthin kommen, heißt sein Heim unter den Einheimischen von nun an das »Russenhaus«. Alle haben sie sich in die reizvolle Gegend verliebt. Hier leben Gabriele und Wassily ihre künstlerische und menschliche Symbiose. Beide begeistern sich für die bäuerliche Kunst ihrer Umgebung. Wassily verziert in diesem Stil die Möbel des Hauses. Gabriele entdeckt die Hinterglasmalerei für die moderne Kunst. Beide zeigen sich gerne als bayerisches Ehepaar, das seine Gäste in Dirndl und Lederhose empfängt.

Mit Ausbruch des Ersten Weltkriegs muß Wassily nach Rußland zurück. Über Dritte erfährt Gabriele, daß Wassily in Rußland wieder geheiratet habe und keinerlei Kontakt mehr zu ihr wünsche. Sie zerbricht fast und kann jahrelang nicht arbeiten – und doch bleibt Münter die bedeutendste deutsche Expressionistin.

Gabriele Münter (1877–1962) und Wassily Kandinsky (1866–1944) bleiben zwar unverheiratet, treten aber in der Öffentlichkeit als Paar auf. Die gemeinsame künstlerische Arbeit läßt ihre Verbindung als besonders glücklich erscheinen. Immer wieder porträtieren sie sich gegenseitig und es entstehen Bilder wie Kandinskys »Kochel – Gabriele Münter« (1902, ganz r.).

KANDINSKY

Im Juni 1913 fotografiert Gabriele Münter ihren Lebensgefährten am Schreibtisch ihrer gemeinsamen Wohnung in der Ainmillerstraße in München. In der bayerischen Hauptstadt entsteht auch 1910 sein erstes abstraktes Aquarell »Improvisation« (o.). Als Kandinsky Deutschland bei Kriegsausbruch verlassen muß, läßt er sein gesamtes, für die Geschichte der modernen Kunst so wichtiges Frühwerk in München zurück.

Dieses Bild Gabriele Münters aus dem Jahr 1912 zeigt Wassily Kandinsky und die gemeinsame Freundin Erna Bossi beim Kaffeetrinken im »Russenhaus«. Während der glücklichen Murnauer Zeit läßt sich Gabriele Münter von den Techniken der bayerischen Volkskunst und der Hinterglasmalerei inspirieren. Nach der traumatischen Trennung von Wassily Kandinsky erlebt die Künstlerin einen körperlichen und seelischen Zusammenbruch, der zu einer regelrechten Malblockade führt. Tief verbittert über den Verrat, ist sie vorerst nicht imstande, das Haus in Murnau wieder zu beziehen.

Gabriele Münter 1931 – erst jetzt kehrt sie mit ihrem neuen Lebensgefährten Johannes Eichner in ihr Murnauer Haus zurück. Mit dem Machtantritt Hitlers 1933 gelten Münters Bilder ebenso wie die ihrer Malerfreunde als »entartet«. Im Keller des Hauses eingemauert überstehen ihre und Kandinskys Gemälde die NS-Zeit. Sie wird mit einem Arbeitsverbot belegt und überlebt, indem sie Lebensmittel gegen Blümchenbilder tauscht.

Unbeirrt auf dem Weg ins Weiße Haus: Eleanor Roosevelt und Franklin Roosevelt

Der aufstrebende Politiker und die Nichte des amerikanischen Präsidenten heiraten 1903. Der Wille, an die Spitze der Macht zu kommen, schweißt das Paar zusammen.

Kennengelernt haben sich Eleanor und Franklin Delano in der Theaterloge von Eleanors Onkel, dem US-Präsidenten Theodore Roosevelt. Beide fühlen sich sofort zueinander hingezogen. Er spürt, daß er nur mit einer solchen Frau an seiner Seite Karriere machen kann. Eleanor, von einem mehrjährigen Europa-Aufenthalt verändert und selbstbewußt heimgekehrt, ist als Journalistin und Lehrerin tätig. Sie nimmt sich vor, in ihrem Land vor allem auf dem sozialen Sektor etwas voranzubringen. In den ersten Ehejahren muß sie sich allerdings erst einmal Familie und Kindern widmen. Aber sie kann ihre politische Arbeit fortsetzen, als die Familie 1913 nach Washington übersiedelt.

Hier wird die Gesellschafterin Lucy Mercer Roosevelts Geliebte. Eleanor stellt ihrem Mann ein Ultimatum: Lucy oder sie. Die Entscheidung trifft indes Lucy. Da sie als Katholikin ohnehin keinen geschiedenen Mann akzeptieren würde, heiratet sie kurzerhand einen reichen Herrn. Eleanor rächt sich für die Untreue ihres Mannes und hat Affären mit einem Leibwächter und einem Boxer. Die Rache bleibt folgenlos: Franklin ermuntert sie sogar noch zu Liebschaften, um selbst freie Bahn für seine Affären zu haben.

Roosevelts berufliche Entwicklung verläuft unterdessen überaus erfolgreich. Doch 1920 erkrankt er an Kinderlähmung; seine Karriere scheint vorüber. Seine Frau drängt ihn jedoch in die Politik zurück. Tatsächlich wird er 1928 zum Gouverneur des Staates New York gewählt. Schließlich erreicht das Paar sein Ziel: Von 1933 bis 1945 ist Franklin D. Roosevelt der 32. Präsident der USA.

Franklin Delano (1882–1945) und Eleanor Roosevelt (1884 bis 1962) am 20. Januar 1941, dem Tag seiner dritten feierlichen Einführung in das Amt des Präsidenten der USA. Mit seiner Politik des »New Deal« gelingt es ihm, den unbeschränkten Wirtschaftsliberalismus durch sozialstaatliche Maßnahmen einzudämmen. Vom nahenden Krieg überzeugt, nimmt Roosevelt diplomatische Beziehungen zur Sowjetunion auf. Ab 1939 unterstützt er Großbritannien mit Waffenlieferungen, im August 1941 beschließt er (rechtes Bild) mit Premierminister Winston Churchill (l.) die Atlantikcharta.

Am 1. Mai 1931 weiht Roosevelt als Gouverneur des Staates New York das Empire State Building ein. Mit 381 Metern ist der Wolkenkratzer das höchste Gebäude der Welt. Die Bautätigkeit, die im Zuge des »New Deal« einsetzt, ist auch ein in Architektur umgesetztes Zeichen für den Willen nach einer Modernisierung von Staat und Gesellschaft. Unter Roosevelts Präsidentschaft mischt sich der Staat stärker in wirtschaftspolitische Prozesse ein als zuvor. Um Millionen von Arbeitslosen wieder in Lohn und Brot zu setzen, werden auch staatliche Arbeitsbeschaffungsprogramme realisiert.

Eleanor Roosevelt steht auch in engem Kontakt mit Helen Keller (o. r.), die hier der Präsidentengattin die Worte von den Lippen abliest. Die taub-blinde amerikanische Sozialreformerin und Schriftstellerin hat sich unter anderem um die Blindenschrift verdient gemacht. Viele der sozialen Verbesserungen der Ära Roosevelt sind auf ihren Einfluß zurückzuführen.

Erst nach dem Tod ihres Mannes startet Eleanor Roosevelt eine eigene politische Karriere. Als Vorsitzende der UN-Kommission für Menschenrechte ist sie auf diesem Bild mit der Menschenrechtserklärung zu sehen. Darüber hinaus gehört sie zwischen 1946 und 1952 der US-Delegation bei der UN-Vollversammlung an. Zu Lebzeiten ihres Mannes hingegen hat sie keine Partei, keinen Verband und keine Lobby vertreten.

Gemeinsam leben für die Wissenschaft

Im Jahr 1903 geht der Nobelpreis für Physik an das wohl bedeutendste Wissenschaftlerpaar des Jahrhunderts: Pierre und Marie Curie.

Die Polin Maria Sklodowska hat in ihrer Heimat keine Bildungschancen. So studiert sie in Paris Mathematik, Physik und Chemie, wo sie den Chemie- und Physikprofessor Pierre Curie kennenlernt. 1895 heiraten sie und beginnen ihre gemeinsame Forschung über die Radioaktivität der Uranerze. Es ist Marie, die den Begriff »Radioaktivität« prägt. Pierre Curie entdeckt die unterschiedlich positiv oder negativ geladenen beziehungsweise neutralen Teilchen der radioaktiven Strahlung, Marie gelingt im Jahr 1898 die Isolierung der Elemente Polonium und Radium. 1903 wird ihnen zusammen mit Alexandre Becquerel für die Erforschung der Radioaktivität der Nobelpreis für Physik zuerkannt. Ihre glückliche Ehe endet jäh mit dem Unfalltod Pierre Curies am 19. April 1906. Marie muß nun beider Lebenswerk allein weiterführen.

Marie (1867–1934) und Pierre Curie (1859–1906) in ihrem Labor in Paris. 1902 gelingt Marie die Isolierung eines Zehntel Gramms metallischen Radiums aus Pechblende. Nach dem Unfalltod ihres Mannes 1906 übernimmt Marie Curie als erste Professorin an der Sorbonne seinen Lehrstuhl. Nicht nur dort ist sie Vorreiterin. Sie ist auch die erste Frau, die zweimal die höchste Ehrung erfährt, die die Wissenschaft zu vergeben hat: Im Jahr 1911 erhält sie für die Entdeckung des Poloniums und des Radiums den Nobelpreis für Chemie. Auch ihre Tochter und Mitarbeiterin Irène Curie Joliot erhält zusammen mit ihrem Mann 1935 den Nobelpreis für Chemie. Seit 1914 Leiterin des »Institut du radium« in Paris, gehört Marie Curie (o. 1930) zu den bedeutendsten Physikern des Jahrhunderts. Als Opfer ihrer jahrzehntelangen Arbeit mit radioaktiver Strahlung stirbt Marie Curie am 4. Juli 1934 an Leukämie.

Die Liebe zweier Außenseiterinnen: Gertrude Stein und Alice B. Toklas

Als sie Picasso und Hemingway kennenlernt, erkennt Alice B. Toklas ihre Bedeutung auf den ersten Blick. Auch als sie 1907 Gertrude begegnet, weiß sie, daß sie einem Genie gegenübersteht. Aber da ist mehr.

Der Wendepunkt im Leben von Alice B. Toklas ist das Erdbeben von San Francisco im Jahre 1906. Ein Bekannter aus Paris besucht die zerstörte Stadt, um seinen Freunden in der Not zu helfen: Leo Stein. Seine Erzählungen über Europa sind so faszinierend, daß Alice den alten Kontinent im Jahr darauf besucht. In Paris lernt sie Leos jüngere Schwester kennen, die Schriftstellerin Gertrude Stein. Alice ist tief beeindruckt von Gertrudes »goldbrauner Erscheinung, gebräunt von der toskanischen Sonne und mit einem goldenen Schimmer in ihrem hübschen, warmen, braunen Haar«. Schnell entwickelt sich aus dieser Begegnung eine kameradschaftliche Beziehung, in der die beiden Frauen ihre großen Gemeinsamkeiten entdecken: Sie fühlen sich durch ihre Väter eingeschränkt. In ihren großbürgerlichen Familien herrscht ein uneingeschränktes Patriarchat. Gertrude hat überdies die als schwach erlebte Mutter früh verloren, so daß sie der Machtausübung des Vaters umso ungeschützter ausgesetzt gewesen ist. Selbst der ältere Bruder, der für sie Aufgaben als Sekretär und Faktotum wahrnimmt, führt sich manchmal wie der Vater auf, und im Laufe der Zeit fühlt Gertrude sich davon mehr und mehr gestört. Allmählich wächst Alice in Leos Aufgabenbereiche hinein, macht Gertrudes chaotische Manuskripte leserlich, berät in Fragen der zeitgenössischen Literatur und kümmert sich um die alltäglichen Besorgungen. Männer, so lernen Gertrude und Alice, sind eigentlich in keinem Lebensbereich wirklich nötig.

So provokant die Texte Gertrude Steins in ihrer sperrigen Vielschichtigkeit sind, so schlicht ist ihr Familienleben an der Seite von Alice Toklas geworden: Die Rollenverteilung ist kaum anders als in vielen Ehen. Das ungewöhnliche Paar bleibt jahrzehntelang unzertrennlich auch auf vielen Reisen, bis Gertrude 72jährig stirbt.

Der 1909 veröffentlichte Erzählband »Three Lives« erscheint 1960 auch in Deutschland. Zu den erfolgreichsten Werken der Stein gehört ihre »Autobiography of Alice B. Toklas« (1933), ein Unikum der Literaturgeschichte: Gertrude Stein schreibt die Memoiren ihrer Lebensgefährtin. Das Buch unterscheidet sich durch seine direkte Erzählweise von ihren übrigen Veröffentlichungen.

Gertrude Stein (1874–1946) und Alice B. Toklas (1877 bis 1967) stammen aus wohlhabenden amerikanischen Familien. Die in dem US-Staat Pennsylvania geborene Gertrude bleibt im Jahre 1903 nach einer Europa-Reise in Paris, wo sie sich zusammen mit ihrem Bruder Leo niederläßt. Alice ist in San Francisco aufgewachsen und unternimmt 1907 ebenfalls eine Reise nach Europa, wo sie Gertrude Stein kennenlernt. Zu den Freunden des Paares und Bewunderern Steins gehören Pablo Picasso, der die eigenwillige Autorin porträtiert, und Ernest Hemingway, dessen Literatur von der Steinschen Prosa beeinflußt wird.

1910–1919

Die mit dem Ersten Weltkrieg ausgebrochene Gewalt bedroht allzu oft auch das kleine Glück zwischen zwei Menschen: Aus Leidenschaft wird Zerstörung, und nur wenige können sich auf eine private Glücksinsel zurückziehen. Eine neue Glücksverheißung ist das noch junge Kino, mitgeformt von einem Ehepaar.

Verräterische Zärtlichkeiten

Ethel le Neve und Harvey Crippen möchten den Weg für ihre Liebe durch Mord freimachen. Doch sie werden gefaßt. Crippen stirbt Ende 1910 durch den Strang.

Finale einer dramatischen Verfolgungsjagd über den Atlantik und der Anfang vom Ende einer mörderischen Liebe: Ethel le Neve (2. v. l.) und Dr. Harvey Hawley Crippen (M.) werden auf dem Deck des britischen Dampfers »Montrose« unmittelbar nach dem Einlaufen in den Hafen der kanadischen Stadt Quebec festgenommen und in Handschellen gelegt. Die fast perfekte Verkleidung der Geliebten als junger Mann (r.) hat weder den Kapitän noch die Polizeibeamten täuschen können.

Harvey Crippen, Arzt mit einer Praxis in einer britischen Kleinstadt, ist nicht zu beneiden. Aus der großen Karriere als Chirurg ist nichts geworden, und seine Ehefrau Belle macht ihm das Leben zur Qual. Ihre Vitalität ist dem kleinen und scheuen Mann mehr Bedrohung als Ansporn. Seit einiger Zeit aber hat er eine neue Sekretärin, die ganz anders ist: Ethel le Neve hat gute Manieren, ist zurückhaltend und schaut sogar zu ihm, dem Mediziner, auf. Das ungleiche Paar kommt sich näher, der Arzt und die Sekretärin verlieben sich. Sie wollen ganz für sich sein, doch dem steht Belle im Wege.

Harvey greift zum Äußersten und tötet seine Frau mit einem Beruhigungsmittel. Dank seiner chirurgischen Kenntnisse kann er die Leiche fachmännisch zerlegen, um sie dann in ungelöschtem Kalk aufzulösen. Der Familie und Freunden seiner Frau gegenüber erklärt er, daß Belle mit einem Liebhaber ins ferne Amerika durchgebrannt sei. Doch die Polizei findet nicht ganz aufgelöste menschliche Überreste, die durch ein versehentlich bei der Toten verbliebenes Schmuckstück eine Spur zu den Crippens legen – der erste Fehler Harveys.

Im letzten Moment gelingt es Ethel und Harvey, eine Schiffspassage nach Kanada zu buchen. Die zierliche Ethel verkleidet sich als junger Mann, und Harvey gibt sie als seinen Sohn aus. Das geht sogar gut, bis Harvey seinen zweiten Fehler macht: Überwältigt vom Glücksgefühl der scheinbar gelungenen Flucht und des bevorstehenden neuen Lebens, turteln die Liebenden auch in der Öffentlichkeit unübersehbar. Der Kapitän beobachtet dieses seltsam zärtliche Verhältnis von Vater und Sohn argwöhnisch, und als er per Funk die Fahndung nach Dr. Crippen und Frau le Neve erhält, informiert er Scotland Yard. Britische Kriminalbeamte gehen sofort an Bord eines Schiffes, das schneller ist als die »Montrose«, auf der Ethel und Harvey reisen. Kurz vor der Ankunft in Quebec überholen die Verfolger die »Montrose« und nehmen den Gattenmörder und seine Geliebte fest. In dem folgenden Prozeß wird Dr. Harvey Hawley Crippen zum Tode durch den Strang verurteilt, Ethel le Neve freigesprochen.

Kunst, Leidenschaft und Eifersucht

Alma Mahler und Oskar Kokoschka lernen sich 1911 kennen: Ein Liebesdrama beginnt.

Die Begegnung findet kurz nach dem Tode von Almas Ehemann Gustav Mahler statt. Es ist Liebe auf den ersten Blick: Kokoschka macht Alma sofort einen Heiratsantrag, der der Beginn einer äußerst stürmischen Affäre ist. Oskar will seine Geliebte ganz für sich und ist bis an die Grenze des Wahnsinns eifersüchtig auf ihre früheren Beziehungen. Dazu gehörten in Almas an Liebschaften reichem Leben schon der Maler Gustav Klimt und ihr erster Ehemann Gustav Mahler. Alma flieht aus der Ehe in die Arme anderer Männer. In den Reigen ihrer berühmten Liebhaber gehört auch Oskar Kokoschka. Sie ist seine Muse, die er auf immer neuen Porträts verewigt. Die gemeinsamen Reisen sind für Oskar Perioden besonderer Produktivität. Alma jedoch fällt der Besitzanspruch ihres Liebhabers zunehmend lästig. Als er 1915 in den Krieg zieht, nutzt sie die Gelegenheit zur Trennung. Schon im August desselben Jahres heiratet sie Walter Gropius. Kokoschka ist tief getroffen, doch er läßt den Kontakt zu Alma nie abbrechen.

Alma Mahler (1879–1964, oben) wird von ihren Zeitgenossen nicht nur große künstlerische Begabung, sondern auch bis ins hohe Alter eine außerordentliche Ausstrahlung bescheinigt. Dieser sind viele bedeutende Persönlichkeiten erlegen. Der spätere Literaturnobelpreisträger Elias Canetti äußert sich in seinen Erinnerungen allerdings unfreundlich. In der Zeit nach dem Tod ihres letzten Mannes, des Dichters Franz Werfel, bezeichnet Canetti sie als »strotzende Witwe« und »glasige, zerflossene Alte«. Aus den Jahren der Beziehung zu Kokoschka stammt dessen Gemälde »Windsbraut« (1911), das Meister und Muse in einem Boot liegend darstellt – ein Sinnbild ihrer Liebe. Das Bild ist entstanden, nachdem Alma von Oskar die Herstellung eines Meisterwerks als Bedingung einer Heirat fordert. Als Alma dann doch Gropius heiratet, tötet Oskar die Geliebte symbolisch: Während eines orgienartigen Künstlerfests wird eine an Alma erinnernde Puppe mit Rotwein übergossen und geköpft.

»Lady Chatterley« und ihr Liebhaber

1912 beginnt eine skandalträchtige Beziehung zwischen D. H. Lawrence und Frieda von Richthofen.

Als der englische Professor Ernest Weekley im März 1912 den Volksschullehrer und Schriftsteller D. H. Lawrence seiner Frau Frieda vorstellt, weiß er noch nicht, daß dies das Leben aller drei grundlegend verändern wird. Frieda verläßt schon bald Mann und Kinder und vertauscht ihr ereignisloses Leben in der englischen Provinz mit einem unsteten Wanderleben an der Seite des launischen Schriftstellers. Sie glaubt von Anfang an an sein Genie, während Lawrence allgemein als Skandalautor gilt. Sein Werk dreht sich fast ausschließlich um Sexualität und ist ständig von der Zensur bedroht. Im nachviktorianischen England kann das Paar nicht bleiben. Immer in Geldnöten, aber unterstützt von reichen Gönnerinnen, ziehen sie ziellos durch Europa.

Sie kaufen sich schließlich in New Mexico eine Ranch. Im Jahr 1928 stellt der Schriftsteller sein berühmtestes Buch, »Lady Chatterleys Liebhaber«, fertig. Danach kehrt er sterbenskrank nach Europa zurück. Am 2. März 1930 stirbt Lawrence in Friedas Armen.

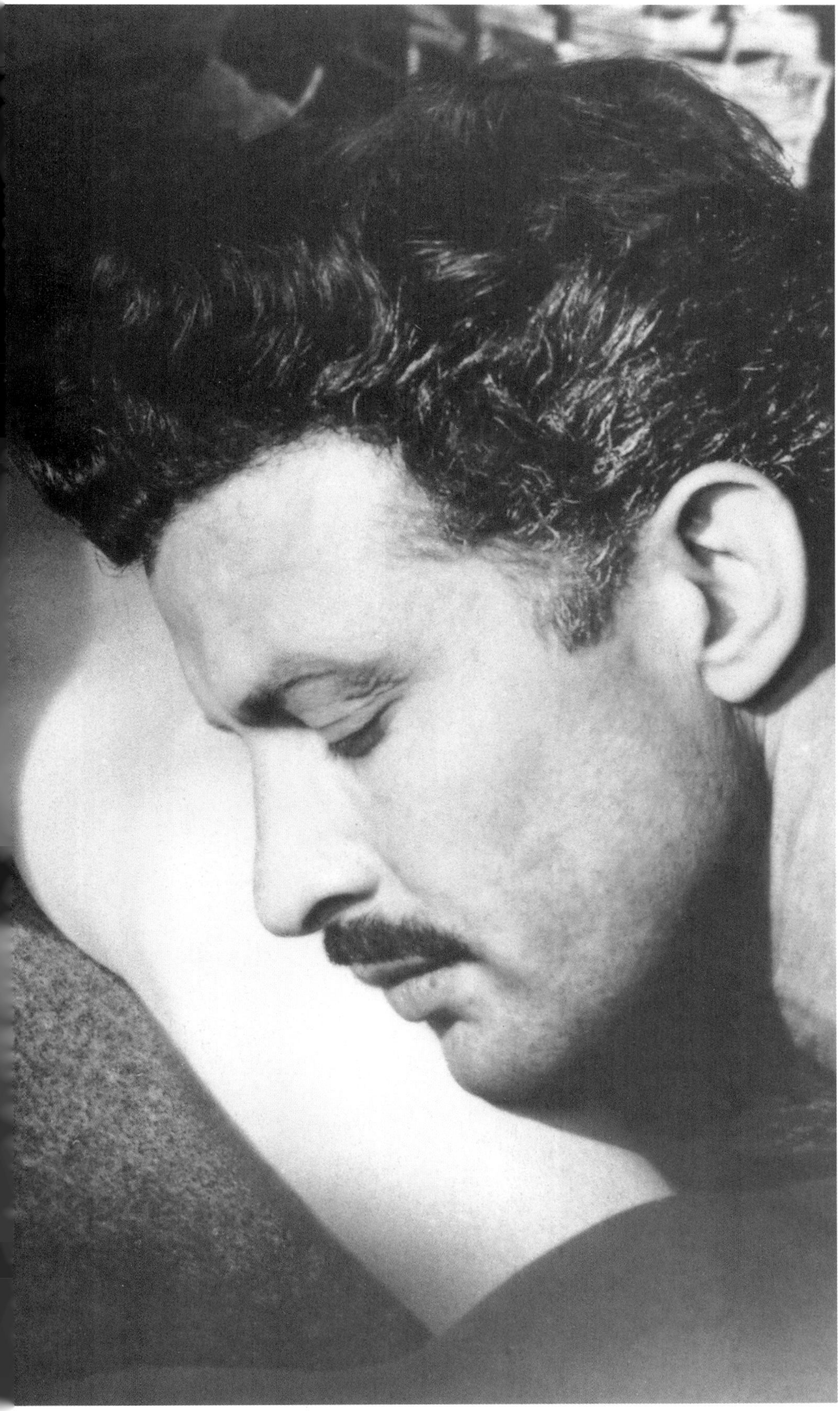

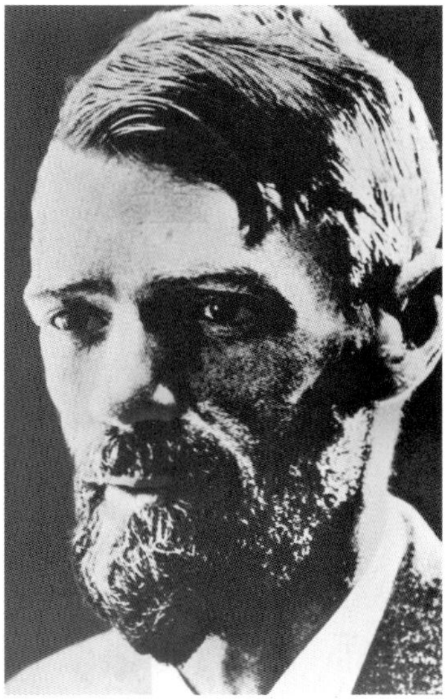

In all seinen Büchern mit Ausnahme der Reisebeschreibungen variiert D. H. Lawrence (1885–1930) immer wieder nur ein Thema: Die vor allem auf starker erotischer Anziehungskraft basierende Beziehung zwischen einer Frau aus der obersten Gesellschaftsschicht und einem Mann aus dem Volk. Es ist immer auch seine eigene Geschichte, die Liebe eines Bergarbeitersohnes zu der deutschen Baronesse Frieda von Richthofen (1879–1956). So findet auch seine Romangestalt Lady Chatterley (links in einer französischen Verfilmung aus dem Jahr 1955 mit Danielle Darieux in der Titelrolle) in einem gesellschaftlich weit unter ihr stehenden Mann einen leidenschaftlichen Geliebten und sexuelle Erfüllung.

Ein Attentat aus Liebe: Henriette Rainouard und Joseph Caillaux

Am 16. März 1914 erschießt die Frau des französischen Finanzministers den Chefredakteur der Pariser Tageszeitung »Le Figaro«, Gaston Calmette, in seinem Büro.

Seit Januar setzt die Pariser Tageszeitung »Le Figaro« Finanzminister Joseph Caillaux mit kritischen Attacken unter Druck. Dabei schreckt das Blatt auch nicht vor Enthüllungen aus dem Privatleben des Politikers zurück. Am 13. März 1914 veröffentlicht die Zeitung einen Brief, den Caillaux Jahre zuvor an seine erste, geschiedene Frau geschrieben hat. Durch diese Zeilen, in denen Caillaux unter anderem seine politische Doppeltaktik offenbart, fühlt sich nicht nur der Minister, sondern auch seine jetzige Ehefrau Henriette kompromittiert. Die Affäre hat also eine politische und eine private Komponente.

Drei Tage nach der Veröffentlichung des Schreibens auf der Titelseite des »Figaro« begibt sich Henriette Caillaux in das Büro von Gaston Calmette, dem Chefredakteur des konservativen Blatts. Sie fordert ihn auf, ihr weitere persönliche Briefe ihres Mannes auszuhändigen, die nun ebenfalls an die Öffentlichkeit zu geraten drohen. Als Calmette sich weigert, zieht sie eine Browning aus ihrem Pelzmuff hervor und feuert sechs Schüsse auf den Journalisten ab, der seinen schweren Verletzungen später erliegt.

Nachdem weitere Dokumente bekannt werden, die seine Integrität belasten, muß Finanzminister Caillaux am 18. März 1914 zurücktreten. Am 20. Juli 1914 beginnt vor einem Pariser Gericht unter großer Anteilnahme der Öffentlichkeit der Mordprozeß gegen die Attentäterin. Das Urteil: Freispruch, da die Tat im Affekt geschah. Henriette Caillaux ist es gelungen, das Gericht davon zu überzeugen, daß sie als leidenschaftliche Frau gehandelt hat, die ihre Ehre verteidigen mußte.

Henriette Rainouard, Tochter wohlhabender Eltern, ist selbst noch in erster Ehe verheiratet, als sie die Geliebte von Joseph Caillaux (1863–1944) wird. Beide verlassen ihre ersten Ehepartner, um heiraten zu können. Nicht nur das Attentat, sondern auch diese Vorgeschichte des Ehepaars entfacht eine öffentliche Diskussion.

Le Petit Journal

ADMINISTRATION
61, RUE LAFAYETTE, 61
Les manuscrits ne sont pas rendus
On s'abonne sans frais dans tous les bureaux de poste

5 CENT. SUPPLÉMENT ILLUSTRÉ 5 CENT.

25me Année — Numéro 1.219

DIMANCHE 29 MARS 1914

ABONNEMENTS

	SIX MOIS	UN AN
SEINE et SEINE-ET-OISE..	2 fr.	3 fr. 50
DÉPARTEMENTS..........	2 fr.	4 fr. »
ÉTRANGER	2 50	5 fr. »

Tragique épilogue d'une querelle politique

Mme CAILLAUX, FEMME DU MINISTRE DES FINANCES, TUE A COUPS DE REVOLVER M. GASTON CALMETTE DIRECTEUR DU " FIGARO "

Joseph Caillaux ist ein verdienter und angesehener Politiker – bis zu dem Zeitpunkt, als ihn das Attentat seiner Frau zum Rücktritt zwingt. Ab 1911 ist er französischer Ministerpräsident und Innenminister, seit 1913 Finanzminister. Auch durch den Skandal des Jahres 1914 wird seine Karriere nur kurzfristig beschädigt. Wenig später kehrt er wieder in sein Amt zurück, das er auch während des Ersten Weltkriegs und, nach verschiedenen politischen Rückschlägen, in den Jahren 1925 und 1926 bekleidet.

»Auf den Leib aus Marmor geschrieben«

Für seine geliebte Bühnendiva Stella Campbell erfindet der Dramatiker George Bernard Shaw mit Eliza Doolittle eine der schönsten Figuren der Theaterliteratur.

Pygmalion«, das Stück um die schwierige Liebesbeziehung zwischen dem eitlen Phonetikprofessor Henry Higgins und dem armen Blumenmädchen Eliza Doolittle, hat am 11. April 1914 im Londoner His Majesty's Theatre Premiere. Die wirkungsvolle Komödie kommt gut an und wird durch Frederick Loewes Bearbeitung als Musical »My Fair Lady« (1956) zum erfolgreichsten Bühnenstoff des Jahrhunderts.

Während Shaw das Stück 1912 schreibt, steht die Primadonna der Londoner Schauspielbühnen vor seinem geistigen Auge: Stella Campbell. Die vergangenen beiden Jahrzehnte hat Shaw als Journalist und Theaterkritiker in der britischen Hauptstadt verbracht. An der Faszination, die die Campbell auf ihn ausübt, läßt er auch die Leser der »Saturday Review« teilhaben: »Man kann sich unmöglich diesen eindringlichen Augen entziehen, die über einer folgenschweren Vergangenheit brüten, oder den geöffneten Lippen, die eine erregend nahe Zukunft antizipieren«.

Stella ist begeistert von der Rolle und lädt George ein, »das Geschäftliche« in ihrem Haus zu besprechen. Ans »Geschäftliche« allerdings habe er, so räumt Shaw später ein, bei dieser Begegnung nicht mehr denken können. Anschließend habe er gefühlt, »als ob mein nächster Geburtstag der zwanzigste« sei. Allerdings ist er selbst bereits 56 Jahre alt und seit 17 Jahren mit Charlotte Payne-Townshend verheiratet, seine Geliebte ist 47 und mit dem Offizier George Cornwallis-West liiert.

Es entsteht ein gespanntes Dreiecksverhältnis. Charlotte, die schon manche Affäre Shaws mit Belustigung hingenommen hat, weigert sich, dem »angejahrten Aas« zu begegnen, Stella betrachtet dies als grobe Unhöflichkeit einer »Suffragette«.

Als Stella bemerkt, daß George niemals seine Ehefrau verlassen wird, flieht sie im August 1913 zu ihrem Offizier, der zwar »ein schlichtes Gemüt« ist, aber im Gegensatz zu Shaw bereit, sich für sie scheiden zu lassen.

George Bernard Shaw (1856 bis 1950) hat seinen Durchbruch als Dramatiker 1904: König Edward VII. muß bei einer Vorstellung der Shaw-Komödie »John Bulls andere Insel« so heftig lachen, daß der königliche Sessel zusammenbricht. Humor und pointierte Komik sind Shaws Mittel, dem Theaterzuschauer philosophische und moralische Fragen näherzubringen.

Stella Campbell (1865–1940) ist die gefeierte Diva des Londoner Theaterlebens. Der Name der geborenen Stella Tanner stammt von ihrem Mann Patrick Campbell, den sie als 20jährige geheiratet hat. Campbell allerdings wandert nach Australien aus und läßt seine Frau mit zwei Kindern zurück. Nach acht Jahren kehrt er erfolglos nach Großbritannien heim. Seine Frau als Bühnenstar wiederzufinden, verkraftet er nicht, und er verpflichtet sich als Soldat nach Südafrika. Dort kommt er während des Buren-Krieges ums Leben.

Maler und Modell auf der Glücksinsel

Der 25. Juli 1915 ist ein Regentag in Witebsk, doch für Bella Rosenfeld und Marc Chagall der Beginn eines Lebens, das sogar den politischen Verhältnissen trotzt.

Die Zeremonie erfolgt nach chassidischem Ritus. Während der Oberrabiner der Stadt die Trauung zelebriert, träumt das Paar davon, aufs Land zu fahren und ganz für sich zu sein. Aber die Flitterwochen werden jäh unterbrochen: Der Bräutigam muß in den Krieg ziehen. Glück im Unglück: Er wird nicht ins Feld gerufen, sondern seinem Schwager Jakob Rosenfeld als Bürohilfe zugewiesen. Doch der Maler lebt so sehr in seiner eigenen Welt, daß er auch an den Anforderungen der Buchhaltung scheitert und statt dessen weiter für seine Kunst lebt.

Bella ist das Mädchen, das in den phantastischen, nur aus Farben, Formen und den großen Menschheitsmythen bestehenden Kosmos Marcs Zutritt hat. Gemeinsam mit ihrer besten Freundin Thea lernt sie den jungen Künstler 1909 kennen. Sie beschließen, ihm nackt Modell zu stehen, und Bella wird vermutlich das einzige Aktmodell in Chagalls langem Leben, mit dem er intime Beziehungen aufnimmt.

Bella und Marc sind ein Traumpaar im Wortsinn, denn selbst Katastrophen übersteht die imaginäre Glücksinsel der beiden unbeschadet: Erster Weltkrieg, aufkeimender Antisemitismus in der russischen Heimat, Oktober-Revolution, Exil in Frankreich und den USA. Am 2. September 1944, während eines Urlaubs, erkrankt Bella an einer Virusinfektion. Obwohl sie noch ein Krankenhaus erreicht, wird sie unter nicht mehr aufzuklärenden Umständen nicht aufgenommen. Bella Chagalls Zustand verschlechtert sich rasant, und völlig unerwartet stirbt sie – fast 30 Jahre hat sie mit Chagall zusammengelebt.

Marc Chagall (1887–1985) stammt aus einem Dorf in der Nähe der weißrussischen Stadt Witebsk, dessen chassidisches Judentum die heiter-melancholische Bilderwelt des Malers mit ihren häufig biblischen Motiven ein Leben lang prägt. Die erste Einzelausstellung mit Chagall-Werken findet 1914 in der Galerie »Der Sturm« von Herwarth Walden in Berlin statt.

Das »Selbstbildnis mit Bella am Ofen« aus dem Jahr 1916 zeigt das einfache Leben des jungen Ehepaares in Witebsk. Obwohl Chagall als Soldat eingezogen ist, ermöglicht ihm der Militärdienst in einer Schreibstube unter dem Befehl seines Schwagers eine der fruchtbarsten Schaffensphasen seines Lebens.

Chagall 1942 in seinem New Yorker Atelier. Den Zweiten Weltkrieg verbringt der Künstler im Exil in den USA, von wo aus er auch Studienreisen nach Mittel- und Südamerika unternimmt. 1967 kehrt er als Bühnenbildner für eine Inszenierung der Mozart-Oper »Die Zauberflöte« an der Metropolitan Opera wieder nach New York zurück. Das rechte Bild zeigt Pilar Lorengar und Hermann Prey in den Kostümen von Papagena und Papageno, Chagall, den Regisseur Günther Rennert und Lucia Popp als Königin der Nacht (v. l. n. r.).

»Le Peintre al Colombe« aus dem Jahr 1911. Marc Chagall experimentiert zwar als junger Maler mit dem Kubismus, entwickelt sich aber dann zu einem Hauptvertreter des Expressionismus. Dabei behält er eine sehr eigenständige Handschrift, deren traumhafte Poesie sich von keiner Stilrichtung voll erfassen läßt. Nach Pablo Picasso ist Chagall 1977 der zweite lebende Künstler, der mit einer Ausstellung im Pariser Louvre geehrt wird. Seit 1949 wohnt er, wie zeitweilig auch Picasso, in Saint-Paul-de-Vence bei Nizza.

Liebesbriefe werden Weltliteratur

Franz Kafka ist zerrissen zwischen seiner Bindungsangst und der Hingezogenheit zu der jungen Berlinerin Felice Bauer. Im Frühjahr 1917 versucht es das Paar zum zweiten Mal mit einer Verlobung.

Franz Kafka (1883–1924) und Felice Bauer (1887–1960) nach ihrer zweiten Verlobung im Juli 1917. Im April 1920 lernt er die um 13 Jahre jüngere und verheiratete Milena Jesenská-Pollak kennen. Sie ist die erste Nichtjüdin unter den Frauen um Kafka und wahrscheinlich die einzige, die er tatsächlich liebt. Bereits lungenkrank, übergibt er ihr im Oktober 1921 alle seine Tagebücher. Milena, die später als Journalistin und im tschechischen Widerstand tätig ist, wird 1944 in einem deutschen KZ ermordet.

Franz Kafka lernt die aus Berlin stammende Felice Bauer bei seinem Freund und Mentor Max Brod am 13. August 1912 kennen. Damit beginnt eine rege und langjährige Korrespondenz. Die mehr als fünfhundert »Briefe an Felice« – Kafka schreibt manchmal mehrere an einem Tag – werden später veröffentlicht. Zu Ostern 1913 besucht Franz Felice erstmals in Berlin und hält in einem Brief an ihren Vater um ihre Hand an. Gleichzeitig und im Widerspruch zu einer festen Bindung besteht aber immer sein »Wunsch nach besinnungsloser Einsamkeit. Nur mir gegenübergestellt.« Am 1. Juni 1914 wird in Berlin offiziell Verlobung gefeiert, in Prag ist bereits eine Wohnung für das junge Paar gemietet. Aber am 12. Juli löst der bindungsscheue Kafka die Verlobung wieder. Befreit beginnt er mit der Arbeit an dem Roman »Der Prozeß«. Trotz der Entlobung hält Kafka brieflich weiter Kontakt zu Felice. 1915 kommt es zu einem Wiedersehen, im Juli 1916 verbringen sie zehn Tage zusammen in Marienbad. Kafka schreibt in sein Tagebuch von der »Mühsal des Zusammenlebens... nur im tiefen Grunde vielleicht ein dünnes Bächlein, würdig, Liebe genannt zu werden ... Unerträglichkeit des Zusammenlebens mit irgend jemandem«. Dennoch mietet er im März 1917 in Prag erneut eine Wohnung, in der er mit Felice leben will, und verlobt sich im Juli zum zweiten Mal mit ihr. Nur einen Monat später erkrankt Kafka an Lungentuberkulose. Sie ist ihm eine »angelockte Krankheit« und »fast eine Erleichterung«, entbindet sie ihn doch fortan von allen privaten und beruflichen Verpflichtungen. Ende Dezember 1917 trennen sich Kafka und Felice Bauer endgültig. Nachdem er Felice am 27. Dezember zum Zug nach Berlin gebracht hat, bricht er bei Max Brod mit den Worten »ist es nicht schrecklich, daß so etwas geschehen muß« in Tränen aus. Auch eine dritte Verlobung Kafkas mit Julie Wohoryzek im Sommer 1918 scheitert. Für seine Liebe zu Milena Jesenská bleibt ihm indes keine Zeit mehr. Alle Bemühungen, seine Krankheit zu heilen, sind erfolglos geblieben, und am 3. Juli 1924 stirbt Kafka an Tuberkulose.

Ein Bund für die Filmkunst: Asta Nielsen und Urban Gad

Die Schauspielerin und ihr Regisseur heiraten am 5. Juli 1917 in Kopenhagen so heimlich, daß es nicht einmal die Hochzeitsgäste bemerken.

Die Trauung selbst ist in aller Stille vor sich gegangen. Außer den Trauzeugen weiß niemand, daß das opulente Abendessen, zu dem »Fräulein Asta Nielsen« eingeladen hat, eine Hochzeitsfeier ist. Die Gastgeberin tarnt das Fest als Abschiedsessen vor einem längeren Auslandsaufenthalt – den Flitterwochen. Anschließend beziehen Asta Nielsen und Urban Gad eine Wohnung in Berlin, wo Asta bereits einen ständigen Wohnsitz hat. Für die in der deutschen Hauptstadt ansässige Produktionsfirma Bioskop arbeitet das Paar mit bis dahin beispiellosem Erfolg. Asta Nielsen wird in Deutschland insgesamt 78 Filme drehen, darunter zahlreiche für die UFA-Vorläuferin PAGU.

Obwohl der Film gerade erst aus seinen Kinderschuhen herausgewachsen ist, begreift das Duo Nielsen-Gad sowohl dessen künstlerischen Chancen als auch seine geschäftlichen Möglichkeiten. Sie treffen sich erstmals 1910 im Kopenhagener Dagmar-Theater. Asta ist eine junge, unterbeschäftigte Tragödin und er ein unzufriedener Bühnenbildner. Gad leiht sich 8000 Kronen für die Herstellung eines Films. Drehort ist ein ehemaliger Gefängnishof, die Zellen dienen als Umkleideräume. »Die Sonne war«, erinnert sich Asta Nielsen in ihren Memoiren, »unsere einzige Lichtquelle. Auf jeden Fall wurden die Dekorationen nach ihrem Stande gedreht«. Trotz der selbst für die Pionierzeit des Films primitiven Arbeitsbedingungen ist das Melodram »Abgründe« ein sensationeller Erfolg und der Beginn der legendären Laufbahn Asta Nielsens.

Die dänische Schauspielerin Asta Nielsen ist der erste Star des deutschen Kinos.

Asta Nielsen (1881–1972) und Urban Gad (1879–1947) gemeinsam mit ihrem Regieassistenten Ernst Körner (l.) in Genua im Jahre 1913. Der Filmpionier Gad ist nicht nur Drehbuchautor und Regisseur, sondern verfaßt auch Schriften zu Technik und sozialer Verantwortung des jungen Mediums. Mit seiner Frau Asta Nielsen kämpft er erfolgreich für den Film als künstlerische, dem Theater gleichgestellte Gattung.

1920–1929

Der Film beginnt, mit seinen spektakulären Bildern die Vorstellung von Romantik und Leidenschaft zu beeinflussen. Doch jenseits der Kintopp-Klischees finden Paare zueinander, die mit neuen Formen des Zusammenlebens experimentieren oder Symbiosen des gegenseitigen Gebens und Nehmens eingehen.

Amerikas Traum wird Wirklichkeit

Mary Pickford und Douglas Fairbanks: Hollywoods Traumpaar heiratet 1920.

Um einander heiraten zu können, müssen sich »Little Mary« Pickford und der Herzensbrecher Douglas Fairbanks erst von ihren jeweiligen Partnern trennen. Dennoch jubelt die Presse. Das Glück der beiden gilt als der »lebende Beweis für Amerikas chronischen Glauben an das Happy-End«.

Bereits im Jahr zuvor haben Pickford und Fairbanks zusammen mit Charlie Chaplin und dem Regisseur D. W. Griffith die Produktionsfirma »United Artists« gegründet. Das Unternehmen wird zeitweilig zum größten Imperium des Filmbusiness. Pickford und Fairbanks sind mehrfache Millionäre, aber nur ein einziger Flop leitet den Anfang vom Ende des unschlagbaren Erfolgsgespanns ein: Ausgerechnet bei ihrem ersten und einzigen gemeinsamen Auftritt auf der Leinwand wagen sie sich 1929 auf das neue Terrain des Tonfilms. Ihre Bearbeitung von William Shakespeares Komödie »Der Widerspenstigen Zähmung« aber will niemand sehen. Der Schock, vom Publikum nicht mehr geliebt zu werden, sitzt tief, und 1935 zerbricht das Traumpaar.

Die Aufnahme von 1929 zeigt Hollywoods unerreichtes Traumpaar Mary Pickford (1893–1979) und Douglas Fairbanks (1883–1939) beim Badevergnügen auf »Pickfair«. Das gemeinsam errichtete Anwesen verwirklicht den amerikanischen Traum eines Märchenschlosses. Den Zeitgenossen vermittelt das Schauspielerpaar das beruhigende Gefühl, daß Film und wirkliches Leben nicht wirklich getrennte Welten sein müssen.

Mary Pickford ist das »Sweetheart« des Stummfilms. Weltweit wird sie vom Publikum geliebt und verehrt. Unter den rund 200 Filmen, in denen sie mitwirkt, bleiben »Rebecca of Sunnybrook Farm« (1917), »Pollyanne« (1920) oder »Little Lord Fountleroy« (1921) Klassiker des Kinos. Das »süße Mädchen« ist aber auch kluge Geschäftsfrau und eine der mächtigsten Produzentinnen Hollywoods. 1976 erhält sie einen Ehren-Oscar für ihren »einzigartigen Beitrag zur Filmindustrie und zur Entwicklung des Films als künstlerischen Mediums«.

Seine ungeheure Popularität nutzt Douglas Fairbanks auch für politisches Engagement. 1917 unterstützt er mit einer spektakulären Verkaufsaktion für Kriegsanleihen die Beteiligung der USA am Ersten Weltkrieg. Auf der Leinwand verkörpert er unbesiegbare Helden wie Zorro oder Robin Hood.

Die große Filmdiva tritt bei den Olympischen Spielen 1932 als Sponsorin von Sportlerinnen auf. Charlie Chaplin, Prinz Chakratong von Siam, Douglas Fairbanks und Mary Pickford begrüßen die belgische Fechterin Jenny Addams und die südafrikanische Leichtathletin Yvonne Goddard (v. l. n. r.) auf dem Flughafen von Los Angeles.

Romancier mit Muse: Zelda Seyre und F. Scott Fitzgerald

Als sie 1920 heiraten, erscheinen sie als das ideale Paar des »Jazz-Zeitalters«. Doch die rauschhafte Zweisamkeit mit Drogen und Provokationen hat auch ihre dunklen Seiten.

Scott Fitzgerald (1896–1940) ist schon ein bekannter Schriftsteller, als er die vier Jahre jüngere Südstaaten-Schönheit Zelda Seyre (1900–1948) kennenlernt. Sie ist der Inbegriff des neuen, »flappers« genannten Frauentyps, der selbstbewußt und selbstbestimmt durchs Leben geht. Die beiden gelten als Traumpaar des amerikanischen »Jazz-Zeitalters« in den 20er Jahren und Idole der desillusionierten Nachkriegsgeneration, die sich selbst »lost generation« nennt. Die Ehe wird mit dem Schwur geschlossen, es werde darin niemals langweilig. Allmählich aber entwickelt sich ein Drama der gegenseitigen Abhängigkeit von Schriftsteller und Muse.

Im Jahr 1925 erscheint Fitzgeralds Roman »Der große Gatsby«. Der Erfolg erlaubt es ihnen nun, auf großem Fuß zu leben. Mit vollen Händen geben sie ihr Geld in den teuersten Hotels und Restaurants in New York, Paris und an der Riviera aus. Das Luxusleben des Paares ist ständiges Thema in den amerikanischen Illustrierten.

Fitzgeralds Erfolgsroman »Der große Gatsby« über die Neureichen der »Jazz-Ära« wird schon ein Jahr nach seinem Erscheinen verfilmt. Die Hauptrollen in diesem Stummfilm aus dem Jahr 1926 spielen Lois Wilson und Warner Baxter (o.) sowie Neil Hamilton und Anna Nilsson (M.). Im Jahr 1974 kommt der Stoff noch einmal auf die Leinwand, dieses Mal mit Robert Redford (u. l.) in der Titelrolle.

Beiden gilt der Alkohol inzwischen als Lebenselixier. Scotts alkoholische Exzesse machen Zelda das Leben mit ihm fast unmöglich. Aber sie können nicht miteinander und auch nicht ohne einander sein. Nach mehreren Nervenzusammenbrüchen und Aufenthalten in psychiatrischen Kliniken versucht Zelda, sich künstlerisch zu befreien. Sie beginnt mit der Arbeit an einem Buch, schreibt Gedichte, träumt von einer Karriere als Tänzerin. Doch sie bleibt in erster Linie Scotts Muse.

Ihr Zusammenleben, ihre Kämpfe und Exzesse geben ihm Anregung für sein Werk. Zelda erleidet erneut einen seelischen Zusammenbruch. Sie hat keine Kraft mehr für sich und ihren weiterhin dem Alkohol verfallenen Mann, dessen literarischer Stern zudem zu sinken beginnt. Er endet als Drehbuchschreiber und stirbt 1940 in Hollywood. Zelda überlebt ihn um acht Jahre.

Eine Liebe in Hollywood

Natasha Rambova und Rudolpho Valentino heiraten am 13. Mai 1922.

Während Frauen sich in den Kinosälen der Welt nach Rudolpho Valentino verzehren, lassen Kritiker und Klatschkolumnisten nichts unversucht, »Rudy« homoerotische Neigungen nachzuweisen. Es sind nicht die Liebesbriefe, die der Schauspieler auch vom männlichen Teil seines Publikums erhält, sondern das extravagante Auftreten, das den schönen Italiener suspekt macht: Das berühmte »Sklavenarmband«, das er nie ablegt, die Wolke schweren Parfums, die mit Chinchilla gefütterten Mäntel, die Werbeauftritte für Gesichtscreme.

Trotz einer Vielzahl von Affären mit Frauen ist es vor allem die 1926 in die Brüche gegangene Ehe mit Natasha Rambowa, die Spekulationen um Valentinos sexuelle Vorlieben anfachen: Einerseits ist ein Scheidungsgrund Natashas Klage, die Ehe sei nie vollzogen worden. Andererseits gehört sie selbst zu einem Zirkel lesbischer Frauen, den die exotische Schauspielerin und mächtige Produzentin Alla Nazimova anführt.

Diese ist vermutlich auch »Regisseurin« der Beziehung zwischen Natasha und Rudolpho. Als dessen Ehe mit Jean

Das frisch vermählte Paar Natasha Rambova (1897–1966) und Rudolpho Valentino (1895–1926) posiert 1922 in den Kostümen des Films »Blut und Sand«. Rudolpho zeigt sich bei einem späteren Aufenthalt in Sevilla von spanischem Kunsthandwerk so begeistert, daß er für 10 000 Dollar Seidenschals kauft, um sie an seine Geliebten zu verschenken. Natasha hingegen wendet sich nach der Scheidung im Jahre 1926 der Ägyptologie zu. Unten das Plakat zum Valentino-Streifen »Monsieur Beaucaire« von 1924.

Acker – ebenfalls ein Schützling der Nazimova – zu scheitern droht, macht sie ihn 1920 auf einem ihrer ebenso berühmten wie berüchtigten Bohème-Feste mit ihrer Filmarchitektin Natasha bekannt. Als Natasha und Rudolpho in Mexiko heiraten, ist die Scheidung von Jean noch nicht rechtskräftig, und Valentino kommt wegen Bigamie ins Gefängnis. Nach Zahlung einer Kaution von 10 000 Dollar wird er einige Stunden später wieder auf freien Fuß gesetzt. Am 14. März 1923 heiraten die Valentinos ein zweites Mal. Sie bleiben für drei Jahre ein glamouröses Paar, das schließlich an geschäftlichen Differenzen scheitert.

»Camille«, im Jahre 1921 inszeniert von Ray Smallwood, ist eine freie Bearbeitung des Romans »Kameliendame« von Alexandre Dumas, der schon Giacomo Puccini als Vorlage seiner Oper »La Bohème« gedient hat. Rudolpho Valentinos Partnerin ist Alla Nazimova, deren Firma auch für die Produktion des gefühlsgeladenen Streifens verantwortlich ist. Alla Nazimova ist eine der wenigen Frauen, die das Hollywood-Business auch hinter der Kamera prägen. Ihr Einfluß reicht bis in die privaten Beziehungen der Stars hinein.

»Der Sohn des Scheichs« von 1926 ist die Fortsetzung des fünf Jahre zuvor entstandenen Films »Der Scheich«. Rudolpho Valentino (l. in einer Szene mit Vilma Banky) spielt hier in einer Doppelrolle wiederum den Scheich, aber auch dessen Sohn Achmed. Der plötzliche Tod des ersten männlichen Sexsymbols der Filmgeschichte ist ein Schock nicht nur für die weiblichen Fans. Als Valentino am 30. August 1926 zu Grabe getragen wird (u. der Sarg im blumengeschmückten Cabriolet), sorgen Hunderttausende von Trauernden und Schaulustigen für Chaos in den Straßen New Yorks.

Den Partner fürs Leben bei der Arbeit gefunden: Mildred Davis und Harold Lloyd

Als die Zusammenarbeit mit seiner Filmpartnerin Mildred Davis vorüber ist, erkennt Harold Lloyd, daß er sie liebt. Sie heiraten am 10. Februar 1923.

Harold Lloyd ist Anfang der 20er Jahre populärer als sein großes Vorbild Charlie Chaplin. Dementsprechend gierig stürzen sich die Reporter der Zeitungen und Wochenschauen auf die Nachricht von einer bevorstehenden Hochzeit des Komikers mit seiner Filmpartnerin Mildred Davis. Das Paar plant eine Trauung im kleinen Kreis und versucht daher, den Termin geheim zu halten. Doch durch eine gezielte Indiskretion werden Zeit und Ort bekannt, und das Brautpaar und die Fotografen liefern sich eine jener Autoverfolgungsjagden durch ganz Los Angeles, die Harolds Publikum so gerne im Kino sieht.

Als berufliche Partnerin wird Mildred Davis 1919 Nachfolgerin von Bebe Daniels, die seit 1915 mit Harold zusammengearbeitet hat. Im hektischen Filmbusiness gehört sie mit ihrer zurückhaltenden Art zu den Ausnahmeerscheinungen. Nur der Hartnäckigkeit von Lloyds Produzenten ist es zu verdanken, daß sie überhaupt wieder mit dem Filmen anfängt: Erst nach langen Verhandlungen mit ihr und ihren Eltern unterschreibt sie schließlich einen Vertrag für vier Filme, darunter »Ausgerechnet Wolkenkratzer« mit der berühmten Kletterszene an der Turmuhr. Als Mildred drei Jahren später vom Studio verabschiedet wird, stellt Harold Lloyd zu seinem eigenen Erstaunen fest, daß sein Herz für die freundliche Kollegin schlägt. Er hat nicht viel Zeit, denn am nächsten Tag will sie bei einer anderen Firma unterschreiben. So macht er ihr auf der Abschiedsfeier den Heiratsantrag. Sie willigt ein und gibt sogar ihren Beruf auf.

Damit beginnen fünfzig harmonische Ehejahre auf Lloyds luxuriösem Anwesen – die Kinder allerdings merken später an, daß ihre Eltern auf dem Märchenschloß nie so richtig erwachsen geworden sind.

Noch 1962 gelingt Harold Lloyd ein sensationeller Auftritt bei den Filmfestspielen in Cannes: Dort stellt er seinen Streifen »Selten so gelacht« vor. Die abendfüllende Kompilation enthält acht Kurzfilme aus der Zeit zwischen 1917 und 1920. Dies sind auch die ersten drei Jahre der von Lloyd kreierten Figur, die mit Strohhut und Hornbrille auf scheinbar verlorenem Posten steht.

Mildred Lloyd, geb. Davis (1900–1969) und Harold Lloyd (1893–1971) nach der Geburt ihres dritten Kindes Harold jr. im Jahre 1931. Das erste Kind des erfolgreichen Schauspielerpaares, Gloria, kommt 1924 zur Welt, die zweite Tochter Peggy ist ein Adoptivkind. So geradlinig Lloyd seine berufliche Karriere steuert, so unauffällig bleibt sein Familienleben hinter den Mauern eines schloßartigen Anwesens in Beverly Hills.

»Eine Liebe, die nicht zu Ende geliebt ist«

Mary Gerold und Kurt Tucholsky: Erst lange nach der Trennung erkennt der Schriftsteller, daß seine zweite Frau die Liebe seines Lebens gewesen ist.

Mary und Kurt heiraten am 30. August 1924 in Berlin. Von dort gehen sie nach Paris, wo Tucholsky als Korrespondent der »Vossischen Zeitung« lebt. In den beiden folgenden Jahren ist Mary meistens allein in der fremden Umgebung. Ihr Mann ist beruflich stark eingespannt. Mit seinen Reportagen will er die Menschen in Deutschland über Frankreich aufklären und so zu einer Versöhnung beider Länder beitragen. Als er im Dezember 1926 die Leitung der in Berlin erscheinenden Zeitschrift »Weltbühne« übernimmt, läßt er Mary zunächst in Paris zurück. Etwa ein Jahr lang hält das Ehepaar seine Beziehungen über Briefe aufrecht. Doch schon wenige Wochen nach seiner Rückkehr nach Berlin hat Kurt die wohlhabende Witwe Lisa Matthias kennengelernt. 1928 zieht auch Mary wieder nach Berlin, doch sie und ihr Mann gehen getrennte Wege. Allerdings bleibt Mary Kurts wichtigste Ratgeberin.

Es ist Liebe auf den ersten Blick gewesen. Kurt Tucholsky kam am Ende des Ersten Weltkrieges als Stabsschreiber nach Kurland, und Mary Gerold arbeitete im selben Büro. Die beiden schmieden schon bald Hochzeitspläne, doch verdient Kurt bei der Zeitschrift »Weltbühne« nicht genug. So hält er Mary immer wieder hin. Inzwischen trifft er wieder öfter seine alte Freundin Else Weil, die Claire seines heiteren Liebesromans »Rheinsberg« (1912). Er hat Else 1920 geheiratet, ist aber mit Mary weiter in Kontakt geblieben. Nach seiner Scheidung 1923 wendet er sich wieder Mary zu, die dann mit ihm nach Paris geht.

Nach der Rückkehr in die Heimat verschlechtert sich die politische Lage in Deutschland. Tucholsky, der unermüdliche Kämpfer für Demokratie, hält die baldige Machtübernahme Hitlers für unabwendbar. Schon Anfang März 1932 verläßt er Deutschland und kauft ein Haus in Schweden. Als im März 1933 eine Hausdurchsuchung bei Mary in Berlin vorgenommen wird, drängt Kurt zur Scheidung, um seine Frau nicht weiterhin zu gefährden.

Zutiefst verzweifelt über die politischen Umstände in Europa, begeht Tucholsky am 21. Dezember 1935 Selbstmord. Mary sieht sich als seine Sachwalterin und rettet seine Manuskripte über den Krieg.

Kurt Tucholsky (1890–1935, hier ein Jugendporträt) entstammt einer jüdischen Familie in Berlin. Nach ersten literarischen Versuchen ist er ab 1913 Mitarbeiter der »Schaubühne« (später: »Weltbühne«). Er studiert Jura in Berlin und Genf und promoviert 1915.

Kurt Tucholsky und Mary Gerold (1898–1987) im Oktober 1925 vor ihrem Haus in Le Vesinet bei Paris. Die Tragik ihrer Liebe erkennt Tucholsky schon 1920, als er erst vier Monate mit Else Weil verheiratet ist. Er schreibt über Mary: »Und ich weiß doch heute, daß ich nur ein Mal in meinem Leben geliebt habe. Es zieht, es zieht zurück. Ich denke, es ist das Schlimmste passiert, was geschehen kann: Eine steckengebliebene Liebe. Eine, die nicht zu Ende geliebt ist. Komm wieder!« Auch in dem Abschiedsbrief, den er Mary kurz vor seinem Selbstmord schickt, greift er das Thema erneut auf: »Ich weiß, was ich in Ihm (Tucholsky nennt Mary immer »er«) und an Ihm beklage: Unser ungelebtes Leben.«

Im Sommer 1929 reist Tucholsky mit seiner damaligen Lebensgefährtin Lisa Matthias nach Schweden. Über diesen Ferienaufenthalt schreibt er die heitere Liebesgeschichte »Schloß Gripsholm«. Lisa Matthias wird darin als Lottchen verewigt, doch ist sie mit ihrem literarischen Porträt nicht ganz zufrieden. 1931 geht die Beziehung zu der »erpresserischen Haushälterin«, wie Tucholsky sie nennt, in die Brüche. In seinen »Lottchen«-Geschichten stellt er sie als Karikatur einer typischen Berliner Hausfrau dar.

Quellen gegenseitiger Inspiration: Georgia O'Keeffe und Alfred Stieglitz

Kreatives Arbeiten und gemeinsames Leben durchdringen sich selten so intensiv wie bei dem amerikanischen Künstlerpaar, das am 11. Dezember 1924 heiratet.

Kurz zuvor haben beide ihre Lebensgemeinschaft bereits mit einer ersten gemeinsamen Doppelausstellung gekrönt. Alfred hat eine Präsentation von 51 Bildern Georgias und 61 seiner Fotografien organisiert.

In Kontakt zu Alfred Stieglitz kommt Georgia O'Keeffe bereits 1908 als Studentin an der New Yorker Akademie. Die kleine Galerie von Alfred Stieglitz verunsichert das Publikum mit Arbeiten von Henri Matisse, Paul Cézanne oder Pablo Picasso. Den neuen Einflüssen aus Europa kann Georgia indes nicht nachgeben. Sie verdingt sich als Kunstlehrerin in Columbia und verliert den Kontakt zu Stieglitz und seinem kleinen Kreis New Yorker Avantgardisten. Allmählich findet sie mit kleinen Arbeiten in Kohle oder Öl auf Papier oder Karton einen sehr eigenwilligen, dem Impressionismus nahen Stil. Eine Kollegin O'Keeffes schickt einige dieser Bilder an Stieglitz, der tief beeindruckt ist. Es entsteht ein intensiver Briefwechsel, in dem Stieglitz die Malerin ermutigt, ihren Weg weiterzugehen. 1918 zieht sie wieder nach New York.

Alfred Stieglitz wiederum löst sich aus einer belastenden Ehe – und für beide wird ein Weg der gegenseitigen Inspiration und des ständigen künstlerischen Ansporns frei. Beide erleben eine für sie völlig neue Form der Partnerschaft: »Wir haben praktisch über alles gesprochen«, schreibt Alfred in einem Brief an seine Schwester, »in eine Woche haben wir Jahre gepackt. Ich glaube nicht, daß ich jemals etwas Ähnliches erlebt habe«. Während der Fotograf sich in der folgenden Zeit unter dem Einfluß der Malerin von der gegenständlichen Welt entfernt, sucht die Malerin wieder Formen nach der Natur.

Die Künstlerin als Modell und Muse auf einer Fotografie von 1920. In der Zeit zwischen 1917 und 1937 stellt Alfred Stieglitz eine Fülle von Porträtfotos Georgia O'Keeffes her. Die Malerin stammt aus Sun Prairie im US-Bundesstaat Wisconsin. Wichtigster Impuls für die Herausbildung ihres frühen Stils ist Wassily Kandinskys Aufsatz »Über das Geistige in der Kunst«, der sie zum freien Umgang mit Form und Farbe ermutigt.

Georgia O'Keeffe (1887–1986) und Alfred Stieglitz (1864–1946). Nach dem Ersten Weltkrieg gibt Stieglitz in seiner Eigenschaft als Galerist und Ausstellungsmacher die von ihm vorher gepflegte Beschäftigung mit der europäischen Avantgarde auf. Stattdessen versammelt er Zeitgenossen wie Marsden Hartley, Arthur Dove, Charles Demuth und John Marin um sich. Mit seiner 1925 gegründeten Galerie »The Intimate Gallery«, die er als »Laboratorium« bezeichnet, setzt er sich für eine amerikanische Moderne ein. Georgia O' Keeffe wird die große Malerin des amerikanischen Südwestens.

»In 50 Jahren alles nur für Alma gemacht«

Alma Reville und Alfred Hitchcock feiern am 2. Dezember 1926 in London ihre Hochzeit.

Für Frauen hat Alfred Hitchcock nie viel übrig gehabt – das Motto seiner Kriminalfilme heißt eher »Quäle die Heldin«: Die meist blonde weibliche Hauptfigur gerät in einen Strudel aussichtlos scheinender Situationen, und das Publikum erlebt die Wonnen der Angst. Verunsichert von seiner Herkunft im Londoner Cockneymilieu und geprägt von einer strengen jesuitischen Erziehung, ist Hitchcock in der aufstrebenden Filmbranche mit ihren virilen Aufreißertypen eher ein Außenseiter.

Unterdessen gibt es eine Frau, die aus beruflichen Gründen kaum noch von seiner Seite weicht. Als Skriptgirl, Regieassistentin, Koautorin und Cutterin ist Alma Reville in allen entscheidenden Phasen der Filmproduktion dabei. An vielen gemeinsamen Abenden arbeitet Alfred Storyboards für den Kameramann aus, während Alma Drehbücher ändert und die Kosten kalkuliert. Zusammen mit ihrem Produzenten reisen

Alma Reville (1899–1982) und Alfred Hitchcock (1899–1980). Lieblingsthema des Regisseurs ist Angst, Thema auch in »Die Vögel« (1963, o. mit Tippi Hedren).

sie durch ganz Europa, um Schauspieler und Geldgeber aufzutreiben. Irgendwann im Jahre 1926 reifen dann Heiratspläne.

Nach einer Reihe von Mißerfolgen, die beinahe das Ende von Hitchcocks Karriere bedeutet hätten, hat er mit den beiden Filmen »The Pleasure Garden« (1925) und »The Lodger« (1926) bereits sein erstes kleines Vermögen gemacht. Die Flitterwochen der Hitchcocks finden standesgemäß im Palast-Hotel des gerade zum edelsten aller Wintersportorte aufsteigenden Schweizer Dorfes St. Moritz statt. Das Paar wird auch in den nächsten vier Jahrzehnten fast alle Weihnachtsfeste hier feiern. Das harmonische Eheleben von Alma und Alfred steht in krassem Gegensatz zu dem kühl kalkulierten Horror, den Hitchcock in seinen späteren Meisterwerken wie »Das Fenster zum Hof« oder »Psycho« zelebriert – all das aber, so faßt er kurz vor seinem Tod zusammen, hat er nur für Alma gemacht.

»Mutter Courage« und die anderen: Helene Weigel und Bertolt Brecht

Die 1929 geschlossene Ehe des Dichters und der Schauspielerin verläuft ungewöhnlich. Und so staunen Beobachter, daß sie bis zum Tod des Schriftstellers Bestand hat.

Bertolt Brecht (1898–1956) und Helene Weigel (1900 bis 1971, gegenüberliegende Seite) 1954 auf der Demonstration zum 1. Mai. Seit seiner Übersiedlung nach Ost-Berlin im Jahr 1949 gilt Brecht in der DDR als eine Art Staatsdichter. Das Lehrstück »Der Kaukasische Kreidekreis« (r. in einer Münchner Inszenierung von 1961) verbindet eine alte chinesische Legende mit marxistischem Denken. Auch in dem 1923 in Leipzig uraufgeführten Stück »Baal« demonstriert Brecht seine anarchische, antibürgerliche Haltung (r. u.).

Schon in jungen Jahren unterhält Bertolt Brecht mehrere Affären nebeneinander. Seine Schülerliebe Paula Banholzer bringt 1919 Brechts erstes uneheliches Kind, den Sohn Frank, zur Welt. Aus dem gleichzeitigen Verhältnis mit Marianne Zoff, einer Sängerin am Augsburger Stadttheater, geht 1923 Tochter Hanne Hiob hervor. Bereits ein Jahr später findet er in Berlin in der Schauspielerin Helene Weigel eine neue Geliebte, die schon sehr bald den gemeinsamen Sohn Stefan zur Welt bringt. Nach Marianne Zoff wird sie Brechts zweite Ehefrau.

Diese Heirat führt zu Selbstmordversuchen zweier weiterer Geliebten des Dichters: Der Schriftstellerin Marieluise Fleißer und seiner Mitautorin Elisabeth Hauptmann. Die Tochter des Schriftstellers Gerhart Hauptmann bleibt ihm und notgedrungen auch Helene Weigel für einige Zeit erhalten: Vormittags arbeitet er mit Elisabeth, dann begibt er sich zum Mittagessen zu Helene, die ihm seine unverzichtbaren Wiener Mehlspeisen zubereitet.

1933 geht Brecht mit seiner Familie ins Exil und lebt zunächst in Dänemark, dann in den USA. 1948 nach Europa zurückgekehrt, beginnt die erfolgreichste Zeit der künstlerischen Zusammenarbeit des Ehepaares Brecht-Weigel. Zusammen gründen sie 1949 in Ost-Berlin das »Berliner Ensemble«. Wenn Brecht nun Frauenfiguren erfindet, dann schreibt er sie seiner Frau auf den Leib. Die Mutter Courage aus dem gleichnamigen Stück ist eine der Paraderollen, mit der Helene Weigel für nachfolgende Generationen von Schauspielerinnen Maßstäbe der Brecht-Interpretation gesetzt hat.

Obwohl Bertolt Brecht seit seiner Jugend mit dem Marxismus sympathisiert, tritt er nie in die Kommunistische Partei ein. Als er im Jahr 1947 in seinem Exil in Los Angeles trotzdem vor das berüchtigte McCarthy-Komitee gegen unamerikanische Umtriebe geladen wird, beschließt er die sofortige Rückkehr nach Deutschland. Von dem DDR-Regime umworben, läßt sich Brecht jedoch nie vereinnahmen und erwirbt 1950 zusammen mit Helene Weigel vorsichtshalber die österreichische Staatsbürgerschaft. Stalin bezeichnet er im vertrauten Kreis in Anlehnung an den SED-Jargon als einen »verdienten Mörder des Volkes«.

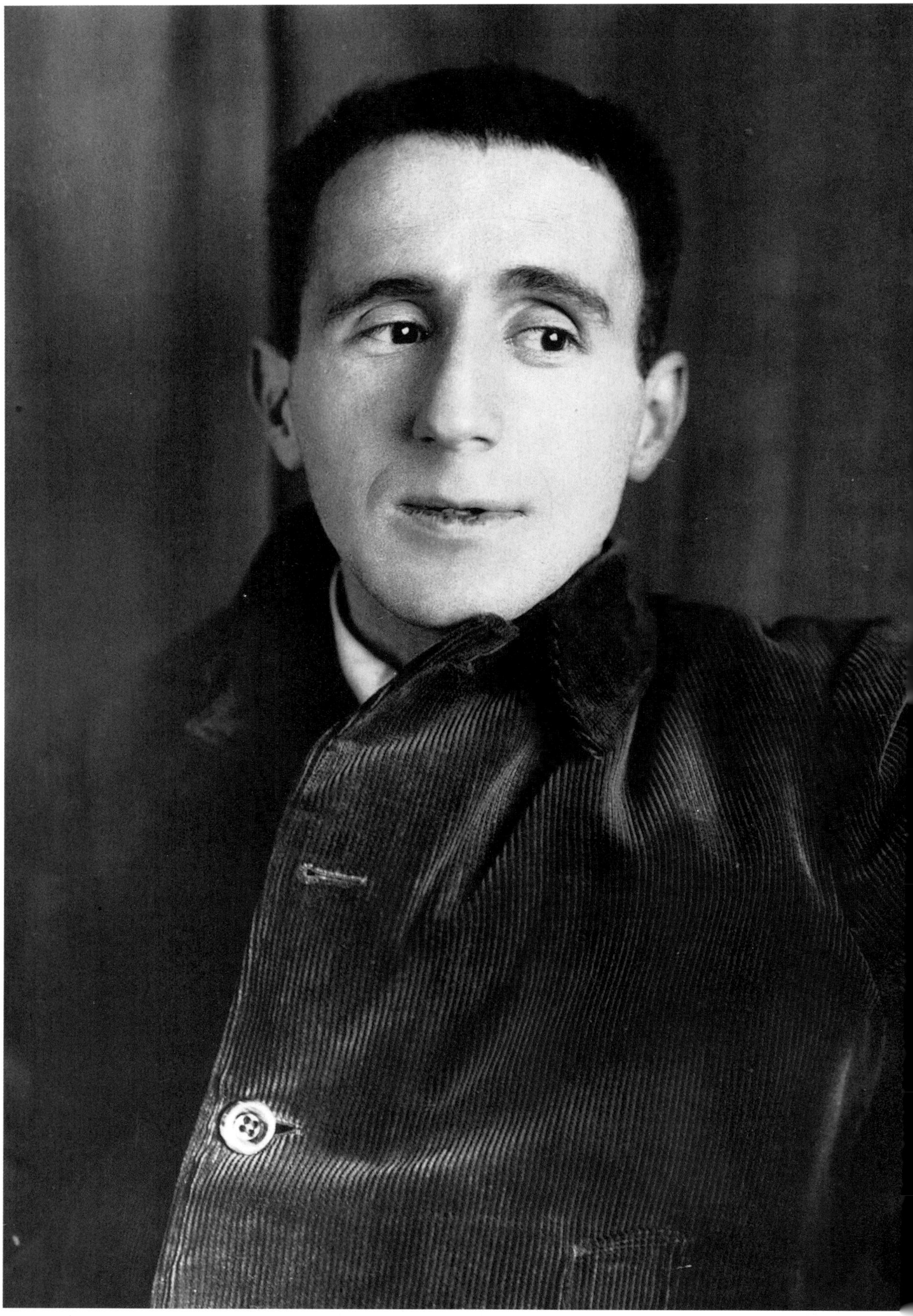

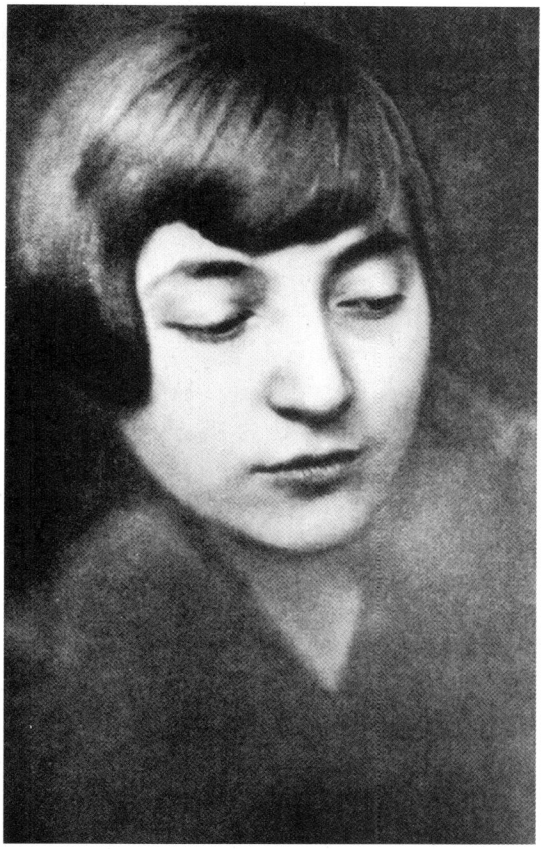

Brechts Gymnasiastenliebe Paula Banholzer (l.), läßt sich, obwohl sie ihn »weder fesch noch gutaussehend« findet, doch verführen. Die Dramatikerin Marieluise Fleißer gilt nach der Uraufführung ihrer »Pioniere in Ingolstadt« 1929 wegen einiger von ihrem Liebhaber Brecht eingefügten erotischen Passagen als Skandalautorin.

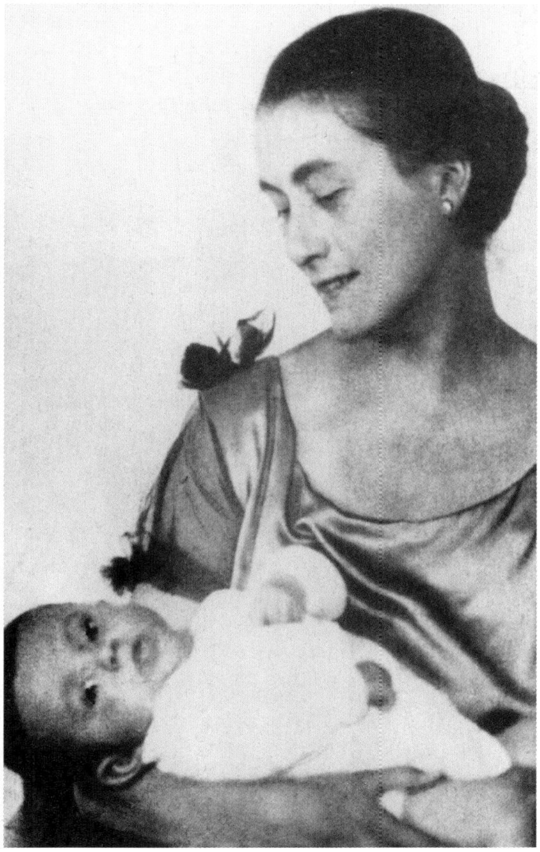

Brechts Geliebter und Mitarbeiterin Elisabeth Hauptmann (l.) wird die eigentliche Urheberschaft einiger Brecht-Werke zugeschrieben. Auch die Sängerin Marianne Zoff kann dem Dichter nicht widerstehen. Als sie 1922 ein Kind von ihm erwartet, geht sie eine Ehe mit ihm ein, die allerdings bald wieder geschieden wird.

In »freier Liebe« bis der Tod sie scheidet

Simone de Beauvoir und Jean-Paul Sartre werden 1929 ein Paar.

Sie ist groß und schlank mit eleganten Bewegungen, er kleinwüchsig und hinter einer dicken Brille schielend. Doch seit ihrem ersten Zusammentreffen in einer studentischen Clique an der Pariser Universität Sorbonne scheint klar zu sein, daß »Poulou« (Sartres Spitzname aus Kindertagen) und der »Biber« (so wird die Beauvoir im Freundeskreis genannt) zusammengehören. Zu den großen Gemeinsamkeiten des jungen Paares zählt vor allem, daß beide die Ehe ablehnen. Simone fürchtet zwar, daß eine Frau ihrer großbürgerlichen Herkunft zwangsläufig nur als verheiratete Ehegattin enden könne, doch Jean-Paul faßt die Ehe »als lebenslange Doppelhaft ohne Bewährung« auf. Für die folgenden fünf Jahrzehnte führen beide ein gemeinsames Leben ohne Trauschein in zwei getrennten Wohnungen.

Sartre fällt schon als junger Liebhaber durch Selbstbewußtsein auf. Als Simone ihren neuen Freund dem Vater vorstellt, fordert dieser Sartre zum Verlassen des Grund-

stücks auf. Der aber antwortet, er bleibe so lange, wie er wolle. Für die 21jährige Simone ist Jean-Paul der Mann, der ihr den Weg bahnt aus der »mittelmäßigen Existenz«, die sie in ihrem Elternhaus so zu verabscheuen gelernt hat. Sartre wiederum erklärt später: »Das Wunderbare an Simone de Beauvoir ist, daß sie die Intelligenz eines Mannes und die Empfindsamkeit einer Frau hat. Das heißt, ich habe in ihr alles gefunden, was ich mir nur wünschen konnte«. Beide gehen zunächst als Gymnasiallehrer nach Paris.

Ihre literarische und politische Arbeit drückt für mehr als drei Jahrzehnte der gesellschaftlichen Entwicklung ihren Stempel auf. Sartres Autorität ist so groß, daß selbst der von ihm erbittert bekämpfte Staatschef Charles de Gaulle ihn mit den Worten »auch er gehört zu Frankreich« verteidigt. Erst mit den 68er-Revolten müssen die Vordenker eines europäischen Kommunismus erleben, daß andere ihre Radikalität übertreffen. Die langfristige Wirkung, die Leben und Werk von Simone de Beauvoir und Jean-Paul Sartre auf die Lebensentwürfe der politisch linken Intellektuellen ausüben, ist dennoch enorm. Das Paar steht modellhaft für die »freie Liebe« und die Realisierbarkeit einer »offenen Zweierbeziehung«.

Während der 50er und 60er Jahre bildet das Duo Simone de Beauvoir und Jean-Paul Sartre das Kraftzentrum linksintellektueller Bewegungen auf der ganzen Welt. Wie hier in Wien stellt sich das Paar in ganz Europa, aber auch in den USA und in Südamerika Anhängern und Gegnern zur Diskussion.

Wiederaufnahmeprobe für eine Inszenierung von »Geschlossene Gesellschaft« am Pariser Théâtre de Gymnase mit Tania Balachova, Michel Vitold und Gaby Sylvia (v. l. n. r.). Sartres 1944 uraufgeführtes Drama schildert eine Hölle ohne Feuer. »Die Hölle, das sind die anderen«, erkennt einer der drei toten Mörder, die in einen Raum eingeschlossen sind. Der Mensch, so die Lehre des Dramas, ist zwar frei, aber verantwortlich, und hat jederzeit so zu handeln, daß er vor dem Urteil der Gesellschaft bestehen kann.

Jean-Paul Sartre (1905–1980) bei der Arbeit in einem Pariser Café. Seine existenzialistische Weltanschauung sieht den Menschen »zur Freiheit verurteilt«. Als Verfechter des Marxismus wird der Romancier, Dramatiker und Philosoph zu einer der politisch umstrittensten Persönlichkeiten Frankreichs. Folgenreichste Schriften sind »Das Sein und das Nichts« (1941) und »Kritik der dialektischen Vernunft« (1959).

Knapp eineinhalb Stunden nach ihrer Verhaftung am 26. Juni 1970 sind Simone de Beauvoir und Jean-Paul Sartre wieder auf freiem Fuß und umringt von Journalisten. Gemeinsam mit einer Reihe politischer Freunde – darunter der Filmregisseur Louis Malle – hat das Philosophenpaar die verbotene maoistische Zeitschrift »La cause du peuple« auf der Straße verteilt. Sartre sieht die rasche Freilassung als Indiz dafür, daß die Regierung Charles de Gaulles einen politischen Prozeß gegen ihn scheue.

Simone de Beauvoir (1908–1986) entwickelt aus Sartres Existenzphilosophie und der kritischen Analyse der bürgerlichen Gesellschaft Thesen zur Selbstverwirklichung der Frau in einer von Männern beherrschten Umwelt. 1949 erregt ihr Buch »Das andere Geschlecht« großes Aufsehen und wird in der Folgezeit eine der Grundlagen der Frauenbewegung. Gleichermaßen geliebt und gehaßt wird die Schriftstellerin wegen der schonungslosen Offenheit, mit der sie ihr Leben und ihre Gedanken offenbart.

Leidenschaft und lebenslanger Schmerz: Frida Kahlo und Diego Rivera

Am 1. August 1929 heiraten die beiden Künstler zum ersten Mal. Sie sind die bedeutendsten mexikanischen Maler des 20. Jahrhunderts.

Im Jahr 1922 beginnt die 15jährige Deutsch-Mexikanerin Frida Kahlo in Mexiko-City eine Ausbildung an der Preparatoria, einer auf das Medizinstudium vorbereitenden höheren Schule. Dort beobachtet sie interessiert die Fortschritte der Arbeit des renommierten Malers Diego Maria Rivera, der die Aula mit Fresken ausstattet.

Am 17. September 1925 erleidet Frida Kahlo bei einem schweren Busunfall Verletzungen am Rückgrat und ihrem seit einer Kinderlähmung verkrüppelten rechten Bein. Diese Lebenskatastrophe macht schlagartig all ihre Zukunftspläne zunichte. Es beginnt ihr »lebenslanges Sterben«, wie sie später sagt.

Frida Kahlo (1907–1954) und Diego Maria Rivera (1886–1957) bei einer Reise in die USA im Jahr 1933. Riveras in Detroit entstandene Freskenzyklen setzen sich mit der Unmenschlichkeit des Maschinenzeitalters auseinander. Der Künstler ist einer der Mitbegründer des Muralismo. Von dem französischen Schriftsteller André Breton 1938 als surrealistische Malerin gefeiert, erregt Frida Kahlo (r. im Jahr 1944) mit Ausstellungen in Mexiko-City, New York und Paris die Aufmerksamkeit des Publikums.

Fast zur Unbeweglichkeit verdammt, beginnt Frida Kahlo zu malen. 1926 entsteht ihr erstes Selbstporträt, dem noch viele folgen. Immer wieder setzt sie sich auf diese Weise intensiv mit ihrem zerstörten Körper und ihren Schmerzen auseinander. Und doch interessiert sie sich auch für die anderen Seiten des Lebens: 1928 tritt Frida Kahlo, die schon länger in linken Künstlerkreisen verkehrt, der Kommunistischen Partei bei. Dort lernt sie Diego Maria Rivera nun auch persönlich kennen. 1929 heiraten die beiden.

Nach den vielen außerehelichen Beziehungen beider Ehepartner lassen sich Frida und Rivera 1939 in gegenseitigem Einvernehmen scheiden. Aber schon 1940 heiraten sie erneut. Unterdessen geht es Frida gesundheitlich immer schlechter. Von ständigen Schmerzen und psychischen Problemen geplagt, sucht sie zunehmend Trost im Alkohol. In der Nacht zum 13. Juli 1954 stirbt Frida Kahlo in ihrem »Blauen Haus«. Wie Freunde berichten, verwandelt sich an diesem Tag das volle Gesicht Riveras innerhalb weniger Stunden in die verfallenen Züge eines alten Mannes.

1930–1939

Skandale dienen mehr denn je der Unterhaltung eines immer breiteren Publikums. Und so werden intime Details bekannter Paare von den Massenmedien und Sexualität von der Literatur aufbereitet. Nur Monarchen ist die Liebesheirat noch verwehrt, wenn die Wahl auf eine Bürgerliche fällt.

Die Ehe, die keine sein durfte

Die Leinwanddiva Mae West hat mit einem Image, zu dem Heiraten nicht paßt, eine große Karriere gemacht. Doch Anfang der 30er Jahre meldet sich ein vergessener Ehemann namens Frank Wallace zu Wort.

Tatsächlich haben Mae West (1894–1980) und ein Mann namens Frank Wallace am 11. April 1911 in Milwaukee geheiratet. Sie ist damals noch keine 18 und weit von ihrem späteren Ruhm als platinblonde Sexbombe entfernt gewesen. Bezüglich ihrer Vergangenheit gibt sich die Aktrice ungewöhnlich zugeknöpft: Selbst eingeweihte Kreise können nur mutmaßen, daß das Paar anscheinend niemals zusammengelebt hat und 1916 oder 1917 wieder geschieden wurde. Diese Geschichte kursiert in Hollywood noch immer, als Frank Wallace aus der Versenkung auftaucht und erklärt, er sei der ehemalige Ehemann des leichtlebigen Sexsymbols. Mae West aber dementiert die Geschichte entschieden. Sie hat ihr mitunter von Zensur bedrohtes Image als männerverschlingendes Superweib zu verteidigen, zu dem eine frühe Heirat nicht passen will.

Das Foto links wird im Jahr 1911 in einem Fotostudio in Minneapolis aufgenommen und zeigt Mr. und Mrs. Wallace kurz nach ihrer Hochzeit mit dem Bruder Mae Wests (l.). Frank Wallace besteht darauf, daß die schlanke Brünette dieselbe Person ist wie die kurvenreiche Blondine der 30er Jahre. Der Hollywood-Star hingegen leugnet, jemals Mrs. Wallace gewesen zu sein – trotz einer existierenden Heiratsurkunde.

In Filmen wie »Ich bin kein Engel« (1933) verkörpert sie das Ideal der unabhängigen Frau, die der Männerwelt ohne Scheu vor Tabus den Kopf verdreht. Ihr Partner in diesem Kassenhit ist Cary Grant. Mit Sätzen wie »Nicht die Männer in meinem Leben zählen, sondern das Leben in meinen Männern« bestätigt sie selbstbewußt ihren Status als Sexsymbol. Filme wie »Sie tat ihm unrecht« (1933), ebenfalls mit Cary Grant, oder »Die Schöne der Neunziger Jahre« (1934) sind ganz auf sie zugeschnitten, sogar Teile der Drehbücher stammen von ihr selbst. Die simplen Stories, in denen sie meist eine Frau zwischen zwei Männern spielt, dienen oft nur als Vorwand, ihren Sexappeal darzustellen.

Mit dem Schreiben hat sie bereits begonnen, als sie noch in Theatershows auf der Bühne gestanden hat. Ein Stück mit dem unzweideutigen Titel »Sex« hat ihr damals eine Verhaftung eingebracht. Ihre Frivolität und Freizügigkeit treffen zudem später auf eine Verschärfung der Zensurbestimmungen in der amerikanischen Filmindustrie. Ab 1935 ist sie gezwungen, sich zu zügeln, ohne daß allerdings ihre Popularität Schaden nehmen würde. Noch 1978 spielt die mittlerweile 84jährige Leinwandlegende in dem Film »Sextette« die Rolle eines Sexsymbols.

Literatur als Waffe gegen letzte Tabus

Mit der Begegnung von Anaïs Nin und Henry Miller im Jahre 1931 wendet sich das Leben beider. Die folgenden gemeinsamen Jahre werden zu einer fruchtbaren Schaffensphase.

Henry Miller hat sich bislang in den USA und in Frankreich mit schlechtbezahlter Gelegenheitsarbeit durchgeschlagen, dabei aber bereits erste Schriften veröffentlicht. Anaïs Nin, Tochter eines spanischen Pianisten und einer Sängerin, hat ihre Eltern von klein auf während ihrer Konzertreisen begleitet und kennt die Luxushotels in aller Welt. Seit 1923 lebt sie in Paris, findet aber auch dort keinen Verleger für ihr Buch »The House of Incest«. Hierin erzählt sie ihre eigene Geschichte und die lebenslange Suche nach dem Vater, der die Familie früh verlassen hat. Ihr wichtigstes Werk aber ist ihr schon zu dieser Zeit begonnenes vielbändiges Tagebuch.

Anaïs Nin (1903–1977) kommt als 13jährige in die USA. Schon zwei Jahre später verläßt sie die Schule und beschließt, sich in Bibliotheken selber fortzubilden. Nach ihrer Heirat mit Hugh Guiler geht sie 1923 nach Paris, wo sie Henry Miller (1891 bis 1980, hier eine Porträtaufnahme aus dem Jahr 1932) kennenlernt. Sie bewohnt eine schloßartige Villa in Louvecienne bei Paris, in deren prächtig ausgestatteten Räumen große, zu Orgien ausufernde Künstlerfeste stattfinden.

Als Miller es liest, ist er begeistert, denn er findet darin persönliche und erotische Reflexionen, die den seinen nahestehen. Er schreibt über ihre Tagebücher: »Das Ganze ist wie ein blutiges Ausströmen, der Orgasmus eines Monstrums, bekränzt mit Schlangen und Juwelen, mit Galle und Arsenik.« Henry ist von Anaïs fasziniert, und bald wird sie seine Geliebte. Durch die Lektüre ihrer Tagebücher findet er endlich seinen eigenen expressiven Stil und beginnt mit der Niederschrift von »Wendekreis des Krebses«. Mit diesem Roman gelingt ihm der Durchbruch als Schriftsteller. Dank der Anstrengungen Anaïs Nins hat das Buch trotz »anstößiger Stellen« einen Verleger gefunden. Wie in seinen späteren Werken bricht Miller darin sexuelle Tabus. Mit seiner eigenen, stark auf die Sexualität bezogenen Persönlichkeit versteht er sich als der Gegentyp zum puritanischen amerikanischen Bürgertum. Tatsächlich bleiben Millers Werke noch bis in die 60er Jahre hinein in seiner Heimat verboten.

Miller und Nin befassen sich auch intensiv mit dem ebenfalls um das Thema Sexualität kreisenden Werk von D.H. Lawrence. Das Ergebnis ihrer Studien ist Anaïs Nins 1932 erschienenes Buch »D.H. Lawrence – An Unprofessional Study«.

Henry Miller und seine Muse Anaïs Nin, dargestellt von Fred Ward und Maria de Madeiros in Philip Kaufmanns Film »Henry und June«. Er basiert auf den Tagebüchern von Anaïs Nin und auf ihrem Buch »Henry, June und ich«. In dem 1986 postum erschienenen Werk beschreibt sie das Dreiecksverhältnis mit dem Ehepaar Miller, als sie die Geliebte Henrys war. June Smith ist seit 1924 Millers zweite Ehefrau. Von einer Europa-Reise kehrt June 1928 alleine in die USA zurück, während Henry in Paris bleibt. Hier lernt er 1931 Anaïs kennen, die einen Besuch Junes in Paris organisiert. Doch die Ehe der Millers ist nicht mehr zu retten und wird 1934 geschieden.

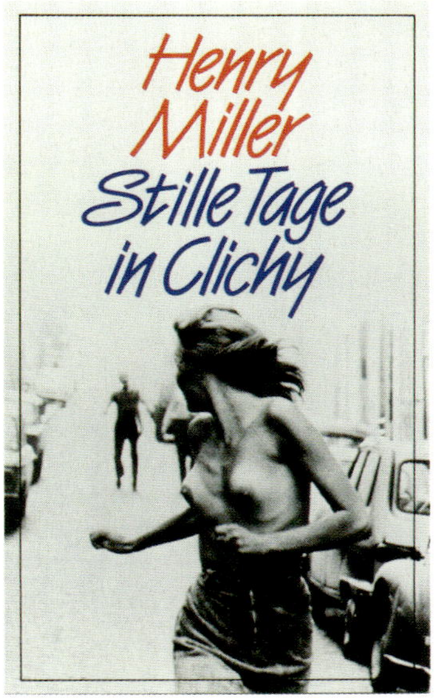

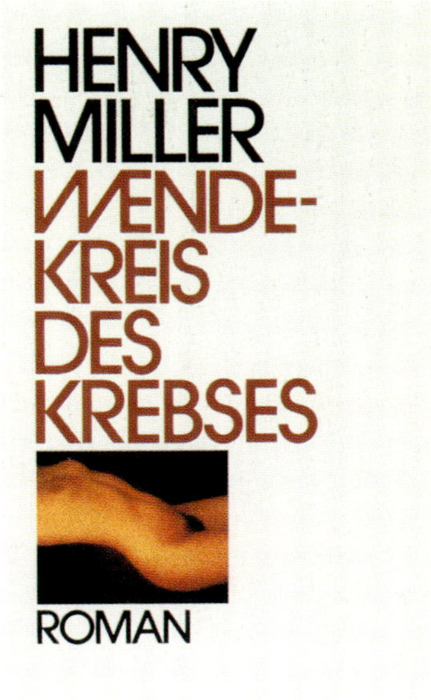

Die Bücher Nins und Millers lösen bei ihrem Erscheinen regelmäßig Skandale aus. Millers erster großer Erfolg »Wendekreis des Krebses« darf im prüden Amerika erst 35 Jahre nach seinem Entstehen unzensiert veröffentlicht werden.

Noch im Alter von 76 Jahren heiratet Henry Miller 1967 die wesentlich jüngere japanische Entertainerin Hoki Tookuda. Bis kurz vor seinem Tod schockiert er seine Landsleute mit Berichten von seiner ungeschmälerten Potenz und einem abwechslungsreichen Liebesleben. Hoki ist die fünfte Ehefrau Henrys: Nach der Scheidung von seiner zweiten Frau June hat er 1944 die Polin Janina M. Lepska geheiratet, von der er sich 1951 wieder getrennt hat. Von 1953 bis 1962 ist Miller mit Eve McClure verehelicht.

Liebe ist stärker als der Skandal

Addie McPhail und Roscoe Arbuckle heiraten im Sommer 1932.

Addie McPhail ist ein so wunderbares Mädchen, schwärmt Roscoe, und er fühle sich wie auf Wolken. In der Nacht vom 20. auf den 21. Juni 1932 haben Roscoe Arbuckle und Addie McPhail beschlossen, den Richter der Stadt Erie im US-Bundesstaat Pennsylvania zu wecken, damit er sie traue. Gegen 2.15 Uhr ist die Zeremonie beendet.

Das Brautpaar ist gerade auf Tournee durch die USA und Kanada. Für eine Vaudeville-Show in den Theatern der Großstädte nutzen beide ihren Filmruhm. Addie hat bereits in einer Reihe von Filmen mitgespielt, und Roscoe gehörte in den 20er Jahren zusammen mit Charlie Chaplin, Harold Lloyd oder Buster Keaton zu den ganz Großen des Geschäfts. Als »Keystone-Cop« in Uniform oder »Fatty«, der seine schwergewichtige Figur in eine Latzhose zwängt, bringt er eine weltweite Fangemeinde zum Lachen. Aber Roscoe wird immer wieder vor Augen geführt, daß auch der schwärzeste Tag seines Lebens dem Publikum unvergeßlich bleibt: Am 5. September 1921 feiern

Nach der Katastrophe von 1921 geht es für Roscoe Arbuckle (1887–1933) mit Hilfe seiner dritten Frau Addie McPhail (geb. 1906) wieder aufwärts.

er und sein Team in dem Hotel »St. Francis« in San Francisco den Abschluß der Dreharbeiten für einen neuen Film. »Fattys« lustige Geschichten sind familienfreundlich, die Partys seines Darstellers jedoch nicht jugendfrei. Alkohol und andere Drogen befeuern das ausschweifende Fest über mehrere Tage hinweg. Plötzlich dringt ein markerschütternder Schrei aus dem Zimmer, in das Roscoe vor einiger Zeit mit dem Starlet Virginia Rappe verschwunden ist. Man findet die junge Frau mit entsetzlichen Verletzungen, das Zimmer ist vollständig verwüstet. Virginia ringt vier Tage im Krankenhaus mit dem Tod, bis sie am 9. September stirbt.

Der folgende Prozeß gegen Arbuckle sprengt alles, was die amerikanische Öffentlichkeit bisher an Skandal gekannt hat. Doch keiner der Zeugen kann sich präzise genug an die Vorgänge im Hotel erinnern, und Roscoe wird freigesprochen. Das Publikum und die Studios sprechen aber ein anderes Urteil: Sie wollen mit dem zum tödlichen Sexmonster mutierten Darsteller nichts mehr zu tun haben. Bis zu seiner Rehabilitation vergehen fast zehn Jahre. Ab 1930 arbeitet Roscoe als Regisseur, unter anderem mit Addie McPhail.

Er hat wieder Erfolg, aber am 28. Juni 1933 erliegt Arbuckle einem Herzinfarkt.

Angebetet wird »Fatty« Arbuckle nicht nur im Film. Er hat eine weltweite Fangemeinde. Seinen Spitznamen »Fatty« schätzt er jedoch nicht besonders – für ihn ist es der Name einer Rolle, und nicht mehr.

Ein ideales Paar aus Kraft und Anmut

Die Boxsport-Legende Max Schmeling und die Schauspielerin Anny Ondra heiraten 1933. Damit beginnt eine Ehe, deren Harmonie ebenso über Jahrzehnte stabil bleibt wie die Popularität der beiden Stars.

Vor dem Charlottenburger Standesamt versammeln sich am 6. Juli viele Schaulustige, darunter eine Reihe von Fotografen und Kamerateams, die die Vermählung zweier deutscher Idole für die Ewigkeit festhalten wollen. Der in der Uckermark geborene Boxer Max Schmeling ist zwischen 1930 und 1932 Weltmeister aller Klassen gewesen und der erste Europäer, der diesen Titel trägt. Die aus der Tschechoslowakei stammende Schauspielerin Anny Ondra hat sich seit 1928 vor allem als Darstellerin fröhlicher, unbekümmerter Frauen in die Herzen des Publikums gespielt.

Schmeling kennt die Ondra allerdings nicht nur von der Leinwand, sie sind Nachbarn am Sachsenplatz in Berlin. Eines Tages bittet Max Schmeling einen Freund, ihn mit dem Filmstar bekannt zu machen. Dies ist der Beginn einer großen Liebe. Durch Anny findet Max Zugang zu Berliner Künstler- und Schauspielerkreisen, im Jahr 1934 spielt er selber an ihrer Seite in dem Film »Knock out«. Als dessen Regisseur Carl Lamac Nazi-Deutschland aus politischen Gründen verlassen muß, zieht sich Anny Ondra weitgehend aus dem Filmgeschäft zurück.

Schmelings spektakuläre Kämpfe gegen den Amerikaner Joe Louis in den Jahren 1936 und 1938 versetzen ganz Deutschland in ein Boxfieber. 1939 wird er Europameister im Schwergewicht, doch der Ausbruch des Zweiten Weltkriegs, in den er als Fallschirmspringer zieht, beendet vorerst Schmelings sportliche Karriere. Nach dem Krieg hat der von der Entnazifizierungsbehörde freigesprochene Schmeling ein erfolgreiches Comeback, bevor er sich nach 1948 ganz aus dem Boxsport zurückzieht. Seither lebt er als Lizenznehmer einer großen amerikanischen Getränkefirma und erfolgreicher Geschäftsmann in Hamburg. Mit seiner Frau bleibt er bis zu deren Tod im Jahre 1987 zusammen – 54 Jahre lang.

Einen der härtesten Kämpfe seiner Laufbahn führt Max Schmeling (geb. 1905, r. beim Training) im Jahr 1930 gegen den US-Boxer Jack Sharkey. Nach einem regelwidrigen Tiefschlag geht Schmeling zu Boden und wird angezählt. Sharkey wird disqualifiziert und Max Schmeling zum Weltmeister von 1930 erklärt. 1932 verliert er nach einer Punktniederlage seinen Titel – an Sharkey.

Die in Prag aufgewachsene Schauspielerin Anny Ondra (1903–1987) spielt schon als Kind Statistenrollen. 1919 erhält sie in der tschechoslowakischen Filmkomödie »Die Dame mit dem kleinen Fuß« ihre erste Hauptrolle und wird in ihrer Heimat zum Filmstar. Seither ist sie festgelegt auf die temperamentvolle, sympathische und lustige Blondine. 1920 dreht sie erstmals mit dem Regisseur Carl Lamac, mit dem sie 1930 in Berlin die Ondra-Lamac-Filmgesellschaft gründet. Vor ihrer Übersiedlung nach Deutschland arbeitet sie unter anderem mit Alfred Hitchcock (»The Manxman«, 1929). Insgesamt dreht Anny Ondra in ganz Europa mehr als hundert Filme.

Die wohl spektakulärsten Auftritte im Ring hat Max Schmeling gegen den Amerikaner Joe Louis. Schmeling (u.) fügt Louis am 19. Juni 1936 im New Yorker Yankee-Stadion nach zwölf Runden dessen erste Niederlage durch K. o. zu. Zwischen 1937 und 1949 erringt der »braune Bomber« Louis (o. r.) 25 mal den Titel des Weltmeisters im Schwergewicht. Am 22. Juni 1938 triumphiert er in einem Revanchekampf über den von den amerikanischen Zuschauern als »Nazi-Fighter« beschimpften Max Schmeling schon in der ersten Runde durch einen K.-o.-Sieg. Außerhalb des Rings verbindet Max Schmeling und Joe Louis eine lebenslange enge Freundschaft.

Max Schmeling und Anny Ondra verlieren auch nach dem Krieg nichts von ihrer Popularität. Aus dem gesellschaftlichen Leben der Bundesrepublik sind sie nicht wegzudenken. Sie bleiben selbstverständliche Gäste auf allen bedeutenden Filmpremieren, Bällen und Empfängen. Max Schmeling übernimmt auch kleine Rollen in Filmen seiner Frau wie 1957 in »Die Zürcher Verlobung« (o.).

Die Lady von der Ostküste findet einen Westerner: Veronica Balfe und Gary Cooper

Ohne Publicityrummel und im kleinsten Kreis heiraten am 15. Dezember 1933 in New York das Nachwuchstalent und der Leinwandstar. Auch die Rolle des Ehemanns und Vaters spielt Cooper überzeugend.

In dem Westernklassiker »Zwölf Uhr mittags« verkörpert er den einsamen Sheriff Kane, der unbeirrt seinen Weg geht. In dieser Rolle prägt Gary Cooper endgültig sein Image als starker Einzelgänger, der entschlossen für Gerechtigkeit kämpft. Seine Frau Veronica Balfe, genannt Rocky, ergänzt das Image des stillen Helden durch gesellschaftlichen Glanz. Sie ist eine begehrte Schönheit aus der New Yorker High Society, in der man in den 30er Jahren noch etwas geringschätzig auf die Filmschauspieler von der Westküste herabblickt.

Der Regisseur Cedric Gibbons ist der Onkel der außergewöhnlich gut aussehenden 20jährigen Schulabsolventin. Um ihr Talent als Filmschauspielerin zu erproben, besucht sie ihn in Hollywood. Gibbons gibt für seine Nichte eine Party, zu der er auch seinen Freund Gary Cooper einlädt. Dieser ist schon ein beliebter Hollywoodstar, dessen Affären mit seinen Filmpartnerinnen Clara Bow, Lupe Velez, Evelyn Brent und mit der italienischen Gräfin Dorothy di Fasso die Presse bereits ausgiebig beschäftigt haben. Cooper interessiert sich auf den ersten Blick für die schöne Nichte seines Freundes. Er ist erleichtert über ihren Entschluß, nach einer Rolle in dem Film »Blutgeld« ihre Hollywood-Pläne nicht weiter zu verfolgen. Damit entgeht Veronica dem Schicksal vieler hoffnungsfroher, aber chancenloser Nachwuchstalente.

Gary Cooper als Sheriff Kane beim Showdown in »Zwölf Uhr mittags«. Für diese Rolle neben Grace Kelly wird ihm 1952 ein Oscar verliehen.

Die Verbindung der Lady aus der feinen Ostküsten-Gesellschaft mit dem stoischen Filmhelden erweist sich als perfekt. Nach der Heirat übernimmt Gary Cooper bis zu seinem Tod 1961 die Rolle des zuverlässigen Ehemanns und Vaters einer Tochter, die 1937 geboren wird.

Dem entsprechen die Charaktere, die er auf der Leinwand darstellt. In dem Western »Der Mann aus Virginia« (1929) spielt er zum ersten Mal den tapferen, aufrechten Helden, als der er mit Filmen wie »Der Westerner« (1940), »Vera Cruz« (1954) oder »Der Mann aus dem Westen« (1958) in die Filmgeschichte eingeht. Sein männlich-heroischer Charakter kommt auch in den großen Hemingway-Verfilmungen »In einem anderen Land« (1933) und »Wem die Stunde schlägt« (1943) zum Tragen. Aber man sieht den großgewachsenen, mitunter etwas linkisch wirkenden Schauspieler auch in Komödien wie »Serenade zu dritt« (1933) und »Blaubarts achte Frau« (1948).

Veronica Balfe (geb. 1913) neben ihrem Ehemann Gary Cooper (1901 bis 1961) in Westernmontur. Diese Aufnahme entsteht kurze Zeit nach der 1933 begangenen Hochzeit auf der Ranch, die das Ehepaar in der Nähe von Hollywood bezieht. Gary Coopers bodenständige Westernnatur ist nicht nur Filmpose. In den Drehpausen fährt der Schauspieler, der schon als Junge auf der Ranch seines Vaters das Vieh gefüttert und Mist geschaufelt hat, mit dem Traktor auf seine Orangenplantage und legt selbst mit Hand an. Unterdessen kümmert sich seine Frau um die Inneneinrichtung des Hauses.

Die Liebe erweckt ein Jahrhundertgenie

Ganz gegen ihre sonstigen Gewohnheiten heiraten Helena Diakonoff und Salvador Dalí am 30. Januar 1934 im katalanischen Port Lligat in aller Stille.

Allerdings bedeutet die Hochzeit keinen wirklichen Einschnitt im Leben des Meisters und seiner Muse, sondern hat einen ganz praktischen Grund: Als Ehefrau ist Gala finanziell abgesichert. Dalí beginnt gerade, ein wenig prominent zu werden, was sich nach langen mageren Jahren endlich auch günstig auf die Einnahmen auswirkt. Ansonsten führen beide ihr Leben in dem kleinen Haus an der Küste weiter: Sie inspiriert ihn, steht und sitzt ihm Modell, kümmert sich um alltägliche Verrichtungen und pflegt ihre kleineren und größeren Affären und Liebschaften – darunter ist auch immer wieder ihr vormaliger Ehemann Paul Eluard, ein Schriftsteller aus den Surrealisten-Zirkeln in Paris. Eluard ist es auch, der Salvador und Gala 1928 während der Sommerferien im südspanischen Cadaques zusammenbringt. Nach ersten gemeinsamen Spaziergängen »entjungfert« die fast zehn Jahre ältere Russin den 24jährigen trotz seiner Abneigung gegen körperliche Nähe. Über Dalís Sexualleben wird in den folgenden Jahrzehnten viel spekuliert werden. So unverbrüchlich die Beziehung vom ersten Augenblick an ist, so bemerkenswert bleibt, daß Gala bis ins hohe Alter Affären mit jungen Männern hat.

Doch sie ist die Frau, die Dalís künstlerisches Potential freizulegen vermag. Sie lenkt seine schöpferischen Impulse ebenso wie im Laufe der Jahre die Vermarktung des Artikels »Dalí«. Aus dem von der Familie ausgestoßenen Hungerleider wird einer der reichsten Künstler des Jahrhunderts, an dessen Katastrophen und Verrücktheiten er wie wenige andere teilhat: Gala und Dalí führen die Surrealistenbewegung an, fliehen vor dem spanischen Bürgerkrieg nach Frankreich, von dort vor den Deutschen in die USA, kehren als rechtsradikale Franco-Sympathisanten nach Spanien zurück und werden in den 60ern zu Hippie-Gurus. Nach dem Tod Galas ist Dalí gebrochen. Seine letzten Jahre verbringt er von Krankheit gezeichnet im Bett auf seinem Schloß Pubol bei Figueras.

Zu den Bewunderern und Freunden Dalís und seiner Lebensgefährtin gehört der in Paris lebende Amerikaner Man Ray, der während der 40er Jahre dieses Foto des Paares in Fechtmaske aufnimmt. Gala ist nicht nur Dalís Inspiration und Modell, sondern auch eine skandalumwobene Femme fatale. Ihre Affären und Beziehungen ebnen dem genialischen jungen Maler um 1930 den Weg in die Pariser Surrealisten-Szene.

Das Leben Salvador Dalís (1904–1989) ist von Selbststilisierung und Inszenierung geprägt: Bei einer Ausstellungseröffnung in Paris 1971 posieren er und seine Frau Gala (1895–1982) zusammen mit einer Ziege und zwei als Engel verkleideten Kindern. Dalí ist seit den 60er Jahren der Superstar der internationalen Kunstwelt. Die späte Schaffensphase des Künstlers wird allerdings von Vermutungen überschattet, ein Teil des in Umlauf befindlichen Œuvres sei gefälscht.

Auf der Flucht: Bonnie und Clyde

Das schon zu Lebzeiten berühmteste Gangsterpärchen der Welt gerät am 23. Mai 1934 in einen Hinterhalt der Polizei und stirbt in Maschinengewehrsalven.

Selbst als ihr Wagen eine Böschung heruntergerast und nach mehreren Überschlägen liegengeblieben ist, geben Einsatzleiter Frank Hamer und sein Trupp von Texas Rangers Geschoßgarben aus ihren automatischen Waffen ab. Eine lange aufgestaute Wut macht sich Luft: Zwei Jahre lang haben Bonnie und Clyde die Gesetzeshüter nicht nur an der Nase herumgeführt, sondern viele von ihnen kaltblütig niedergeschossen. Zwischen 1932 und 1934 kommen durch das Gangsterduo in elf US-Bundesstaaten bei unzähligen Überfällen auf Tankstellen und Banken 15 Menschen ums Leben.

Clyde trifft Bonnie im Januar 1930 in einem kleinen Café in Dallas, wo sie als Kellnerin arbeitet. Der im Umgang mit Frauen eher zurückhaltende Gangster ist von der Energie der zierlichen Blondine fasziniert. Was sie beide verbindet, ist die Langeweile ihrer Existenz in Dallas. Für Bonnie ist Clyde ein Mann, der ihren nimmermüden Sensationshunger stillen kann. Sie verläßt ihren Geliebten, den Bandenchef Guy Hamilton, und zieht zu Clyde Barrow. Zwar ist sie noch mit Roy Thornton verheiratet, doch der sitzt unerreichbar zu 99 Jahren Haft verurteilt im berüchtigten Zuchthaus Eastham.

In dieses Gefängnis, in dem Zwangsarbeit und Folter an der Tagesordnung sind, wird Clyde wenige Monate später ebenfalls eingewiesen. Hier begeht er seinen ersten Mord und entdeckt seine Neigung zur Homosexualität.

Nach seiner Freilassung im Februar 1932 sind beide intim mit Bonnies Geliebtem Ray und später auch mit ihrem »Bankräuberlehrling« W. D. Jones. Mal in der Gang und mal zu zweit plündern und schießen sich Bonnie und Clyde durch den amerikanischen Süd- und Mittelwesten. Bonnies Mutter unterstützt das Paar mit Freßpaketen und frischer Wäsche.

Bonnie Parker (1911–1934) und Clyde Barrow (1909 bis 1934) haben Spaß dabei, mit ihren Waffen herumzualbern und sich dabei fotografieren zu lassen (l.). Die Fotos macht ein zeitweiliges Bandenmitglied, der erst 17jährige W. D. Jones, dem Liebesbeziehungen sowohl zu Bonnie als auch zu Clyde nachgesagt werden. Oft werden die Bilder mit kleinen, selbst geschriebenen Gedichten an Zeitungsredaktionen geschickt. 1967 verfilmt Arthur Penn die Geschichte von Bonnie und Clyde mit Faye Dunaway und Warren Beatty (r.).

Sportsfreunde: Elli Beinhorn und Bernd Rosemeyer

Absichtlich wählen sie einen 13. als Hochzeitstermin: Am 13. Juli 1936 geben sich die beiden Stars in Berlin das Jawort.

Als Pilotin kleiner Maschinen auf langen Strecken an das Alleinsein gewöhnt, ist Elli Beinhorn der Rummel, der um ihre Heirat entstehen wird, suspekt. Noch immer verunsichert es sie, daß sie und ihr Bräutigam Idole ihrer Zeit sind – sie lieben doch nur ihre Maschinen, und Elli ist eben diejenige, die am weitesten damit fliegen kann und Bernd ist derjenige, der am schnellsten fahren kann. Heimlich läßt sie die Trauung in ein anderes Standesamt verlegen. »Die lieben Berliner«, vermutet sie später in ihren Memoiren, »die damals mit Blumen in der Hand in der Berliner Straße auf uns gewartet haben, waren sicher enttäuscht«.

Die Hochzeitsnacht verbringen die Frischvermählten in Ellis Blockhaus in der Umgebung Berlins. Die Hochzeitsreise allerdings unternimmt die Braut alleine: Am nächsten Morgen melden sich die Bayerischen Flugzeugwerke mit der Mitteilung, daß das neue »Taifun«-Flugzeug für den Drei-Kontinente-Flug endlich bereitstehe.

Die erste Begegnung zwischen Elli und Bernd hat am 29. September 1935 stattgefunden. Die Fliegerin macht auf ihrer Vortragsreise Station in Brünn. Als prominenter Gast des Masaryk-Rennens wird sie gebeten, dem Sieger – einem jungen Mann namens Rosemeyer – zu gratulieren. In den folgenden Monaten taucht Rosemeyer scheinbar unabsichtlich immer wieder dort auf, wo Beinhorn auch ist, bis die selbstbewußte Sportfliegerin dem heiteren Charme des Rennfahrers vollständig erliegt.

1936 ist für Bernd Rosemeyer ein einziger Triumphzug: Er gewinnt das Eifel-Rennen, die Großen Preise von Deutschland und der Schweiz, den Deutschen Bergpreis und die Europameisterschaft. Doch die Jagd nach immer höheren Geschwindigkeiten hat ihren fatalen Preis: Am 28. Januar 1938 kommt sein Rennwagen auf der Autobahn bei Darmstadt mit rund 400 Stundenkilometern von der Fahrbahn ab. Rosemeyer wird aus dem Wagen geschleudert und ist sofort tot.

Elli Beinhorn (geb. 1907) und Bernd Rosemeyer (1909–1938). Die Flugpionierin macht sich vor allem mit spektakulären Langstreckenflügen einen Namen. Ihr längster Flug führt über 37 000 Kilometer von Europa über Asien nach Südamerika. Bernd Rosemeyer ist gleichzeitig dabei, der erfolgreichste deutsche Motorsportler zu werden.

Für die Liebe alles gegeben

Mit seiner Abdankung am 10. Dezember 1936 macht Eduard VIII. den Weg frei für die Heirat mit Wallis Simpson.

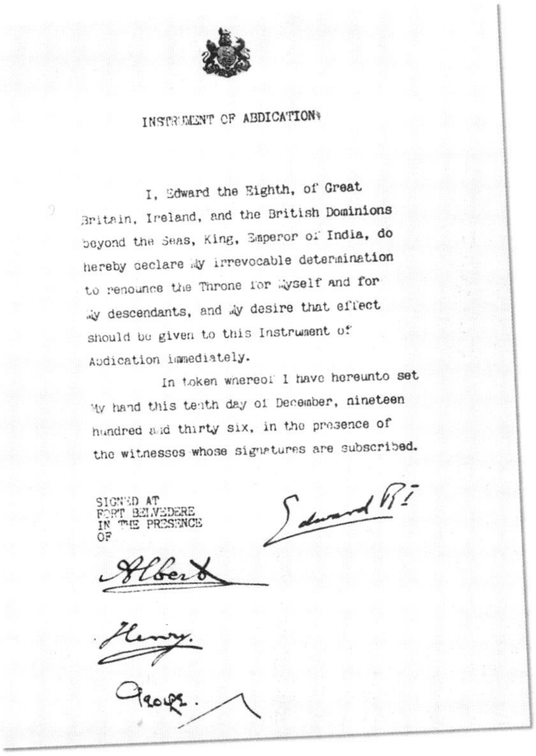

INSTRUMENT OF ABDICATION

I, Edward the Eighth, of Great Britain, Ireland, and the British Dominions beyond the Seas, King, Emperor of India, do hereby declare My irrevocable determination to renounce the Throne for Myself and for My descendants, and My desire that effect should be given to this Instrument of Abdication immediately.

In token whereof I have hereunto set My hand this tenth day of December, nineteen hundred and thirty six, in the presence of the witnesses whose signatures are subscribed.

SIGNED AT FORT BELVEDERE IN THE PRESENCE OF

Edward RI

Albert

Henry.

George.

Die Abdankungsurkunde König Eduards VIII. vom 10. Dezember 1936. Als Zeugen haben seine Brüder unterzeichnet. Albert wird als Georg VI. Eduards Nachfolger auf dem Thron.

Als Eduard 1934 erstmals Wallis begegnet, ist er noch Prinz von Wales und sein Vater Georg V. König von England. Sie fühlt sich von der Aura der Einsamkeit, die den bereits 40jährigen Prinzen umgibt, angezogen. Er gesteht ihr, daß sie die einzige Frau ist, »die sich jemals für meinen Job interessiert hat«. Verwundert nimmt Englands gehobene Gesellschaft zur Kenntnis, daß sich der Prinz unter dem Einfluß der Amerikanerin verändert. Winston Churchill erinnert sich: »Allen, die ihn gut kannten, entging nicht, daß er längst nicht mehr so viele Mätzchen machte wie früher und seine nervösen Zuckungen nicht mehr so häufig auftraten. Er war jetzt gereifter und kein kranker und gequälter Mensch mehr.«

Zwischen den Geliebten verdichten sich Pläne auszuwandern. Doch der Tod von Georg V. macht das kühne Vorhaben zunichte. Am 21. Januar 1936 muß Eduard die Nachfolge seines Vaters antreten, und Wallis Simpson ist die Frau an der Seite des Königs.

Zwar ist Eduard beim Volk beliebt, aber Aristokratie und Regierung nehmen Anstoß an der »Pflichtvergessenheit« des neuen Königs und empören sich über das »skandalöse Liebesverhältnis«. Die britische Presse, die traditionsgemäß das Liebesleben der Royals von ihrer Berichterstattung ausnimmt, gerät immer stärker unter den Druck amerikanischer Zeitungen, die auch in England auf dem Markt sind. Diese halten wenig von Diskretion und plaudern offen über die Affäre zwischen dem König und der Kaufmannsgattin. Das Bild, das sich der Öffentlichkeit darstellt, sieht folgendermaßen aus: Der unverheiratete König lebt in wilder Ehe mit einer schon einmal geschiedenen ausländischen Bürgerlichen, deren Mann, von dem sie getrennt lebt, in ihrem Schlepptau in der höfischen Gesellschaft auftritt.

Der britische Premierminister Stanley Baldwin versucht mit ganzer Macht, entweder die Hochzeit des Monarchen mit der »Mätresse« zu verhindern oder aber ihn zur Abdankung zu bewegen. Eduards Thronverzicht ist aus Sicht des Premiers die beste Lösung, denn die Sympathien, die der König den neuen faschistischen Diktaturen in Deutschland und Italien entgegenbringt, hätten den britischen Interessen auch auf politischer Ebene geschadet.

Eduards letzte Amtshandlung als König von Großbritannien, Irland und den britischen Besitzungen jenseits der See, Kaiser von Indien, ist die Zustimmung zum vom Unterhaus zu beschließenden Abdankungsgesetz. In seiner vom Rundfunk übertragenen Abschiedsrede erklärt der ehemalige König seinem Volk, daß er es als »unmöglich empfunden habe, die schwere Bürde der Verantwortung weiter zu tragen und die Pflichten als König zu erfüllen, wie ich es mit Hilfe und Unterstützung der Frau, die ich liebe, gern getan hätte«. Anschließend verabschiedet er sich von seiner Mutter, Queen Mary, und seinen Geschwistern, um sich in Richtung Kontinent einzuschiffen. Die Hochzeit zwischen dem jetzt zum Herzog von Windsor ernannten Hocharistokraten und der großbürgerlichen Amerikanerin findet am 3. Juni 1937 bei Monts in Frankreich statt.

König Eduard VIII. (1894 bis 1972) mit der Herzogin von Windsor, der vormaligen Wallis Simpson (1896–1986) im Jahre 1936 bei einem Frühlingsfest in Greenbrier. Für Eduard sind der britische Thron und seine Prachtentfaltung mehr Bürde als Würde, doch Wallis fühlt sich während dieser Zeit in alten Schlössern, großzügigen Hotelsuiten und auf luxuriösen Yachten wie »Wallis im Wunderland«.

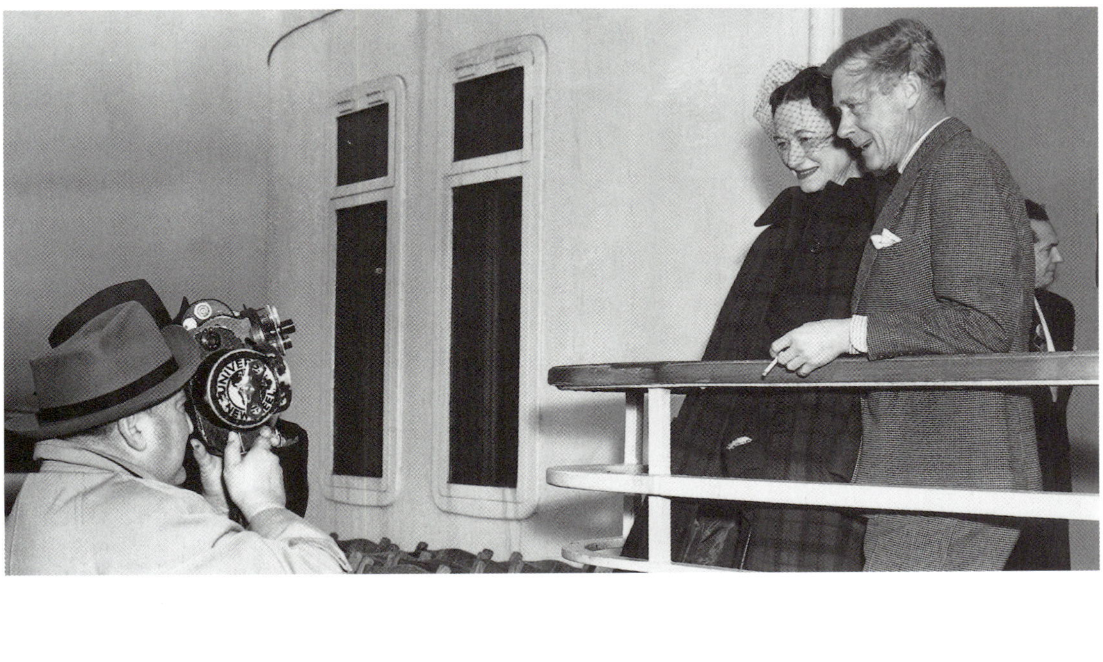

Nur 325 Tage kann Eduard dem Druck, der durch die Mesalliance mit der bürgerlichen Amerikanerin auf ihm lastet, standhalten. Kurz vor der Abreise aus England zeigt sich das Paar noch einmal der Öffentlichkeit.

1940–1949

Wieder überzieht ein Krieg die Welt. Neben dem Grauen existiert aber eine Welt der Stars und Superreichen mit oft kurzen Beziehungen und umso glanzvolleren Hochzeitsfeiern. Die Traumfabrik Hollywood erfindet die Bilder für die ganze Welt und zeugt herzzerreißender denn je von der Macht der Liebe.

Wenn Stars vom normalen Leben träumen

Lana Turner und Artie Shaw entdecken am 12. Februar 1940, daß sie den gleichen Traum haben. Spontan entscheiden sie sich für eine Blitztrauung in Las Vegas.

Lana Turner (1920–1995) beginnt ihre Karriere in den späten 30er Jahren mit Revuefilmen wie »The Dancing Co-Ed« (r. oberes Bild), den sie mit Artie Shaw (geb. 1910) dreht. Später ist sie in so unterschiedlichen Filmen wie »Wenn der Postmann zwei Mal klingelt« (1946) und »Die drei Musketiere« (1948) zu sehen. Noch 1982 spielt sie in der Fernsehserie »Falcon Crest«. Zu den populärsten unter ihren insgesamt sieben Gatten gehört der Tarzan-Darsteller Lex Barker (1919 bis 1973, r. unteres Bild).

Während eines Spaziergangs am Meer bringt Artie in Lana eine Saite zum klingen, die darauf nur gewartet hat: Er habe das unstete Musikerleben satt und sehne sich danach, endlich nach Hause zu kommen in ein kleines Haus mit einer Frau und vielen Kindern. Es ist ihr eigener Traum, von dem Artie spricht, und plötzlich hat sie ein anderes Bild von ihm. Er spricht auch, wie sich Lana später erinnert, über Schopenhauer und Nietzsche, aber »ich kannte die beiden nicht. Als ich sie später zu lesen versuchte, bin ich nicht weit gekommen«. Ohne zu zögern, organisiert Artie trotz des fortgeschrittenen Abends ein Flugzeug nach Las Vegas. Dort klingelt der Taxifahrer den Friedensrichter aus dem Bett, der die Brautleute schließlich im Morgenmantel zu einer kurzen Zeremonie empfängt. Zurück in Los Angeles, ist Arties Haus umlagert von Reportern. Es kommt zu Handgreiflichkeiten, Fenster gehen zu Bruch, und die Frischvermählten flüchten erschöpft in das nahegelegene Haus eines Freundes.

Lanas Produzent Louis B. Mayer ist über die Heirat entsetzt. Er ordnet Flitterwochen von nicht mehr als drei Tagen an und befiehlt Lana, auf keinen Fall schwanger zu werden, um ihre lukrativen Studioverträge nicht zu gefährden.

Wütend ist auch Lanas Kollegin Betty Grable, die bisher geglaubt hat, die Verlobte Arties zu sein. Ein gemeinsames Kind, das bereits unterwegs ist, läßt sie abtreiben. Judy Garland weint, denn kurz vor seiner Hochzeit mit Lana hat Shaw auch ihr ernsthafte Absichten signalisiert.

Lana wiederum ist sich schon nach drei Tagen sicher, einen Fehler gemacht zu haben. Der berühmte Bandleader und Jazzklarinettist erweist sich als Haustyrann. Im Juni bringt Arties Anordnung, Lana solle seine Schuhe putzen, das Faß zum überlaufen: Sie verläßt Artie Shaw, und am 13. September, genau sieben Monate nach der Trauung, wird die Scheidung ausgesprochen.

Shakespeare, Scarlett und viele Oscars

Die Trauung von Vivien Leigh und Laurence Olivier dauert nicht länger als 40 Sekunden.

Kurz vor Mitternacht sind die beiden Schauspieler am 21. August 1940 im Auto unterwegs ins kalifornische Santa Barbara und streiten sich über den richtigen Weg. Das Standesamt, in dem ein Richter wartet, wird schließlich doch noch gefunden. Nach einer kurzen Zeremonie brechen die Frischvermählten zu einer halben Flitterwoche auf, um direkt anschließend mit der gemeinsamen Arbeit an Shakespeares Liebestragödie »Romeo und Julia« zu beginnen.

In ihren Gefühlen sind Vivien und Laurence, genannt Larry, ebenso besessen wie bei ihrer Arbeit auf der Bühne und vor der Kamera. Fast vier Jahre lang haben sie die leidenschaftliche Lovestory vor der Öffentlichkeit verbergen können. Nur die jeweiligen Ehepartner haben allmählich einsehen müssen, daß Vivien und Larry nicht voneinander lassen können. Nun adeln die beiden eleganten britischen Bühnenstars den marktschreierischen Glamour Hollywoods mit distinguiertem Charme und europäischer Hochkultur. Viviens Eleganz,

Vivien Leigh (1913–1967) und Laurence Olivier (1907–1989) auf dem Nordatlantikliner »Mauretania« bei ihrer Ankunft in New York im Dezember 1951. Im dortigen Ziegfeld-Theater zeigen die beiden britischen Bühnen- und Filmstars ein ungewöhnliches Experiment: Die Doppelaufführung von »Antonius und Cleopatra« von William Shakespeare und »Cäsar und Cleopatra« von George Bernard Shaw.

so stellt Larry bewundernd fest, geht nicht einmal verloren, wenn sie schmutzige Witze erzählt.

Ein Jahr vor der Hochzeit gelingt ihnen gleichzeitig der Durchbruch zu internationalem Filmruhm. Beide rühren Millionen von Zuschauern zu Tränen: Vivien Leigh in »Vom Winde verweht« und Laurence Olivier in »Stürmische Höhen«. Oliviers Verärgerung darüber, für einen Oscar nicht einmal nominiert zu sein, weicht dem Stolz über den Oscar-Regen, der über den Film seiner Geliebten hereinbricht. Aber auch er geht nicht leer aus: Im Laufe seiner Karriere wird er die Trophäe insgesamt dreimal erhalten.

Leidenschaftlich bei der Arbeit, erkaltet ihre Liebe. Ende der 40er Jahre ist die Beziehung nur noch Fassade, und es häufen sich dramatische Szenen bis hin zu einem völligen Nervenzusammenbruch Leighs im Jahre 1953. Im Dezember 1960 wird die Ehe schließlich geschieden. Der inzwischen geadelte Sir Laurence heiratet kurz darauf die Schauspielerin Joan Plowright.

Mit dem monumentalen Melodram »Vom Winde verweht« (1939, o.) und als Partnerin von Clark Gable wird Vivien Leigh schlagartig zum Weltstar. Aus den monatelangen Castings für die Rolle der Scarlett O'Hara geht die sinnlich-elegante Engländerin schließlich siegreich hervor und erhält einen der acht Oscars, mit denen der Film ausgezeichnet wird. Einen weiteren Oscar erspielt sie sich als Blanche in dem Filmdrama »Endstation Sehnsucht« (1951, r.) mit Marlon Brando nach dem gleichnamigen Theaterstück von Tennessee Williams.

Laurence Olivier mit Jennifer Jones und Eddie Albert (1952, oben l.) in »Carrie« von William Wyler. Es ist Wyler, der 1939 Olivier in der Rolle des Heathcliff in »Stürmische Höhen« nicht nur zu Weltruhm verhilft, sondern ihn auch von den künstlerischen Qualitäten des Mediums Films überzeugt. Seither sind Oliviers exemplarische Shakespeare-Interpretationen auch auf der Leinwand zu sehen, wie im Jahre 1944 das Königsdrama »Heinrich V.« (ganz l.). 1979 erhält er einen Ehren-Oscar für sein Lebenswerk (l.).

»Die Frau, von der man spricht« ist eine Politikjournalistin (Katharine Hepburn, geb. 1909), die einen Sportreporter (Spencer Tracy, 1890–1967), heiratet. Die Dreharbeiten zu dieser spritzigen Beziehungskomödie sind der Beginn einer tiefen Freundschaft zwischen den beiden Filmstars. Sie sind eines der Paare Hollywoods, die am längsten zusammenbleiben, obwohl sie niemals heiraten. Als gläubiger Katholik lehnt Spencer Tracy die Scheidung von seiner Frau Louise Tradwell ab. Mit ihr ist er seit 1923 verheiratet und hat zwei Kinder.

Liebe als Kampf der Geschlechter

1942 finden Katharine Hepburn und Spencer Tracy zueinander.

Als sie erstmals gemeinsam vor der Kamera stehen, sind die burschikose Katharine mit ihrem spröden Charme und das sensible Rauhbein Tracy schon etablierte Stars. Die Idee zu einer gemeinsamen Arbeit ist von ihr ausgegangen, die ihr komisches Talent bereits in »Leoparden küßt man nicht« (1938) und »Die Nacht vor der Hochzeit« (1940) überzeugend bewiesen hat. Das neue Stargespann bildet ein funkensprühendes Duo, das sich als Gegenspieler im Geschlechterkampf pointierte Wortgefechte liefert und schließlich doch zusammenfindet.

Katharine übernimmt dabei häufig den Part der eigenwilligen und schlagfertigen Karrierefrau wie in der Rolle der politischen Kolumnistin in »Die Frau von der man spricht«. Spencer ist der gutmütige und ironische, bisweilen auch mürrische männliche Widerpart. 25 Jahre lang feiert das Paar Erfolge in insgesamt neun gemeinsamen Filmen. Ideal wie auf der Leinwand ist das Zusammenspiel der beiden Stars auch im Privatleben. Obwohl sie niemals heiraten, verbindet beide bis zu Spencers Tod eine treue und liebevolle Partnerschaft.

»Der beste Mann« (1948, l.): Der Kalte Krieg bildet den Hintergrund für ein patriotisches Politikerdrama. »Die Frau, von der man spricht«: Die Trauung ist noch nicht das Happy-End, sondern Beginn eines turbulenten Ehekrieges.

Zwei andere Partner von Katharine Hepburn in großen Komödien: der für diesen Film Oscar-prämierte Humphrey Bogart in »African Queen« von John Huston (1952, links) und Cary Grant in »Leoparden küßt man nicht« von Howard Hawks (1938).

Spencer Tracy ohne Katharine Hepburn in zwei bedeutenden amerikanischen Literaturverfilmungen: »Das siebte Kreuz« nach Anna Seghers (1944, l. mit Signe Hasso) und »Der alte Mann und das Meer« nach Ernest Hemingway (1958).

Fitness für den Film: Katharine Hepburn und Spencer Tracy privat bei ihrem Trainingsprogramm. Fast 20 Jahre lang ist die Liebesbeziehung nur innerhalb der Branche bekannt. Erst 1962 veröffentlicht die Zeitschrift »Look« einen Artikel über Tracy und seine Affäre mit Kate. Nach Tracys Tod beschreibt die »Los Angeles Times« die Beziehung als »eine der schönsten und würdevollsten Verbindungen, die diese Stadt jemals gekannt hat«.

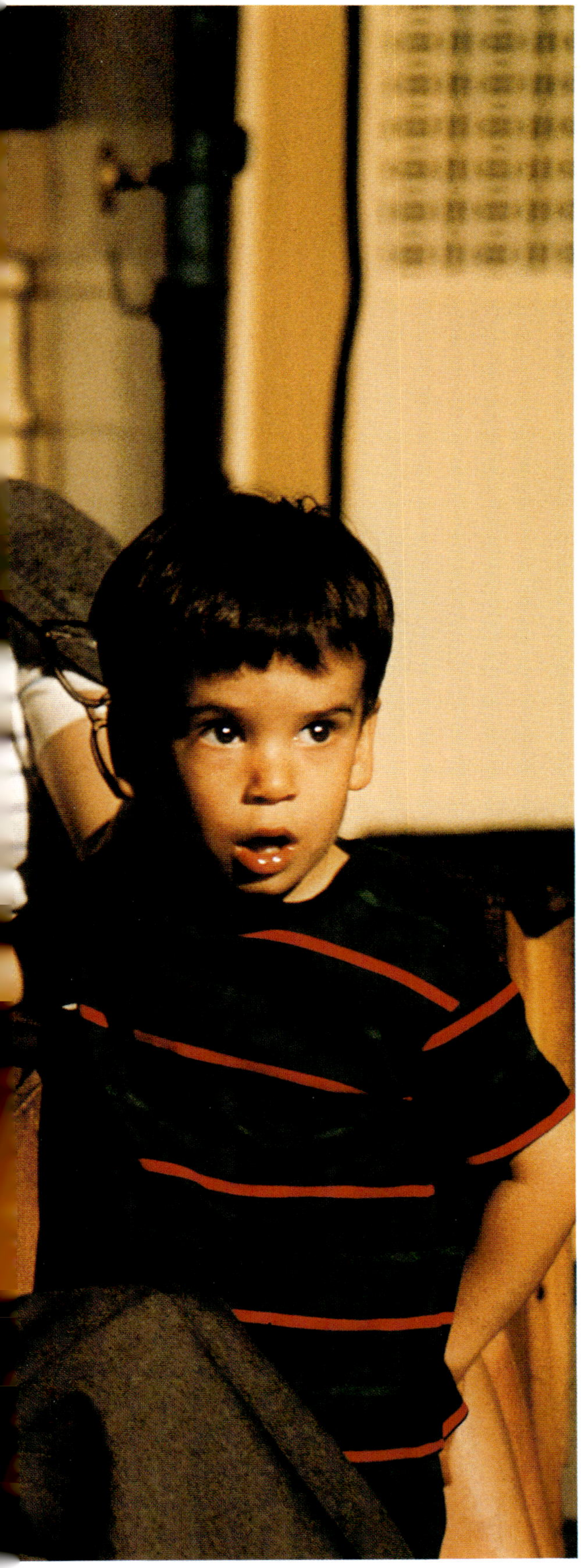

Spätes Glück von langer Dauer: Oona O'Neill und Charlie Chaplin

Auf dem Gipfel seiner Krise heiratet der 54jährige Regisseur am 16. Juni 1943 seine 18jährige Geliebte.

Im März des Jahres steht Chaplin vor Gericht. Er ist der Förderung der Prostitution angeklagt, weil er die junge Schauspielerin Joan Berry von Los Angeles nach New York an die Schauspielschule geschickt und ihr Reise und Aufenthalt bezahlt hat. In diesem Punkt wird Chaplin freigesprochen. Gleichzeitig aber sieht er sich einer Vaterschaftsklage gegenüber, da Joan Berry behauptet, ein Kind von Chaplin zu erwarten. Das gibt dem Staatsanwalt die Gelegenheit, Chaplin als »Verführer und wollüstigen Hetzhund, der wie ein britischer Cockney-Schuft lügt«, zu beschimpfen. Obwohl der Schauspieler die Vaterschaft heftig abstreitet, wird er schließlich zur Zahlung von Alimenten verurteilt. Chaplin befindet sich in einer prekären Lage, da er als britischer Staatsbürger aus politischen Gründen oder wegen moralischer Verfehlungen jederzeit ausgewiesen werden kann.

Zur gleichen Zeit nimmt aber auch die glücklichste Periode seines Lebens ihren Anfang. Noch vor Beginn des Prozesses hat Chaplin Oona O'Neill kennengelernt. Die Tochter des Dramatikers Eugene O'Neill hat sich um eine für Joan Berry vorgesehene Rolle beworben. Chaplin ist begeistert von der jungen Schauspielerin. Statt ihr aber die Rolle zu geben, heiratet er sie kurzerhand. Um zu demonstrieren, wie sehr sie ihm vertraut, besteht Oona darauf, das noch während des Prozesses zu tun. Der bereits drei Mal geschiedene Chaplin scheint endlich die Frau für den Rest seines Lebens gefunden zu haben.

Oona O'Neill (geb. 1925) und Charlie Chaplin (1889–1977) mit ihrem achten Kind Christopher in den 60er Jahren.

Chaplin mit den Kindern Michael, Josephine und Geraldine (v. l. n. r.) Im Jahr 1947 beginnt mit Vorladungen vor das Komitee für unamerikanische Umtriebe (McCarthy-Ausschuß) eine Hetzkampagne gegen Chaplin. Empört verläßt er 1952 mit seiner Familie die USA. Daraufhin verfügt das Justizministerium, den Künstler wegen fehlender politischer Loyalität im Falle der Wiedereinreise festzunehmen.

1936 heiratet Chaplin die 25jährige Paulette Goddard (2. v. l.). Die Gültigkeit der Hochzeit ist allerdings umstritten: So hat der Regisseur David O. Selznick die Schauspielerin ursprünglich als Scarlett O'Hara in »Vom Winde verweht« vorgesehen. Doch er kündigt den Vertrag aus moralischen Erwägungen, weil sie angeblich mit Chaplin in wilder Ehe lebe.

Die Chaplins im September 1944 beim Pacific-Southwest Tennisturnier in Los Angeles. Oona und Charlie zeigen sich hier zum ersten Mal nach einer »Babypause«, die der Geburt der Tochter Geraldine gefolgt ist, wieder in der Öffentlichkeit. Geraldine wird als einzige aus der Familie erfolgreich in die Fußstapfen ihres Vaters treten.

Die zerbrechliche Clownin und der große Zampano

Als Giulietta Masina und Federico Fellini 1943 heiraten, sind beide noch völlig unbekannt. Erst 1954 schaffen sie mit dem Film »La Strada« ihren weltweiten Durchbruch.

Die Kritik in Italien läuft Amok: Fellini wird Verrat am Neorealismus und damit am neuen italienischen Kino vorgeworfen. Das Publikum aber stürmt die Kinos, um sich tief bewegt in die melancholische Zirkusgeschichte zu versenken. »La Strada« beschert Fellini einen internationalen Preisregen, darunter den Oscar von 1956 in der Kategorie »Bester ausländischer Film«. Cafés und Bistros zwischen New York und Paris nennen sich »La Strada«, und aus dem »großen Zampano« wird ein ähnlich geflügeltes Wort wie Jahre später Fellinis »dolce vita« Synonym für das Leben der Reichen und Schönen in Rom.

Federico arbeitet zunächst für verschiedene Zeitungen, als Gagschreiber für den Film und Hörspielautor für die Rundfunkanstalt EIAR. Dort ist auch Giulietta als Sängerin und Sprecherin tätig. Unter dem Vorwand, ein Foto für eine Filmproduktion von ihr zu benötigen, erreicht Federico eine erste Begegnung. Die junge Frau trifft sich von nun an öfter mit »dem vom Film«. Von einem gemeinsamen Mittagessen in einem Luxusrestaurant berichtet Giulietta, daß sie fürchtete, ihr Gastgeber habe sich im Lokal geirrt. Doch schließlich zieht Federico ein großes Bündel Banknoten hervor – seither, so die Masina, habe sie ihn nie wieder mit so viel Geld in der Tasche gesehen.

Unter Federicos Freunden wird die Romanze mit Verwunderung verfolgt. Giulietta ist nicht der Typ Frau, zu dem Federico sich bisher hingezogen gefühlt hat: Seine Vorliebe für üppige Weiblichkeit ist ein Leitmotiv seines gesamten späteren Filmschaffens, und Giulietta ist eher zierlich und androgyn. Doch der Flatterhafte fühlt sich geborgen in der heiteren Ausgeglichenheit seiner Auserwählten. Sie heiraten am 30. Oktober 1943.

Die Liebesgeschichte von Giulietta und Federico endet genau 50 Jahre später mit dem Tod Fellinis. Ein halbes Jahr danach stirbt auch Giulietta Masina.

Kurz nach der Premiere des Films »La Strada« besuchen Giulietta Masina (1922–1994) und Federico Fellini (1920–1993) einen Zirkus in Rom. Nur zwei weitere Filme realisiert das Paar gemeinsam: »Die Nächte der Cabiria« (1956) und »Ginger und Fred« (1985).

Die schönste Französin wird eine indische Fürstin

Yvette Labrousse und Aga Khan heiraten im Oktober 1944.

Die Zeiten für den Fürsten sind im Jahr 1943 schlecht. Die Welt ist vom Zweiten Weltkrieg gelähmt, und in seinem Land kämpft Mahatma Gandhi um Unabhängigkeit von der britischen Kolonialmacht. Er ist zum Zuschauen verdammt, denn den Briten ist es gelungen, wenigstens ihn, Aga Khan III., ins schweizerische Exil abzuschieben. Der Fürst ist Herrscher über zehn Millionen Ismaeliten, einer islamischen Gemeinschaft in dem Vielvölkergemisch auf dem indischen Subkontinent. Von seiner dritten Gattin, Prinzessin Andrée, hat er sich soeben einvernehmlich scheiden lassen. In seiner luxuriösen Einsamkeit kann er nicht einmal seiner Leidenschaft, dem Pferderennsport, frönen, denn er darf die Schweiz nicht verlassen.

Bereits vor längerer Zeit aber hat Aga Khan bei einem Empfang in Kairo die Bekanntschaft einer eleganten Französin gemacht: Yvette Labrousse. Die aus ärmlichen Verhältnissen stammende Schneiderin wird 1930 zur Miss France, der schönsten

»Die Begum« (geb. 1906) und Aga Khan III. (1877–1957). »Begum« ist ein Titel, den die Frauen des Khans führen dürfen. Yvette Labrousse (l.) ist die vierte, Prinzessin Andrée (o.) die dritte Gattin des Fürsten.

Frau Frankreichs, gewählt und macht Karriere als Mannequin bei Coco Chanel. Später betreibt sie im Diplomatenviertel Kairos eine Schneiderei, wo sie erstmals dem charmanten Ismaeliten-Fürsten begegnet. Sie soll die nächste Begum werden.

Noch vor ihrer Heirat tritt sie freiwillig zum Islam über. Zehn Jahre später, 1954, wird sie die erste Europäerin sein, die nach Mekka pilgert. Der Khan notiert in seinen Lebenserinnerungen über die Frau, die bald in der ganzen Welt als »die Begum« anerkannt wird: »Wenn eine vollkommen glückliche Ehe auf echter und völliger Gemeinsamkeit und gegenseitigem Verstehen in geistiger, seelischer und gefühlsmäßiger Hinsicht besteht, dann ist unsere Ehe vollkommen glücklich«. Dies ist mehr als ein Lippenbekenntnis, denn obwohl der orientalische Fürst und seine schöne Gattin ständig im Mittelpunkt des Medieninteresses stehen, führt das Paar ein zurückhaltendes und skandalfreies Leben.

Des Widerspenstigen Zähmung

Lauren Bacall und Humphrey Bogart: Das für viele Beobachter verblüffendste Paar Hollywoods gibt sich am 21. Mai 1945 das Jawort.

Die folgenden Ehejahre verlaufen nicht nur untypisch für jene schrillen Familiengeschichten, die in Hollywood normal sind, sondern stehen auch im Gegensatz zu den Rollenimages der beiden: Sie, die verruchte Lady mit Vergangenheit, er, der undurchsichtige Gerechte, dem die Frauen zu Füßen liegen. Lauren Bacall beschreibt »Bogie« in ihren Memoiren als eher puritanischen, altmodischen Gatten: »Er glaubt wirklich an die ursprüngliche Vorstellung vom Heim und an den Platz der Frau in ihm.« Bis der Krebstod Bogarts sie scheidet, bleiben »B & B«, wie sie von ihren Fans genannt werden, das Muster- und Ausnahmepaar in der Traumwelt des Filmgeschäfts.

Dabei fällt dem kleingewachsenen Superstar während einer ersten Begegnung bei der Vorbereitung zu »Haben und Nichthaben« im Jahre 1944 nur auf, daß die erst 19jährige Debütantin »ziemlich groß« ist. Die Schauspielschülerin wiederum schließt von den ungehobelten Zynikern, die Bogart auf der

Humphrey Bogart (1899–1957) mit dem Malteser Falken aus dem gleichnamigen »Schwarze-Serie«-Thriller von John Huston (1941). Dieser Film begründet den »Bogie«-Mythos und seinen Charakter als zynischer Einzelgänger. Lauren Bacall (geb. 1924) hat in »Tote schlafen fest« (1944) ihren zweiten Auftritt mit Humphrey Bogart und in einer Produktion ihres Entdeckers Howard Hawks. Für Bogart ist die 1945 geschlossene Ehe bereits die vierte. Nach seinem Tod heiratet Lauren Bacall den Schauspieler Jason Robards.

Leinwand zu spielen hat, auf den Charakter des Darstellers. Ein strahlender Held wäre ihr für ihr Kinodebüt eigentlich lieber gewesen.

Regisseur Howard Hawks aber wittert die Chance, eine neue Marlene Dietrich aufzubauen. Zunächst läßt er die Jung-Darstellerin das später für die Bacall typische, verrucht klingende Timbre trainieren. Dann erfindet er eine Kombination aus Kameraeinstellung und Augenaufschlag, die ihr später den Beinamen »The Look« (»Der Blick«) einbringt. In wochenlangen Proben formt er hartnäckig ihren Auftritt, und das Ergebnis ist eine Sensation. Nach der Premiere von »Haben und Nichthaben« heißt es im »Time Magazine«: »Lauren Bacall besitzt eine Filmpersönlichkeit, die Funken sprüht«. Marlene Dietrich soll zu Hawks gesagt haben: »Du Hund! Das bin ich, wie ich vor zwanzig Jahren war.«

Bereits im Verlauf der Dreharbeiten zu »Haben und Nichthaben« entwickelt sich eine Romanze, und während der unmittelbar folgenden Aufnahmen zu »Tote schlafen fest« wird die enge Beziehung zwischen Bacall und Bogart offensichtlich. Sie gehen in Drehpausen außerhalb des Studios essen, unternehmen Strandspaziergänge und treffen sich im Yachthafen von Venice, wo Bogarts Boot »Sluggy« liegt. Zudem ist die Ehe zwischen Bogart und Mayo Methot längst zerrüttet – die beiden tragen in der Klatschpresse den Spitznamen »The Battling Bogarts«. Die unglückliche Beziehung findet ein gnädiges Ende und zehn Tage nach der Scheidung führt Bogart Lauren Bacall an den Traualtar.

»Haben und Nichthaben« (1944) nach einem Roman von Ernest Hemingway ist ein Versuch Hollywoods, an den Erfolg von »Casablanca« (1942) anzuknüpfen. Humphrey Bogart (l.) spielt wieder den Einzelgänger, dessen verschütteter Idealismus von einer schönen Frau (Lauren Bacall) wiedererweckt wird (Bild o.). Auf der nebenstehenden Aufnahme von 1950 präsentiert sich das Paar, das auf ungewöhnliche Weise professionellen Glamour und unspektakuläre Häuslichkeit in geschützter Privatsphäre zu verbinden versteht.

Humphrey Bogart (2. v. l.) und Lauren Bacall (4. v. l.) im Jahre 1947 mit Kollegen vor dem Kapitol in Washington. Schauspieler, Regisseure, Drehbuchautoren und andere Filmschaffende protestieren in der US-Hauptstadt gegen die Arbeit des »Komitees gegen unamerikanische Umtriebe«. Diese Regierungsinstitution soll kommunistische Einflüsse in den USA bekämpfen und erweist sich als Zensurbehörde, die die Arbeitsmöglichkeiten vor allem in der Filmindustrie drastisch beschränkt.

Neues Glück mit Familie: Shirley Temple und John Agar

Am 19. September 1945 sucht der ehemalige Kinderstar eine neue Rolle in der Ehe.

Neugierig beobachtet von einer großen Ansammlung Schaulustiger geben sich die 17jährige Shirley Temple und ihr 24jähriger Bräutigam John Agar in Hollywood das Jawort. Shirley Temple genießt noch die Popularität aus ihren Zeiten als Kinderstar, doch ihr Ruhm hat schon längst zu verblassen begonnen. Die Mißerfolge ihrer ersten Farbfilme »Die kleine Prinzessin« (1939) und »The Blue Bird« (1940) haben sie zum Rückzug aus dem Filmgeschäft bewogen. Ab 1944 versucht sie mit Filmen wie »Als du Abschied nahmst« oder »So einfach ist die Liebe nicht« neben den Routiniers Cary Grant und Myrna Loy ohne großen Erfolg ein Comeback. Jetzt will sich der ehemalige Kinderstar ein neues Glück als Ehefrau und Mutter aufbauen.

Hals über Kopf stürzt sie sich in die Ehe mit John Agar. Er ist der Bruder einer Schulfreundin und im Zweiten Weltkrieg in die US-Army eingetreten. Zum Zeitpunkt der Hochzeit ist John noch immer Soldat. Von Anfang an ist die Ehe belastet durch Shirleys Karriereprobleme und Johns berufliche Orientierungslosigkeit. Außer gutem Aussehen und einem athletischen Körper hat der Ex-Soldat nichts vorzuweisen. Als er auf den Vorschlag von Shirleys Produzenten eine Schauspielkarriere in Aussicht nimmt, sind weder Shirley noch ihre Familie begeistert. Der Film »Bis zum letzten Mann«, in dem er 1948 neben Shirley seine erste Rolle bekommt, wird für keinen von beiden ein Erfolg. Statt dessen bekommt John Alkoholprobleme. Während der Dreharbeiten liefert er sich regelrechte Trinkgefechte mit dem alten Haudegen John Wayne, der in dem Western unter der Regie von John Ford die Hauptrolle spielt.

Für Shirley wird die Ehe immer mehr zum Desaster. Obwohl sie 1948 eine kleine Tochter bekommen, geht John weiterhin mit Freunden auf Partys und bringt in betrunkenem Zustand sogar andere Frauen nach Hause. Die Scheidung ist für den Richter ein klarer Fall, als Shirley 1950 die Trennung will. Noch im selben Jahr heiratet sie ihren zweiten Mann, den neun Jahre älteren Geschäftsmann Charles Black, der für sie alles wird, was John Agar nicht sein konnte.

1936 gilt Shirley Temple als meistfotografierte Person der Welt. Filme wie »Der kleinste Rebell« (1935) oder »Rekrut Willie Winkle« (1937) machen sie zum bis heute erfolgreichsten Kinderstar Hollywoods. Von 1934 bis 1938 spielt, singt und tanzt die begabte Kleine in 14 Filmen und erhält 1935 mit sieben Jahren einen Spezial-Oscar im Miniformat. Der süße Lockenkopf verkörpert genau die optimistische Figur, die das Hollywood-Kino in der Zeit der Wirtschaftskrise braucht.

Glücklich tritt Shirley Temple (geb. 1928) mit ihrem Bräutigam John Agar (geb. 1921) nach ihrer Hochzeit in Hollywood aus der Kirche. In den 60er Jahren wird die Politik ihre neue Lebensaufgabe. Sie wird US-Delegierte in der UN-Vollversammlung, unter Präsident Ford Protokollchefin im Weißen Haus und als US-Botschafterin nach Ghana und Prag entsandt.

»Weine nicht um mich, Argentinien«

Eva Duarte und Juan Domingo Perón heiraten am 5. Dezember 1945 – eine Liebe mit politischen Dimensionen.

Die gelernte Schauspielerin wird im Jahr 1944 die Geliebte des Vizepräsidenten, Kriegs- und Arbeitsministers Juan Domingo Perón. General Perón hat sich ein Jahr zuvor zusammen mit anderen Militärs an die Macht geputscht. Als es 1945 wegen der schlechten wirtschaftlichen und sozialen Lage in Argentinien zu Unruhen kommt, verkündet die regierende Militärjunta den Ausnahmezustand. Der amtierende Arbeitsminister Perón wird zum Sündenbock erklärt und von seinen Junta-Kollegen auf eine Insel verbannt. Dagegen organisiert Evita im Herbst 1945 erfolgreich Massendemonstrationen und einen Generalstreik. Mit ihren leidenschaftlichen Reden und der Parole »Liebe die Armen und hasse die Reichen« mobilisiert sie Millionen von Argentiniern.

Nach der Wahl Peróns zum argentinischen Staatspräsidenten 1946 findet tatsächlich eine radikale Umgestaltung des Landes statt. Als »erste Arbeiterin des Volkes« zieht

»Evita« Duarte (1919–1952) und Juan Perón (1895–1974) werden wie ein Königspaar gefeiert (oben). In der Verfilmung des Musicals »Evita« spielt die Popdiva Madonna die argentinische Nationalheldin (l.).

Evita durch das Land und wirbt für die Politik ihres Mannes. Sie besitzt zwar kein offizielles Amt, tritt aber wie eine Präsidentin auf und überstrahlt bald den Glanz Juans.

Perón und auch Evita haben zwar außereheliche Liebesbeziehungen, aber sie wissen, daß sie sich nur zusammen an der Macht halten können. Vor allem zu Evitas öffentlichen Auftritten strömen die Menschen zu Zehntausenden. Obwohl sie in den Armenvierteln von Buenos Aires teure Pelze und Schmuck trägt, sehen deren Bewohner sie doch als ihresgleichen an. Sie setzt mehr Rechte für die Arbeiter und 1947 auch das Frauenwahlrecht durch. Aber ab 1950 leidet Evita an Krebs. Das nahende Ende ahnend, verabschiedet sie sich bei der zweiten Amtseinführung Peróns vom argentinischen Volk. Nach ihrem Tod beginnt auch die Macht ihres Mannes zu bröckeln.

Im Kampf erobert: Jean Peters und Howard Hughes

Am 7. Juli 1946 verunglückt Howard Hughes bei einer Bruchlandung während eines Testflugs: Kurz vor dem Start ist er zum ersten Mal Jean Peters begegnet. 1957 heiratet er sie.

Der superreiche Texaner Howard Hughes investiert sein Geld auch ins Hollywood-Geschäft. Dem Mann, der so erfolgreiche Filme wie »Scarface« (1932) oder »Geächtet« (1941) produziert und der Jean Harlow zum Star gemacht hat, werden unzählige Romanzen nachgesagt. Ginger Rogers, Katharine Hepburn, Bette Davis, Ava Gardner sind nur einige Namen. Für das Sexsymbol Jane Russell, die er für »Geächtet« entdeckt, entwirft er einen speziellen Büstenhalter und sorgt damit 1941 für Schlagzeilen.

Auch Jean Peters ist Schauspielerin. Den Trip in das Film-Mekka hat das natürlich wirkende Mädchen aus der Provinz 1946 als Siegerin bei der Wahl zur »Miss Ohio« gewonnen.

Als sie Howard Hughes an jenem Tag im Juli 1946 beim Start zu seinem Unglücksflug nachwinkt, ist sie in Begleitung des Schauspielers Audie Murphy. Noch während er sich im Krankenhaus von seinem Unfall erholt, beschließt der Tycoon, Jean Peters zu erobern. Der hochdekorierte Weltkriegssoldat Audie Murphy greift gar zur Pistole, um dies zu verhindern. Howard Hughes bleibt jedoch der Sieger im Kampf um die Frau, die als einzige über Jahrzehnte an seiner Seite bleibt. Allerdings hält er sie zehn Jahre hin, bis es zur Eheschließung kommt – er sei zu beschäftigt, erklärt er, um zu heiraten.

Die Verbindung mit dem exzentrischen Milliardär verläuft jedoch alles andere als ungetrübt. Er dankt ihr ihre Loyalität schlecht. Hughes ist immer wieder für längere Zeit verschwunden und hat Affären mit anderen Frauen. Die Hochzeit findet 1957 halbherzig und in aller Heimlichkeit statt. Als Ehefrau wird Jean Peters vernachlässigt. Häufig bleibt sie in einem ihrer vielen Wohnsitze allein zurück, während ihr Mann zum geheimnisumwitterten Einsiedler wird. Nach einer Ehe, die zuletzt nur über das Telefon geführt wird, erwirkt Jean Peters 1971 die Scheidung.

Als waghalsiger Flieger beeindruckt Howard Hughes (1905–1976) die Frauen. Der flugzeugbegeisterte Ölmilliardär ist nicht nur Flugzeugkonstrukteur und Besitzer einer Fluggesellschaft, sondern auch Filmproduzent. Die Schauspielerin Jean Peters (geb. 1926, u.) teilt mit dem exzentrischen Machtmenschen über 20 nicht immer leichte Jahre.

Das Flugzeug von Howard Hughes am 14. Juli 1938 nach seiner Erdumrundung im Anflug auf New York. Mehr als 100.000 Menschen erwarten den prominenten Flieger auf dem Flugplatz, um ihn für seinen Rekordflug zu feiern. In drei Tagen, 19 Stunden, 17 Minuten und 10 Sekunden hat Hughes auf der nördlichen Route die Erde umrundet und damit den geltenden Rekord um fast vier Tage unterboten.

Es begann mit Don Juan: Paola Mori und Orson Welles

Der Regisseur trifft die junge Schauspielerin 1948 auf einer Party des Schauspielers Errol Flynn in Rom.

Flynn und Welles arbeiten zur Zeit in Rom. Errol Flynn spielt in »Die Abenteuer des Don Juan«, Orson Welles bereitet die Shakespeare-Verfilmung »Othello« vor. Da ihm Welles nach dem Ende der Beziehung mit Lea Padovani depressiv erscheint, lädt Flynn ihn zu einer Party für das Team der »Don-Juan«-Produktion ein. Dem gehört auch die erst 14jährige Paola Mori an. An diesem Abend gelingt dem von ihrer Schönheit geblendeten Regiegenie nicht mehr als holprige Konversation auf italienisch.

Doch wenige Wochen später lädt Luchino Visconti ein, und unter den Gästen sind wiederum Paola Mori und Orson Welles. In der kleinen Runde erzählt die junge Frau, daß sie eigentlich eine Gräfin di Girfalco sei. Ihr aus neapolitanischem Adel stammender Vater hat als Verwaltungsbeamter der italienischen Kolonialmacht in Tripolis gearbeitet. Zur Welt gekommen ist sie in einer kleinen Sahara-Oase mit dem Namen Tajourah. Doch während des Zweiten Weltkrieges wird die Familie von den Faschisten gefangengenommen. Erst als die Briten Libyen überrennen, werden die Girfalcos befreit. Damit ist der Krieg vorbei und Paola hat nur noch den Wunsch, Filmschauspielerin zu werden.

Von dieser Biographie und der Art des Vortrags ist Orson derart hingerissen, daß er sich vor Paola aufbaut und sie, im Ton einer Anklage, wie Augenzeugen berichten, anbrüllt: »Ich liebe Sie«. Orson wird nun immer öfter mit ihr gesehen. Kurz darauf beziehen sie eine Villa in Frascati. Aber zur Heirat kommt es erst im Jahre 1955, als Paola volljährig wird.

Paola Mori (1934–1983) und Orson Welles (1915–1985) am 10. Januar 1958 mit der zweijährigen Tochter Beatrice an Bord des Schiffes »Constitution«. Die Familie ist von Ferien in Europa nach New York zurückgekehrt. Hier finden auch die Dreharbeiten zu »Der Zwang zum Bösen« statt. Welles spielt darin unter der Regie von Richard Fleischer einen Rechtsanwalt. Paola Mori arbeitet nur zwei Mal mit ihrem berühmten Ehemann zusammen: Als Darstellerin in »Mister Arkadin« (1955) und als Assistentin für »Don Quixote« (unvollendet).

»Citizen Kane« (1941, gegenüberliegende Seite l. mit Joseph Cotten, r.) ist die Lebensgeschichte eines amerikanischen Zeitungsmagnaten. Welles erfindet für seinen als genial gefeierten Erstling eine im Film völlig neue Erzählweise und revolutioniert durch technische Neuerungen die traditionelle Bildgestaltung. Carol Reed dreht mit Welles im zerstörten Wien des Jahres 1949 den ebenfalls zum Klassiker gewordenen Thriller »Der dritte Mann« (gegenüberliegende Seite r.). Ein Jahr später spielt Welles in Henry Hathaways »Die schwarze Rose« (u. l.). Meilensteine der Shakespeare-Interpretation sind seine Dramenverfilmungen, in denen Welles wie bei »Falstaff« (1966, u.) auch selbst die Hauptrollen spielt.

Liebesgöttin und Göttersohn: Rita Hayworth und Ali Khan

Die »Venus des Atomzeitalters« heiratet am 27. Mai 1949 einen Prinzen aus dem Morgenland.

Bei der standesamtlichen Trauung, die in Vallauris bei Cannes stattfindet, erregt vor allem die Anwesenheit des Vaters des Bräutigams, Sultan Mohammed Shah Aga Khan III., Aufsehen. Er ist das Oberhaupt der islamischen Sekte der Ismaeliten mit rund 20 Millionen Mitgliedern in Asien und Afrika,

Rita Hayworth (1918–1977) und Ali Khan (1911–1960) schneiden die Hochzeitstorte an. Die Schauspielerin ist schon mit 14 Jahren als Tanzpartnerin ihres Vaters auf Varíétébühnen aufgetreten. Den Durchbruch erreicht sie 1939 in der Fliegerkomödie »Nur Engel haben Flügel« von Howard Hawks. In Filmen wie »Es tanzt die Göttin« (1944) zeigt sie ihr besonders Musicaltalent. Mit erotischer Ausstrahlung und den roten Locken wird sie zur »Venus des Atomzeitalters«.

die Aga Khan als Gottheit verehren. Wie sein Vater ist auch der Prinz immer dort zu finden, wo schöne Frauen sind. Zu diesen Orten gehört ganz besonders Hollywood, wo Ali Khan Rita Hayworth begegnet.

Als sie Prinz Ali Khan in Hollywood kennenlernt, hat sie gerade einen Mißerfolg hinter sich. Die Intrigantin, die sie im Jahr 1947 unter der Regie ihres zweiten Mannes Orson Welles in »Die Lady von Shanghai« gespielt hat, nimmt ihr das Publikum nicht ab. In der Branche wird gemunkelt, Welles habe das Image seiner geschiedenen Frau absichtlich demontieren wollen. Jedes Detail dieser Ehe von der Hochzeit bis zur Scheidung hat das Paar öffentlich inszeniert.

Mit ihrer dritten Ehe verbindet Rita Hayworth die Hoffnung auf ein ungestörteres Privatleben. Sie zieht sich vom Film zurück und bringt ihre Tochter Yasmin zur Welt. Doch bald darauf kommt es auch in dieser Ehe zur Krise, die 1953 mit einer Scheidung beendet wird.

1950–1959

Letzte gesellschaftliche Grenzen verwischen zur Jahrhundertmitte, als Geldadel und Hocharistokratie sich vermählen dürfen: Der Kaiser von Japan heiratet eine Industriellentochter, der Fürst von Monaco eine Schauspielerin und der künftige Präsident der USA läßt sich und seine Braut feiern wie ein Königspaar.

Schöne Schwedin trifft klugen Italiener

Die Hochzeit am 24. Mai 1950 ist ein Kuriosum: Zwei Männer treten dem Standesbeamten gegenüber und geben sich als Ingrid Bergman und Roberto Rossellini das Jawort.

Möglich wird diese Szene durch eine juristische Sonderregelung in Mexiko: Ehen können hier mit Hilfe von Stellvertretern geschlossen und geschieden werden. Davon hat Ingrid Bergman bereits bei der Scheidung von ihrem ersten Ehemann, dem schwedischen Arzt Petter Lindström, Gebrauch gemacht. Allerdings wird diese Trennung in ihrem Heimatland Schweden nicht anerkannt, und in Italien, der Heimat des Bräutigams, ist die Eheschließung erst mit einer schwedischen Scheidungsurkunde möglich. So reist ein mit dem Paar befreundeter italienischer Filmproduzent nach Mexiko, um sich dort mit einem Anwalt im Standesamt zu treffen.

Ingrid und Roberto haben sich 1948 in Los Angeles kennengelernt. Sie bewundert seinen für sie völlig neuen Intellekt, der eine bisher nicht gekannte Freiheit des Denkens ermöglicht. Er liebt ihre einfache, unprätentiöse Sicht auf die Dinge und die ernsthafte Konzentration, die dem quirligen Tausendsassa so häufig fehlt. Als sie Amerika den Rücken kehrt, um mit ihm nach Italien zu gehen, beginnt eine der maßlosesten Schmähkampagnen in der Geschichte der Traumfabrik. Die Presse reagiert beleidigt auf die Liaison ihres Lieblings mit einem fast unbekannten Italiener. Als das erste Kind des noch nicht verheirateten Künstlerpaares geboren wird und der Film »Stromboli« die hochgesteckten Erwartungen enttäuscht, bezichtigt ein US-Senator während einer einstündigen Hetzrede die uneheliche protestantische Mutter und Geliebte eines geschiedenen Katholiken als »Anhängerin der freien Liebe« und »machtvollen Einfluß des Teufels«.

Erstaunlicherweise kann Ingrid Bergman nach der 1958 erfolgten Scheidung von Rossellini dennoch nahtlos an ihren früheren Ruhm in Amerika anknüpfen. Anlaß der Trennung ist Rossellinis Beziehung zu der Inderin Sonali das Gupta, die der Regisseur bei den Dreharbeiten zu »India 57« kennengelernt hat.

Ingrid Bergman (1915–1982) und Roberto Rossellini (1906–1977) bei den Dreharbeiten zu »Europa 51« (1952). Der Film ist die zweite Zusammenarbeit des umstrittenen Paares. Ingrid Bergman spielt eine Frau, die nach dem Selbstmord ihres Sohnes eine Helferin der Armen und deshalb von ihrer Familie für verrückt erklärt wird.

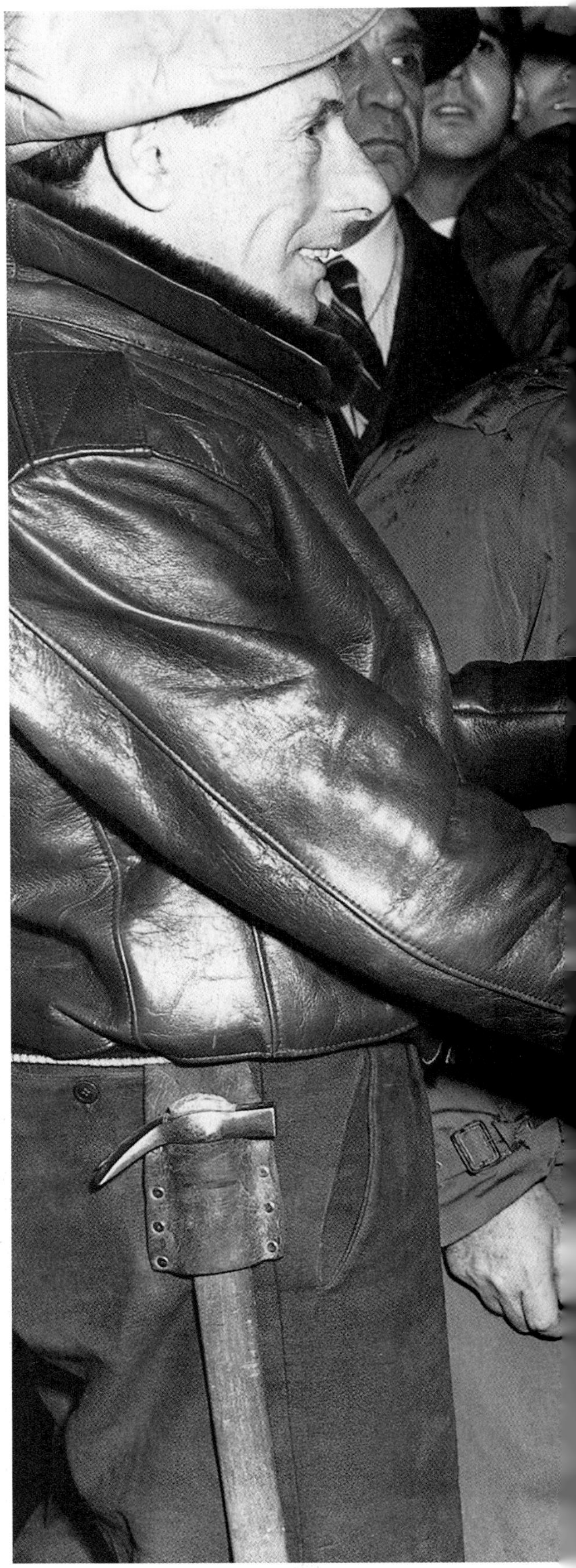

1
5
REGIA
OPERATORE
TONTI
EUROPA "51"
PRODUZ. PONTI-DE LAURENTIIS
SOGG. 72
ESTERNO NOTTE

Eine lebenslange Freundschaft verbindet Cary Grant und Ingrid Bergman seit Alfred Hitchcocks Politthriller »Berüchtigt« (1946). Hier stellt sie die Tochter eines deutschen Nazi-Spions dar, die sich in einen amerikanischen Agenten verliebt und auf dessen Seite eine deutsche Verschwörung um radioaktives Uran aufdeckt. Grant über Bergman: »Ich bin der Meinung, daß das Oscar-Preisgremium ihr jedes Jahr einen Sonderpreis überreichen soll – unabhängig davon, ob sie einen Film gedreht hat oder nicht«.

Die junge Ingrid Bergman. Bei ihren schwedischen Landsleuten ist sie wegen ihrer frischen und natürlichen Ausstrahlung schon in den 30er Jahren ein Star. Der Filmproduzent David O. Selznick zeigt sich von ihrem Auftritt in »Intermezzo« so begeistert, daß er sie für ein amerikanisches Remake des schwedischen Melodrams nach Hollywood holt. Die Neuinszenierung der Liebesgeschichte zwischen einer jungen Konzertpianistin und einem verheirateten Geiger ist 1939 das Debüt Ingrid Bergmans in den USA.

Zwischen Morgenland und Regenbogenpresse: Soraya und Reza Pahlevi

Die Traumhochzeit, die am 12. Februar 1951 in Teheran stattfindet, bewegt auch die Deutschen, denn die Mutter der künftigen Kaiserin Soraya kommt aus ihrem Land.

Vor Gästen aus aller Welt geben sich der 32jährige Schah Mohammad Reza Pahlevi und die 19jährige persische Fürstentochter Soraya Esfandiary Bakhtiary im prunkvollen Elfenbeinsaal des kaiserlichen Marmorpalastes das Jawort. Soraya, auf deutsch bedeutet ihr Name »Siebengestirn«, trägt ein im Pariser Modehaus Dior gefertigtes Hochzeitskleid aus Silberlamée, der Schah eine Galauniform mit roten Schulterklappen. Die Trauung beginnt mit Verspätung, weil Soraya Schwierigkeiten hat, in ihrem 50 Pfund wiegenden Kleid den Palast zu erreichen. Als gutes Omen für die Ehe gilt die Tatsache, daß es in der Nacht vor der Hochzeit in Teheran geschneit hat.

Die wichtigste Aufgabe Sorayas in dieser Ehe ist die Geburt eines männlichen Thronfolgers. Dies war in der ersten Ehe des Schahs mit Prinzessin Fawzia von Ägypten nicht geglückt. Auch Soraya und der Schah werden auf Schritt und Tritt verfolgt, die schöne junge Kaiserin avanciert zum Liebling der Klatschblätter in aller Welt. Alles fragt sich nur, wann denn nun endlich der ersehnte Thronfolger geboren wird. Schon 1954 tauchen Gerüchte auf, Soraya könne keine Kinder bekommen. Es beginnt eine Ehekrise, da der Schah, der Soraya sehr liebt und sich nicht von ihr trennen will, eine Zweitfrau nehmen möchte. Soraya aber will sich mit einem solchen Arrangement nicht abfinden. Im März 1958 wird die offizielle Trennung des Kaiserpaares bekanntgegeben.

Soraya, von allen bemitleidet, bleibt auch weiterhin ein Superstar der Regenbogenpresse. Sie lebt fortan in Westeuropa, besucht häufig ihre Mutter in München und nimmt am Leben des internationalen Jet-Sets teil.

Sorayas (geb. 1932) Hochzeitskleid hat eine zehn Meter lange weiße Tüllschleppe, die mit 900 000 Goldkörnchen, 20 000 mattrosafarbenen Marabufedern und 6000 Diamanten besetzt ist. Nach der Trennung von Soraya heiratet der Schah (1919–1979) am 21. Dezember 1959 die aus einer angesehenen persischen Familie stammende Farah Diba, die in Paris Architektur studiert hat. Sie schenkt ihm endlich den ersehnten Thronfolger. Zwanzig Jahre später, am 16. Januar 1979, begleitet sie ihren Mann auch ins Exil. Der Schah stirbt am 27. Juli 1979 in Kairo an Krebs.

Stürmische Gefühle

Mit Ava Gardner und Frank Sinatra kommt eines der explosivsten Paare des Showbusiness zusammen.

Sogar die Mutter des Bräutigams ist mit der neuen Schwiegertochter zufrieden, als Frank und Ava am 7. November 1951 heiraten. Im Gegensatz zur eher hausfraulichen Ausstrahlung von Franks bisheriger Gattin Nancy ist die als Hollywoods »Liebesgöttin« gefeierte Ava eine angemessene Begleiterin ihres berühmten Sohns. Beide Frauen erweisen sich auch bald als Verwandte im Geiste, amüsieren sich beim Shopping, sind trinkfest, hartgesotten »und fluchen in Farbe«, wie ein Freund der Familie anmerkt. Und beide sind die größten Verehrer Frankieboys. Zweifler an den künstlerischen Qualitäten des Sohnes haben bereits erleben müssen, von Mutter Dolly mit einem Stuhl verprügelt zu werden.

Die folgenden Jahre allerdings werden auch für die Eheleute Sinatra stürmisch. Die Biographen stellen fest, daß die Liebesgeschichte zwischen dem Entertainer und der Filmschauspielerin vor allem auf erotischer Anziehungskraft beruhe. In anderen Lebensbereichen seien indes

Völlig überraschend treten Frank Sinatra (1915–1998) und Ava Gardner (1922–1990) am 27. Oktober 1952 wieder gemeinsam an die Öffentlichkeit. Nach Trennungsgerüchten macht sich das schlagzeilenträchtige Ehepaar für den demokratischen Präsidentschaftskandidaten Adlai Stevenson stark. In den Folgejahren engagiert sich Sinatra mit anderen Künstlern weiterhin für die Demokratische Partei und wird ein enger Freund der Familie Kennedy. Während der 80er Jahre wechselt »The Voice« das politische Lager und unterstützt den Republikaner Ronald Reagan.

keine Übereinkünfte zu erzielen. »Ava krankt daran«, erklärt eine Freundin, »daß ihre Vorstellung vom Leben aus den Illustrierten stammt. Morgens kam sie heruntergetrippelt und bereitete ein Frühstück von fünf Gängen. Dann rief sie Frank. Der kam unrasiert herunter, noch ganz verkatert vom Abend vorher. Er knurrte: Ich will bloß Saft – und da passierte es leicht, daß sie ihm den Saft ins Gesicht schleuderte.«

So eskaliert ein Streit zwischen Frank und Ava im Hause von Lana Turner im Herbst 1952 derart, daß Nachbarn die Polizei rufen müssen. Die Spekulationen über die Ursachen der Auseinandersetzung blühen wild bis hin zum Verdacht, Frank habe Ava und Lana bei einem lesbischen Techtelmechtel ertappt. Wenige Tage später nehmen die Sinatras einträchtig, als sei nichts geschehen, an einer Wahlkampfveranstaltung teil. Doch die Harmonie ist nicht von Dauer. Am 29. Oktober 1953 gibt die Filmgesellschaft MGM das Scheitern der Ehe bekannt.

Nicht einmal durch die hinterhereilenden Fotografen lassen sich Ava und Frank stören. Das Bild zeigt die beiden Stars bei einem Spaziergang am Strand von Miami wenige Monate vor der Hochzeit im Frühjahr 1951.

Sinatra mit Juliet Prowse (l.) und Judy Garland im Dezember 1962 beim Abendessen in Hollywoods legendärem Restaurant Romanoff's. An diesem Abend wird die Verlobung des Sängers mit der Tänzerin Juliet Prowse offiziell bekannt gegeben. Der Widerruf folgt bereits Mitte Januar 1963, denn Juliet will ihren Beruf nicht aufgeben und weigert sich auch, Sinatras eher konservative Vorstellungen vom Dasein einer Ehefrau zu erfüllen.

Die am 19. Juli 1966 geschlossene Ehe mit der erst 21jährigen Schauspielerin Mia Farrow ist die Beziehung Franks, die auch unter seinen guten Freunden die größte Verwunderung auslöst. Mia zeigt sich angewidert vom Machismo und den Saufgelagen, die in Franks Umgebung üblich sind. Das Paar repräsentiert die gesellschaftliche Spaltung in den USA in den 60er Jahren: Alte republikanische Werte müssen sich gegen eine friedensbewegte und ökologisch orientierte Protestgeneration behaupten.

Vom Alter gezeichnet feiert Frank Sinatra 1995 seinen 80. Geburtstag. Unterstützt von seiner letzten Frau Barbara schneidet er die gewaltige Geburtstagstorte an. Noch kurz vor seinem Tod schockiert er Barbara, als er im Schlaf hochschreckt, sich an seiner Frau festhält und ruft: »Ava, Ava, laß mich nicht hier liegen. Nimm mich mit« – sogar auf dem Sterbebett lassen ihn die mehr als vier Jahrzehnte zurückliegenden Erlebnisse mit Ava Gardner keine Ruhe.

»So etwas trifft dich mitten ins Herz«

Simone Signoret und Yves Montand sind zwei französische Institutionen. Am 21. Dezember 1951 heiraten die Filmschauspielerin und der Chansonnier in der ländlichen Umgebung des Künstlerdorfes Saint-Paul-de-Vence.

Sie sind eilig von ihren jeweiligen Dreharbeiten zurückgekehrt, um zu heiraten: Simone hat gerade den Film »Goldhelm« abgeschlossen und Yves' Film »Lohn der Angst« hat Drehpause. Schauplatz der Trauung ist das winzige Rathaus des südfranzösischen Dorfes Saint-Paul-de-Vence, in dem sich jetzt eine Meute internationaler Pressevertreter drängelt. Der Bürgermeister dankt in einer kurzen Ansprache für die Ehre, die das Paar seinem Dorf erweist. Die kommunistische Regionalzeitung »La Marseillaise« schildert den Tag mit hoher Emotion, denn der Bräutigam ist ein aktiver und kämpferischer Genosse: »Es war der große Kamerad der Werktätigen, der da, seinen hohen athletischen Körper wiegend, die kleinen Gassen von Saint-Paul-de-Vence emporstieg. Ein gesundes Paar, das der Zukunft entgegenschritt.«

An Prominenz ist der Ort jedoch gewohnt. Unweit hat Pablo Picasso ein Atelier, der dem Paar eine von ihm geschaffene Keramik schenkt. Trauzeugen sind der ortsansässige Maler Paul Roux und der Dichter Jacques Prévert, in dessen Haus ganz in der Nähe sich Simone und Yves erstmals begegnet sind. An diesem 19. August 1949 steht Yves noch ganz unter dem Eindruck der Trennung von Edith Piaf, seiner Mentorin, Gesangspartnerin und Geliebten. Schon wenige Stunden nach dem ersten Treffen mit Simone aber ist er sich sicher: »So etwas, das suchst du nicht selbst, das trifft dich mitten ins Herz«. Während er Konzerte in Nizza gibt, reist Simone zu ihrem Mann Yves Allégret, um ihm zu sagen, daß sie Montand liebe.

Das Ehepaar bezieht später ein bäuerliches Anwesen in Autheuil, das für seine Gastfreundlichkeit berühmt wird. Sogar der Swimmingpool ist den Kindern des Ortes an zwei Tagen der Woche öffentlich zugänglich. Simone und Yves sind trotz starker beruflicher und politischer Beanspruchung unzertrennlich. Die Ehe bleibt zwar kinderlos, aber die »Familie«, zu der die Filmregisseure Luis Buñuel, Alain Resnais und Constantin Costa-Gavras sowie der Schriftsteller Jorge Semprun gehören, geht in Autheuil aus und ein.

Simone Signoret wird als Tochter eines für die französische Besatzungsmacht in Deutschland arbeitenden Beamten in Wiesbaden geboren. Ihr erster internationaler Kinoerfolg ist »Der Weg nach oben« von Jack Clayton, für den sie 1959 die »Goldene Palme« und 1960 den »Oscar« erhält. Die Filmschauspielerin macht auch auf der Bühne und als Autorin Furore.

Simone Signoret (1921–1985) und Yves Montand (1921 bis 1991) sind 34 Jahre lang glücklich verheiratet und genießen bei ihrem Publikum zeit ihres Lebens höchste Anerkennung. Montand, der eigentlich Italiener ist und aus dem toskanischen Ort Monsummano stammt, verfolgt neben den künstlerischen auch politische Ziele. Der zunächst überzeugte Kommunist wendet sich nach den Ereignissen in Polen von 1982 vom äußersten linken Spektrum ab und den Sozialisten zu. Er unterstützt die polnische Gewerkschaft »Solidarität«, setzt sich für sowjetische Dissidenten ein und wirbt für Demokratie in Chile.

Der Spatz von Paris heiratet in New York

Während einer Tournee in den USA findet am 20. September 1952 die Hochzeit zwischen der Sängerin Edith Piaf und ihrem Textdichter Jacques Pills statt.

Edith Piaf (1915 bis 1963) ist für mehrere Generationen der Inbegriff der französischen Chansonsängerin. Ihre triumphalen Erfolge feiert sie sowohl in Europa als auch in den USA. Aus ihrer Schule gehen Chansonniers wie Yves Montand und Gilbert Bécaud hervor. Den Künstlernamen Piaf (»Spatz«) erhält die gebürtige Edith Gassion in den 30er Jahren von ihrem ersten Manager Louis Leplée. Doch einer der wichtigsten Männer im Leben der Piaf ist der Liedtexter Jacques Pills (r. nach der Hochzeit in New York).

Trauzeugin ist Ediths langjährige Freundin Marlene Dietrich. Sie hilft der Chansonnette am Morgen im Hotel beim Ankleiden und hat auch den Brautstrauß beschafft. Obwohl Edith eine bewegte Vergangenheit hat, was Beziehungen zu Männern betrifft, ist es ihre erste Ehe. Mit der Hochzeit erfüllt sich die Sängerin einen Traum aus ihrer von größter Armut geprägten Kindheit: Brautkleid, viele Blumen, Glockengeläut und Orgelklang, anschließend eine Cocktailparty und ein Mittagessen in einem vornehmen Restaurant. Der Bräutigam ist eine kraftvolle und fröhliche Erscheinung von charmanter Liebenswürdigkeit. Gleichzeitig steht Edith Piafs Karriere in ihrem Zenit. Weltweit liegt ihr das Publikum zu Füßen.

Dieses Glück jedoch ist trügerisch: Die Hochzeit ist der Beginn vom Zerfall der Beziehung zwischen Edith und Jacques. Und die Auftritte in Nachtclubs und Konzertsälen ringt Edith ihrem zierlichen, von Unfallverletzungen und Drogenmißbrauch geschwächten Körper gnadenlos ab. Schon am Abend nach der Trauung geht das Paar getrennte Wege. Sie treten zwar beide in New York auf, doch Edith singt im Club »Versailles«, Jacques im »Vie en rose«. Es ist der gemeinsame Beruf, der sie bei einer Probe des Chansons »Je t'ai dans la peau« 1949 zusammengeführt hat und der sie nun wieder trennt. Wenn beide in einem Programm auftreten, wird zudem deutlich, daß der sanfte »Monsieur Charme« und die leidenschaftliche Piaf sich auch in ihrer künstlerischen Qualität deutlich unterscheiden. Nach einem triumphalen Soloauftritt in der Carnegie Hall 1956 stellt Edith fest, »daß ich vor allem mit meinem Publikum verheiratet bin. Mit Jacques ist es aus«.

Ehe mit dem Bürgerrechtler: Gemeinsam gegen Unrecht

Coretta Scott und Martin Luther King heiraten am 18. Juni 1953. Als King ermordet wird, ist sie nicht überrascht. Es ist die Nachricht, auf die sie »unterbewußt ein Leben lang gewartet hat«.

Was Coretta King Stärke gibt, ist ihre unerschütterliche Frömmigkeit: »Und selbst in diesen ersten fürchterlichen Augenblicken ging es mir durch den Sinn, daß es irgendwie passend war, daß Martin Luther Kings höchstes Opfer in die Osterzeit fiel«.

Eigentlich will Coretta Scott Musikerin werden. Während des Studiums in Boston geht sie mit einem Jungen aus, der sich »M. L. King jr.« nennt und ihr bereits am ersten Abend einen Heiratsantrag macht. Obwohl sie niemals daran gedacht hat, einen Geistlichen zu heiraten, erliegt sie – von den Kommilitoninnen beneidet – dem Charme und der Eloquenz des zwei Jahre jüngeren Baptistenpfarrers. Am 18. Juni 1953 werden Coretta und Martin vom Vater des Bräutigams getraut. 1954 erhält Martin, der in Verehrung für den deutschen Reformator den Zweitnamen Luther angenommen hat, eine Pastorenstelle in Montgomery.

Martins Kampagne gegen die Rassendiskriminierung setzt die um insgesamt vier Kinder wachsende Familie einer ständigen Bedrohung aus. So wird das Heim der Kings 1956 Ziel eines Bombenattentats militanter Rassisten. Gefahr droht aber auch aus den eigenen Reihen, denn viele Schwarze sind nicht mehr bereit, dem Prinzip der Gewaltlosigkeit zu folgen. Zwei weitere Attentate auf King werden von Schwarzen verübt.

Nach dem Anschlag, dem er zum Opfer fällt, hinterläßt King seiner Familie nicht mehr als 5.000 Dollar und ein Haus, doch Coretta kann über verschiedene Stiftungen das Werk ihres Mannes fortsetzen.

Martin Luther King (1929–1968) und seine Frau Coretta (geb. 1927) nach dem Busboykott von Montgomery (1956, o.) und mit den Kindern im Jahre 1960.

Das Paar, das Amerika erneuern soll

Jacqueline Bouvier und John F. Kennedy wollen an die Spitze ihres Landes.

Die oberen Zehntausend der USA feiern am 12. September 1953 eine Traumhochzeit: Jacqueline Bouvier und John F. Kennedy geben sich das Jawort. Jacqueline Lee Bouvier ist die Tochter einer aus Frankreich stammenden Millionärsfamilie, John Fitzgerald Kennedy gehört zu einem der reichsten und einflußreichsten Familienclans der USA. In der katholischen Kirche St. Mary in Newport drängen sich 800 geladene Gäste, als der 36jährige demokratische Politiker und seine 23jährige Braut vor den Traualtar treten. Sie trägt ein Kleid aus elfenbeinfarbenem Seidentaft und einen Spitzenschleier sowie ein Bouquet aus rosa-weiß gesprenkelten Orchideen. Der strahlende Bräutigam im Frack ist gerade Senator von Massachusetts geworden und strebt bereits nach dem höchsten politischen Amt in den USA, das er schließlich bei den Präsidentschaftswahlen 1961 für sich erobert.

Trotz mancher nicht verstummender Gerüchte über zahlreiche Eskapaden des Präsidenten hält sich Jackie an

Die Hochzeit des späteren Präsidentenpaares ist das gesellschaftliche Ereignis des Jahres 1953. John F. Kennedy (1917–1963) und Jacqueline Bouvier (1930–1997) haben sich im Frühjahr 1952 kennengelernt und sich danach zunächst nur sporadisch getroffen. Jackie, die damals als Fotoreporterin gearbeitet hat, erinnert sich: »Er rief mich von irgendeiner Austernbar aus an und lud mich zu einem Film ein. Er war nicht der Pralinen-und-Blumen-Typ, sondern schenkte mir ab und zu ein Buch«.

seiner Seite als souveräne Präsidentengattin. Sie hat als First Lady großen Anteil an der Popularität ihres Ehemannes, der sich während seiner Amtszeit zu Amerikas Symbolfigur für eine bessere Zukunft in Freiheit, Frieden und Gerechtigkeit entwickelt. Doch der 22. November 1963, an dem Präsident Kennedy in Dallas ermordet wird, setzt dieser kurzen Euphorie ein grausames Ende.

Fünf Jahre danach ruft Jackies Heirat mit dem griechischen Milliardär Aristoteles Onassis auf dessen Privatinsel in der Ägäis in der überraschten Weltöffentlichkeit großes Erstaunen hervor. Vor allem die Amerikaner reagieren schockiert über die Verbindung ihrer ehemaligen First Lady mit dem als rücksichtslos geltenden Tankerkönig. Dieser hatte für Jackie seine Liaison mit der Operndiva Maria Callas beendet, die in den 60er Jahren für viel Aufsehen gesorgt hat. In der Presse wird die Dreiecksgeschichte Callas-Onassis-Kennedy zu einer klassischen griechischen Tragödie stilisiert.

Im Präsidentschaftswahlkampf von 1961 hat der Gegenkandidat Richard Nixon gegen das attraktive Paar Jackie und John F. Kennedy keine Chance. Sie verstehen es, die Presse und vor allem das in den USA gerade boomende Fernsehen für sich zu nutzen. Als Präsidentenpaar halten sie später im Weißen Haus nach Art einer Königsfamilie glänzend Hof. Die Kennedys begründen damit nicht nur ihren eigenen Mythos, sondern auch die Mediendemokratie, die die amerikanische Politik prägen wird.

Der Augenblick vor den Schüssen von Dallas (o.). Die spätere Verbindung zwischen der 38jährigen Präsidentenwitwe und dem 61jährigen Aristoteles Onassis (l.) löst vor allem in den USA Unmut aus. Dem Griechen, der aus dem Nichts ein gigantisches Schiffahrtsimperium aufgebaut hat, werden unsaubere Geschäftspraktiken nachgesagt.

Eine Prinzessin und ihr Soldat: die verbotene Liebe von Margaret und Peter Townsend

Nach achtjähriger Romanze mit dem Oberstleutnant der Luftwaffe gibt die britische Prinzessin am 1. November 1955 den Verzicht auf ihre große Liebe bekannt.

In einer amtlichen Mitteilung läßt der Buckingham Palast verlauten, daß die geplante Hochzeit von Prinzessin Margaret, der Schwester von Königin Elizabeth II., mit Peter Townsend nicht stattfinden wird. Der Oberstleutnant der Royal Air Force, dem das Herz der Prinzessin gehört, ist nicht nur bürgerlicher Herkunft, sondern auch noch geschieden.

Die Prinzessin beugt sich nicht zuletzt dem Drängen ihrer Familie und der anglikanischen Kirche, die ehern an der Unauflösbarkeit der Ehe festhält. Die Trauung mit einem geschiedenen Partner ist, zumal für ein Mitglied der königlichen Familie, undenkbar. Für eine nur standesamtliche Ehe gilt dies ebenso, denn die Königsfamilie soll England und der Welt ein christliches Beispiel geben. Immerhin ist die englische Königin das Oberhaupt der anglikanischen Kirche.

Der Entschluß der unglücklichen Prinzessin löst in Großbritannien heftige Diskussionen aus. Die Tageszeitung »Manchester Guardian« verspürt bei der Kampagne gegen das Paar »einen kräftigen Beigeschmack britischer Heuchelei«. Schon 1953 hat eine von der auflagenstarken Zeitung »Daily Mirror« initiierte Leserabstimmung ergeben, daß 90 Prozent der Bevölkerung einer Heirat der beliebten Prinzessin mit Townsend zustimmen würde. Die langjährige Romanze ist ein Lieblingsthema der Regenbogenpresse, bis die Verzichtserklärung allen Spekulationen ein Ende macht.

Als Margaret schließlich 1960 doch noch vor den Traualtar tritt, gibt auch dies wieder Anlaß zu Verstimmungen: Ihr Bräutigam, der Hoffotograf Anthony Armstrong-Jones, ist wiederum ein Bürgerlicher. Glück ist der Prinzessin erneut nicht vergönnt: 1978 wird die Ehe wieder geschieden.

Nach ihrer Trauung am 5. Juni 1960 zeigen sich Prinzessin Margaret und Anthony Armstrong-Jones mit Brautjungfer auf dem Balkon des Buckingham Palasts. Der europäische Hochadel allerdings bleibt den Feierlichkeiten fern. Die Prinzessin erweist im November 1965 auch Hollywood die Ehre (u., 2. v. l.). In der Filmmetropole wird sie von Alfred Hitchcock (l.), Julie Andrews (2. v. r.) und Paul Newman (r.) empfangen.

Margaret (geb. 1932) und Peter Townsend (geb. 1917) am 25. Geburtstag der Prinzessin. Ab diesem Alter darf ein Mitglied des britischen Königshauses seine Ehepartner selbst wählen – allerdings nur unter nicht geschiedenen Aristokraten.

Die Millionenerbin und ihr Ritter: Barbara Hutton und Gottfried von Cramm

Am 8. November 1955 geht die amerikanische Multimillionärin Barbara Hutton ihre sechste Ehe mit dem deutschen Tennis-As Baron Gottfried von Cramm ein.

Alle vorherigen Ehen der Erbin der Kaufhauskette Woolworth sind nur von kurzer Dauer gewesen. Dabei hat sie sich vor allem Männer mit einem klingenden europäischen Adelstitel ausgesucht – das einzige, was es in Amerika auch für viel Geld nicht zu kaufen gibt. Gottfried Freiherr von Cramm ist der erfolgreichste deutsche Tennisspieler zwischen den beiden Weltkriegen. Mehrfach gewinnt er deutsche und internationale Meisterschaften, spielt im Davis-Cup und erreicht einige Male Finalkämpfe in Wimbledon. 1933 gewinnt er dort mit Hilde Krahwinkel das gemischte Doppel.

Baron Gottfried von Cramm (1909–1976), der »Gentleman des weißen Sports«, bestreitet seine Spiele wie hier 1951 in Wimbledon in korrekter Tenniskleidung, zu der auch lange weiße Flanellhosen gehören. Schon seinerzeit begleitet Barbara Hutton (1912–1979, r.) ihn zu allen Turnieren. Seit seinem Rücktritt vom aktiven Sport ist Cramm erfolgreicher Besitzer einer Importfirma. Er stirbt bei einem Autounfall am 9. November 1976 in Ägypten.

Da zu jener Zeit Tennis noch als eine exklusive Sportart gilt, sind Tennisturniere auch immer Treffen der internationalen High Society. Bei einer solchen Gelegenheit lernt Gottfried von Cramm 1937 in Ägypten auch Barbara Hutton kennen. Schon damals beginnen sie eine Liaison. Vor allem wegen der politischen Entwicklung in Deutschland verlieren sie sich aber zunächst wieder aus den Augen. Als entschiedener Gegner des Nationalsozialismus bekannt, gerät er für kurze Zeit sogar in Gestapo-Haft. Die politischen Verbindungen Barbara Huttons tragen aber dazu bei, daß er bald wieder auf freien Fuß gesetzt wird. Gleich nach Kriegsende nehmen beide ihre Liebesbeziehung wieder auf.

Barbara Hutton ist es aber auch an der Seite Gottfried von Cramms nicht vergönnt, eine längerfristige Ehe zu führen. Auch gibt es Gerüchte über homoerotische Neigungen des Freiherrn. 1961 lassen sie sich einvernehmlich scheiden. Für den Rest ihres Lebens bleibt die Multimillionärin unverheiratet. Über ihre sechs Ehen befragt, erklärt sie, der einzige wahre Gentleman unter ihren Ehemännern sei Gottfried von Cramm gewesen.

Hollywood am Mittelmeer: Grace Kelly und Fürst Rainier

Mit der Hochzeit des monegassischen Fürsten und der amerikanischen Schauspielerin am 19. April 1956 verbinden sich die Traumwelten von Film und europäischer Aristokratie.

Es ist die Hochzeit des Jahres. Bei strahlendem Frühlingswetter findet eine seltene Begegnung zwischen traditionsbeladenem Hochadel, machtbewußtem Geldadel und der flatterhaften Welt des Showbusiness statt. Mehr als 1.200 Menschen aus 25 Nationen drängen sich in die St.-Charles-Kathedrale von Monte Carlo. Für den späteren Auszug des Paares stehen eine englische, eine französische und eine amerikanische Ehrenwache bereit. Der Bräutigam trägt Uniform, die Braut ist von ihrem letzten Arbeitgeber eingekleidet worden: Die Filmfirma MGM hat ein Hochzeitskleid von Helen Rose aus feiner Spitze und Perlen spendiert. Später überläßt die zur Fürstin Gracia Patricia gewordene Schauspielerin dieses Kleid einem Museum in ihrer Heimatstadt Philadelphia.

Einer der ungewöhnlichsten Gäste allerdings ist der kürzlich aus dem Gefängnis entlassene »Einbrecherkönig« René Grier. Seine Einladung hat er einerseits dem sozialen Engagement der Fürstenfamilie zu verdanken, die sich für die Resozialisierung Straffälliger einsetzt. Andererseits ist die Anwesenheit eines echten Einbrechers eine Hommage an den charmanten Juwelendieb John Robie, der Hauptfigur in »Über den Dächern von Nizza«. Die Außenaufnahmen sind überwiegend in der Umgebung von Monte Carlo entstanden. Dabei sind sich die Schauspielerin und der Fürst erstmals begegnet.

Eine andere, schrecklichere Parallele zu Alfred Hitchcocks Gaunerkomödie wird das Eheglück am 13. September 1982 beenden: Im Film rast Grace Kelly mit einem Sportwagen über die schmalen Küstenstraßen mit ihren engen Haarnadelkurven. Die Verfolgungsjagd endet mit einem Picknick mit Cary Grant. Drei Jahrzehnte später wird Gracia Patricia mit ihrem Wagen aus einer dieser gefährlichen Kurven getragen und stirbt am folgenden Tag im Krankenhaus. Ihre jüngste Tochter, Prinzessin Stéphanie, überlebt den Unfall schwer verletzt.

Grace Kelly (1929–1982) und Fürst Rainier III. von Monaco (geb. 1923) heiraten in Monte Carlos Kathedrale St. Charles. Unter den Ehrengästen sind neben Vertretern des europäischen Hochadels und der Politik auch amerikanische Filmstars wie Ava Gardner und Gloria Swanson anwesend.

Grace Kelly, als Gracia Patricia die spätere Fürstin von Monaco, auf einer Modeaufnahme des Jahres 1955. Die Schauspielerin entstammt einer wohlhabenden Bauunternehmersfamilie aus Philadelphia. Schon während ihres Studiums in New York arbeitet Grace Kelly als Fotomodell. Beim Engagement in einer Broadway-Produktion des Schauspiels »Der Vater« von August Strindberg fällt sie 1949 erstmals Hollywood-Regisseuren auf.

Eines der ersten Rendezvous' von Grace Kelly und Rainier. Der Fürst herrscht seit 1949 über den Zwergstaat an der Côte d'Azur. Als er seinem Vater Louis II. nachfolgt, findet er marode Finanzverhältnisse vor, zu deren Sanierung auch die traditionsreiche Spielbank nicht mehr beitragen kann. Rainier schafft die Voraussetzungen für den Zuzug von finanzkräftigen Persönlichkeiten aus Wirtschaft, Unterhaltungsindustrie und Sport, die dem Fürstentum den alten Glanz zurückbringen.

Fürst und Fürstin mit den Kindern Albert und Caroline bei einem Zirkusbesuch in Philadelphia. Gracia Patricia besucht auch als monegassische Landesmutter ihre Eltern und Freunde an der amerikanischen Ostküste. Nach ihrer Hochzeit mit Rainier hat sich die Oscar-Preisträgerin allerdings aus dem Schauspielberuf zurückgezogen. Dem Film bleibt sie aber mit einem Aufsichtsratsposten bei der Twentieth Century Fox treu.

Als gebrochener Mann erscheint Fürst Rainier (2. v. r.) nach dem Tod seiner Frau bei den Trauerfeierlichkeiten mit Prinzessin Caroline (3. v. r.) und Prinz Albert (r.). Bis sich die Familie von dem Schock erholt, vergehen Jahre. Die Fürstin ist bei einem Autounfall zu Tode gekommen: In einer Haarnadelkurve an der steilen Küste der Côte d'Azur kommt ihr Wagen von der Fahrbahn ab und stürzt einen rund 40 Meter hohen Abhang hinunter. Zunächst heißt es, Prinzessin Stéphanie habe am Steuer gesessen, doch eine Untersuchung ergibt, daß Gracia Patricia während der Fahrt einen Schlaganfall erlitten hat.

Traum vom Leben ohne Rampenlicht: Marilyn Monroe und Arthur Miller

Die Heirat der Schauspielerin und des Schriftstellers am 29. Juni 1956 ist die Sensation des Jahres.

Am 14. Januar 1954 heiratet Marilyn Monroe in San Francisco den ehemaligen Baseball-Star Joe di Maggio. Für beide ist es bereits die zweite Ehe. Marilyn Monroe befindet sich auf dem Höhepunkt ihrer Karriere, Joe di Maggio dagegen hat sich schon 1951 vom aktiven Sport verabschiedet und ist in der Gastronomie tätig. Da er Hollywood und der Filmwelt nichts abgewinnen kann, geht die Ehe bald in die Brüche und wird schon im Oktober 1954 wieder geschieden. Aber noch Jahrzehnte nach Marilyn Monroes Tod legt Joe di Maggio jeden Tag eine frische Rose am Grab seiner Ex-Frau nieder.

Für beide ist es nicht die erste Ehe. Marilyn Monroe ist bereits zweimal, Arthur Miller einmal verheiratet gewesen. Die Klatschpresse stürzt sich sogleich auf das Paar, das nach gängigen Vorstellungen so gar nicht zusammenpaßt. Dabei ist es für Marilyn Monroe sehr kränkend, daß ihre Heirat immer nur als Verbindung von Körper (Monroe) und Geist (Miller) dargestellt wird.

Seit 1943 hat Norma Jean Baker, so ihr richtiger Name, als Lackiererin in einer Fabrik gearbeitet und sich nebenbei als Pin-up-Girl verdingt – ein erster Schritt zum Ruhm. 1948 erhält Marilyn Monroe bei der Twentieth-Century-Fox einen Nebenrollenvertrag. Der Durchbruch gelingt ihr im Jahr 1953 mit den Kassenerfolgen »Niagara« und »Wie angelt man sich einen Millionär«.

Miller ist ein international bekannter Schriftsteller. In Stücken wie »Tod eines Handlungsreisenden« und »Hexenjagd« übt er scharfe Kritik am »american way of life«. Marilyn Monroe hofft, daß es ihr an der Seite des ruhigen und zurückhaltenden Intellektuellen endlich gelingt, ihr Image als Sexsymbol abzustreifen und endlich als Schauspielerin und Mensch ernstgenommen zu werden. Während ihrer Ehe mit Miller dreht sie in vier Jahren nur vier Filme: »Bus Stop« (1956), »Der Prinz und die Tänzerin« (1957), »Manche mögen's heiß« (1959) und »Machen wir's in Liebe« (1960).

Das Ehepaar Miller-Monroe hofft, ein zurückgezogenes Leben führen zu können. Die Medien lassen ihnen aber keine Ruhe. Ihre Ehe ist zunehmend auch anderen Belastungen ausgesetzt. Nach zwei Fehlgeburten verfällt Marilyn Monroe, die sich nach Kindern und einer Familie sehnt, in tiefe Depressionen. Diese versucht sie mit Alkohol und Medikamenten zu bekämpfen. 1960 beginnen die Dreharbeiten zu »Misfits – nicht gesellschaftsfähig«, zu dem Arthur Miller das Drehbuch geschrieben hat. Während der Dreharbeiten sind die Spannungen zwischen Arthur und Marilyn nicht mehr zu übersehen. Am 13. November 1960 gibt Marilyn die endgültige Trennung von Arthur bekannt, ein Jahr später ist ihre Ehe geschieden.

Strahlend zeigt sich das frischvermählte Paar Marilyn Monroe (1926–1962) und Arthur Miller (geb. 1917) den Fotografen. Ihre Hochzeitsreise verbringen sie auf dem englischen Landsitz des Schauspielerpaares Sir Laurence Olivier und Vivien Leigh. Arthur Miller wird es nicht schaffen, seiner psychisch labilen Frau zu helfen und sie von ihrer wachsenden Alkohol- und Tablettensucht abzubringen.

In Arthur Millers 1953 in New York uraufgeführtem Drama »Hexenjagd« (o.) geht es um die Bigotterie der puritanischen Siedler im 17. Jahrhundert, die einem tödlichen Hexenwahn erliegen. Dieses auf historischen Quellen basierende Drama spiegelt die in den 50er Jahren in den USA grassierende hysterische Angst vor dem Kommunismus. Auch Miller selbst hat sich 1956 einer Untersuchung wegen »antiamerikanischer Umtriebe« zu stellen (u. r.). Sein berühmtestes Stück ist »Tod eines Handlungsreisenden« (1949). Dem 63jährigen Handelsvertreter Willy Loman hat seine Firma nach 30 Jahren das Festgehalt gestrichen, so daß er nur noch auf Provisionsbasis arbeiten kann. Verzweifelt die Fassade aufrechterhaltend, stellt er sich gegenüber seiner Familie als erfolgreicher Geschäftsmann dar. Als die Wahrheit ans Licht kommt, begeht er Selbstmord. Vollständig andere Inhalte haben die Filme Marilyn Monroes. In »Wie angelt man sich einen Millionär« (1953) spielt sie an der Seite von Lauren Bacall und Betty Grable das Model Pola, das um jeden Preis einen reichen Mann heiraten will. Bei allen drei Freundinnen siegt die Liebe, und sie heiraten arme Männer. Nur Polas Mann entpuppt sich als Millionär. Marilyn Monroe singt hier in einer Revueszene (r.) ihr berühmtes Lied »Diamonds are a girl's best friends«.

Privates Glück und öffentliches Engagement: Joanne Woodward und Paul Newman

Für den 1958 erscheinenden Film »Der lange heiße Sommer« stehen Joanne Woodward und Paul Newman zum ersten Mal gemeinsam vor der Kamera. Seither hält der Frauenschwarm seiner Liebe die Treue.

Ein Jahr lang sind Joanne Woodward (geb. 1931) und Paul Newman (geb. 1925) allen Fragen nach ihren Hochzeitsplänen ausgewichen, bevor sie Anfang 1958 vor den Traualtar treten. Joanne dürfte zu den meistbeneideten Frauen der Welt gehören, denn ihr Ehemann wird noch 1990 vom Magazin »People« unter die 50 schönsten Menschen der Welt gewählt. In einer britischen Zeitschrift belegt er 1997 immerhin Platz 19 unter den »100 berühmtesten Filmschauspielern«.

Martin Ritts Südstaaten-Melodram erzählt in Anlehnung an drei Kurzgeschichten von William Faulkner von einem Paar, das unter widrigen Umständen und erst nach einer Brandkatastrophe zusammenfindet. Nach den Dreharbeiten verbinden sich Joanne und Paul auch im richtigen Leben für immer. Am 2. Februar 1958 wird in Las Vegas Hochzeit gefeiert. Die erste der insgesamt drei Töchter erhält den Namen Lissy nach der ersten großen Filmrolle Joannes in »Count Three and Pray« (1955).

Unter den meist kurzlebigen Beziehungen in Hollywoods Traumfabrik gehört das Familienleben der Newmans zu den Ausnahmen. Aufsehenerregende Auftritte außerhalb seiner Arbeit als Filmschauspieler hat Paul Newman vor allem als erfolgreicher Autorennfahrer. Seine Gewinne als Star steckt er in eine eigene Firma, deren Produkte – unter anderem Salatsaucen – seinen Namen und sein Konterfei tragen. Die Erlöse aus dem Verkauf der Lebensmittel finanzieren soziale Projekte und ein eigenes Sommercamp für krebskranke Kinder. Für sein Engagement erhält der Darsteller 1994 einen Ehren-Oscar.

Joanne Woodward und Paul Newman bieten ein in Hollywood seltenes Bild einer entspannten Partnerschaft. Ihre Karrieren sind beide durch Oscar-Vergaben gekrönt worden: Joanne wird 1958 für »Eva mit den drei Gesichtern« und Paul 1987 für »Die Farbe des Geldes« ausgezeichnet. Er erhält überdies auch im Alter noch eine Reihe lukrativer Rollenangebote.

Seit Paul Newman in dem Film »Winning« (1969) einen Rennfahrer gespielt hat, ist er vom Motorsport begeistert. Als Fahrer kämpft er jahrelang erfolgreich in der amerikanischen Sportwagenmeisterschaft. Seit 1984 beteiligt er sich an einem internationalen Rennstall.

Leben zwischen Metropole und Bergsee

Im Februar 1958 heiraten Paulette Goddard und Erich Marie Remarque.

Mit der Hochzeit wird eine bereits sieben Jahre dauernde und sehr glückliche Beziehung besiegelt. Der 60jährige Schriftsteller und die 47jährige Schauspielerin zeigen sich verliebt wie Teenager. Für den von Selbstzweifeln gequälten Remarque hat mit der Liebe zu der optimistischen und lebenslustigen Paulette ein völlig neuer Lebensabschnitt begonnen. Paulette wiederum findet, wie zuvor bei Charlie Chaplin, eine weltberühmte und reiche Vaterfigur.

Seit dem Erscheinen seines später verfilmten Weltbestsellers »Im Westen nichts Neues« im Jahr 1929 ist Erich Maria Remarque einer der bekanntesten deutschen Schriftsteller. In diesem Antikriegsbuch verarbeitet er, der 1916 als 18jähriger eingezogen worden und schon nach wenigen Wochen schwerverletzt von der Westfront zurückgekehrt ist, seine eigenen schrecklichen Erlebnisse. Mit der realistischen Schilderung vom Leiden des einfachen Soldaten zieht er jedoch den Haß der Nationalsozialisten auf sich. Er flieht an den Lago Maggiore und kauft 1931 die Casa Monte Tabor in Porto Ronco, einst Wohnsitz des Malers Arnold Böcklin. In Pariser Emigrantenzirkeln trifft er Marlene Dietrich und beginnt eine Liaison mit ihr. Nur um in ihrer Nähe zu sein, erträgt er es, daß die Diva auch andere Liebschaften unterhält, verfällt aber in eine mehrjährige Schaffenskrise. 1939 folgt Remarque Marlene Dietrich in die USA. Zwei Jahre später löst er sich von ihr und beginnt eine nicht minder zermürbende Beziehung zu Greta Garbo.

1951 aber treffen in New York Erich Maria Remarque und Paulette Goddard zusammen. Sie sind seither unzertrennlich und verbringen viel Zeit auf gemeinsamen Reisen. Shopping in New York und Rom wechselt mit Mußestunden in dem Haus am Lago Maggiore, das mit kostbaren Antiquitäten und Kunstschätzen angefüllt wird. Hier, in den Schweizer Bergen, bleibt das Paar auch über den Tod hinaus zusammen: Sie liegen beide auf dem Dorffriedhof von Porto Ronco begraben.

Dank seiner erfolgreichen Bücher kann Erich Maria Remarque ein luxuriöses Emigrantenleben in Frankreich, der Schweiz und den USA führen. Das Thema Flucht bleibt jedoch beherrschendes Thema seiner Romane. Paulette Goddard (1911–1990) und Erich Maria Remarque (1898–1970, u.) wenige Wochen vor ihrer Hochzeit bei der Ankunft am New Yorker Flughafen. Nach der Eheschließung beendet Paulette Goddard ihre Karriere als Filmschauspielerin.

Paulette Goddard im Jahre 1940 bei einem Baseballspiel mit Kollegen auf dem Studiogelände. Ihre größten Rollen sind das blinde Waisenmädchen in Charlie Chaplins »Moderne Zeiten« (1936), die Krankenschwester in »Mutige Frauen« (1943) und Celestine in »Tagebuch einer Kammerzofe« (1944). Die Beziehung zu Chaplin, die nach Meinung der Studiobosse keine rechtsgültige Ehe ist, führt dazu, daß ihr Vertrag für den Part der Scarlett in »Vom Winde verweht« aufgelöst wird.

Hollywood-Diva heiratet Mister Universum

Jayne Mansfield und Mickey Hargitay heiraten 1958. Die Hochzeitsfeier ist ein Fest im Breitwandformat.

Jayne Mansfield sieht Mickey Hargitay zum ersten Mal, als sie im Mai 1957 ein Gastspiel von Mae West am Broadway besucht. Mickey ist ein Jahr zuvor in London zum Mister Universum gekürt worden und posiert nun in Mae Wests Show neben acht anderen Muskelmännern, die sich auf der Bühne um das Sexsymbol der 30er Jahre scharen. Jayne erliegt ihrer Vorliebe für göttergleiche Körper. Zwischen Bühne und Theaterparkett entsteht eine, wenn auch zunächst nur einseitige Liebe auf den ersten Blick. Jayne Mansfield hat in Mickey, dem stählernen Ungarn, der gerade erst nach Amerika gekommen ist, ihren physischen Idealtyp gefunden: Das männliche Pendant zu ihrem eigenen Körperkult, mit dem sie gerade zum Hollywoodstar avanciert.

Jayne läßt die Hochzeit der beiden im folgenden Jahr zu einem großen Spektakel werden. Eigentlich hätte es nach dem Willen des Auserwählten eine ganz private Feier in einer romantischen gläsernen Kapelle vor den Toren Hollywoods werden sollen. Doch entgegen ihrer Abmachung läßt Jayne Hunderte pinkfarbener Einladungen herausgehen, und die Trauung wird zu einem Massenereignis, zu dem Presseleute und mehr als 10 000 Fans herbeiströmen.

Doch der bodenständige Bodybuilder, der seiner umschwärmten Ehefrau meist als Babysitter der beiden Kinder nachreist, bleibt gegenüber dem Erfolgshunger der aufsehenerregenden Wasserstoffblondine auf der Strecke. Als sie sich nach zahlreichen Affären in den Regisseur Matt Cimber verliebt, willigt Mikkey Hargitay im Jahre 1964 in die Scheidung ein.

Jayne Mansfield (1933–1967) und Mickey Hargitay (geb. 1931) auf dem Weg in die Flitterwochen. Die aufwendige Hochzeit ist eine von Jaynes Publicityaktionen im Kampf gegen die Konkurrenzblondine Marilyn Monroe.

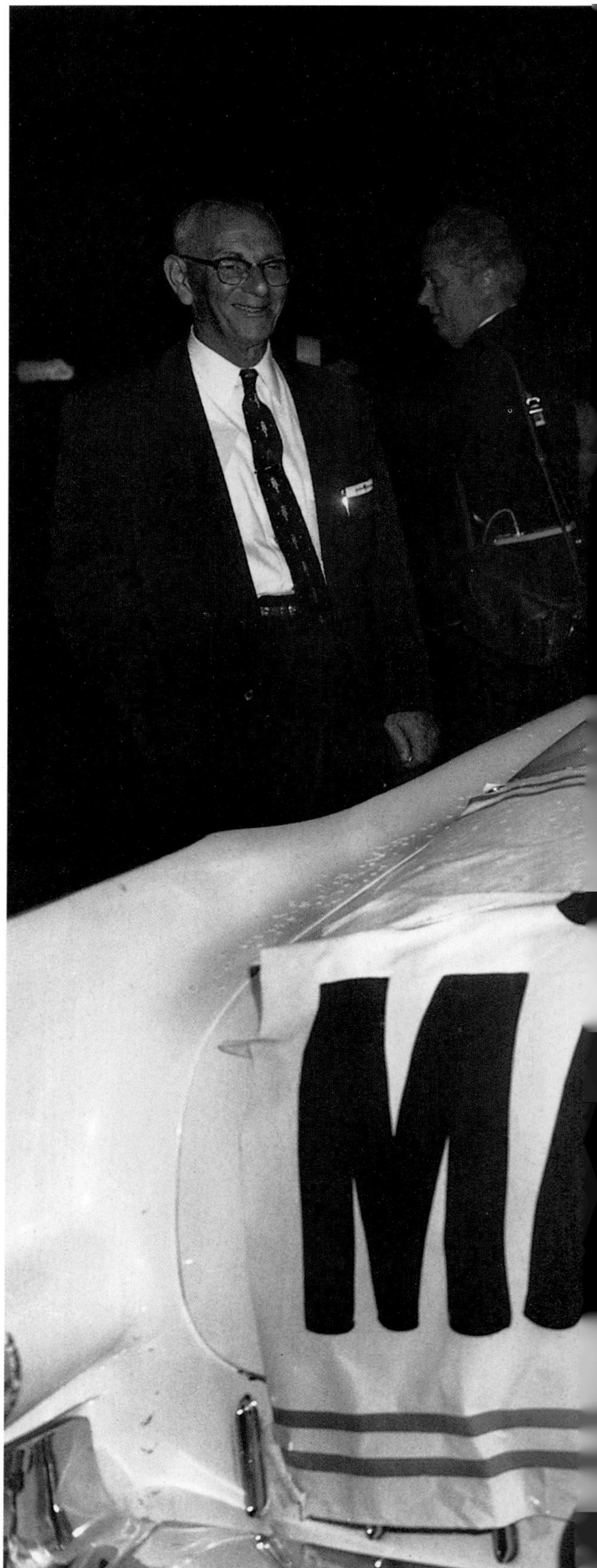

JUST
RRIED
CALIFORNIA
56
MAX 284

»Sissi« verliebt sich in Frankreich

Romy Schneider und Alain Delon verloben sich am 22. März 1959.

Vor allem die deutsche Regenbogenpresse tut sich mit Spekulationen hervor, Delon habe »Sissi« nach Frankreich »entführt«. Romy Schneider selbst wird vorgeworfen, sich nicht für Horst Buchholz entschieden zu haben. Mit ihm hat sie 1957 in dem Melodram »Monpti« großen Erfolg gehabt. Damals dichtet die Klatschpresse den beiden Stars eine Liebesbeziehung an und ruft sie zum Traumpaar des Jahres aus. Doch zwei Jahre später ist die Nation beleidigt, daß Romy sich mit einem Franzosen verlobt: Bei einer Umfrage zur Beliebtheit deutscher Filmstars fällt Romy Schneider schlagartig vom ersten auf den 20. Platz zurück. In Frankreich hingegen wird sie als »das schönste Geschenk seit Marlene Dietrich« gefeiert. Um das Image des »süßen Mädels« loszuwerden, geht sie nach Frankreich. Bei den Dreharbeiten zu »Christine« begegnet sie 1958 Alain Delon. Die beiden verlieben sich ineinander. Romy Schneider folgt Delon nach Paris, nimmt dort Schauspielunterricht und tritt im Theater auf.

Romy Schneider (1939—1982) und Alain Delon (geb. 1935) bei ihrem ersten gemeinsamen Auftritt in »Christine«. Der Film basiert auf Arthur Schnitzlers Skandaldrama »Liebelei«. Für die Rolle in der deutsch-französischen Koproduktion erhält die junge Schauspielerin eine Spitzengage von 500 000 Mark. Die internationalen Karrieren beider beginnen kurz darauf unter der Regie von Luchino Visconti: Alain Delon in »Rocco und seine Brüder« (1960) und Romy Schneider in »Boccaccio 70« (1962). Visconti ist es auch, der dem Paar als eine Art Ersatzvater dient und sich der Sorgen und Nöte annimmt, die die turbulente Liebesbeziehung mit sich bringt.

Für die Paparazzi der späten 50er und frühen 60er Jahre ist die österreichisch-französische Liaison eines der attraktivsten Motive. Romy Schneider und Alain Delon sind in dieser Zeit die glamourösesten jungen Stars des europäischen Kinos - ob beim Kaffeetrinken wie oben im Januar 1962 oder bei einer Ausfahrt in Delons Mercedes-Cabriolet im November 1959. Die Trennung von Alain Ende 1963 ist für Romy der Beginn einer Reihe von Lebenskatastrophen: Ihr erster Ehemann Harry Meyen erhängt sich 1979, und ihr Sohn David kommt 15jährig bei einem schrecklichen Unfall ums Leben.

Romy und Alain als Frischverlobte im Jahr 1959 (o.). 1975 heiratet Romy Schneider ihren ehemaligen Sekretär Daniel Biasini. Aus der bis 1981 währenden Ehe geht 1976 die Tochter Sarah hervor. Die Boulevardpresse wirft Biasini vor, es nur auf das Vermögen der Schauspielerin abgesehen zu haben. Nach ihrem frühen Tod aber erben Biasini und Sarah die enormen Steuerschulden des Filmstars. In seinem 1998 erschienenen Buch »Meine Romy«, dessen Verkaufserlös auch die Forderungen des Fiskus decken soll, versucht Biasini, sein schlechtes Image zu verbessern.

Liebesheirat gegen kaiserliche Tradition

Mitschiko Shoda und Akihito: Der japanische Kronprinz und die Industriellentochter heiraten am 10. April 1959. Für konservative Bürger ist die Hochzeit eine Provokation.

Gegen erheblichen Widerstand setzt der Sohn des japanischen Kaisers seine Hochzeit mit der bürgerlichen Mitschiko Shoda durch. Die Verheiratung des Thronfolgers ist für das Kaiserhaus schon seit langer Zeit ein großes Problem. Sieben Jahre lang sind 67 Beauftragte auf der Suche nach einer Braut geeigneter Herkunft für den künftigen Herrscher auf dem Chrysanthementhron gewesen. Doch diese offizielle Brautschau scheitert an den aufgeklärten Vorstellungen Akihitos, der als erster Thronanwärter in der Geschichte Japans ein Universitätsstudium absolviert hat. Nach vielen Auslandsreisen denkt er sehr viel offener über Liebe und Ehe, als dies in den Kreisen des japanischen Hochadels üblich ist.

Die erste Begegnung des Kronprinzen mit seiner künftigen Braut findet unter vergleichsweise prosaischen Umständen statt: Auf einem Tennisplatz im exklusiven Bergkurort Karuisawa im August 1957. Da der Kronprinz als mittelmäßiger Tennisspieler gilt, findet sich nur schwer ein Partner für ihn, denn die Untertanen scheuen sich, ihrem hochrangigem Gegner überlegen zu sein. Eine Ausnahme macht nur Mitschiko Shoda, die Tochter eines wohlhabenden Konzernchefs aus alter Samurai-Familie. Als die »Summa-cum-laude«-Absolventin eines Studiums der Englischen Literatur von Akihito zum Spiel aufgefordert wird, erlebt dieser eine glatte Niederlage von 6 : 1. Der Kronprinz ist darüber so begeistert, daß er sich sogleich in seine unerschrockene Bezwingerin verliebt. Die Verbindung, die mit einer jahrtausendealten Tradition bricht, ist für junge Japanerinnen ein Signal für das bevorstehende Ende der absoluten Unterwerfung der Frauen in ihrem Land.

Als Tochter eines bürgerlichen Industriellen erscheint Mitschiko Shoda (geb. 1935) manchen traditionsverhafteten Japanern der Hochzeit mit Akihito (geb. 1933) nicht würdig. Ihr Protest wirft seine Schatten über die Hochzeitszeremonie, als ein Steinewerfer, der Student Kensetsu Nakayama, die fahrende Kutsche des Paares attakkiert (u.). Der Hochzeitszug muß unterbrochen werden. Doch nachdem die Polizei den Angreifer überwältigt hat, kann die Fahrt durch die von zahlreichen Menschen gesäumten Straßen Tokios fortgesetzt werden.

Bei der Hochzeitszeremonie im Kaschikokodoro-Tempel dürfen weder Zeugen noch Zuschauer anwesend sein. Die Shinto-Priester vollziehen die Trauung nach einem jahrhundertealten Ritus. Danach tritt das Paar in moderner Hochzeitskleidung vor die Öffentlichkeit (l.).

Akihito bei seiner Krönung zum japanischen Kaiser (o.). Nach dem Tod seines Vaters Hirohito besteigt er am 12. November 1990 den Chrysanthementhron. Seine Devise für seine Herrschaft als Tenno lautet »Heisei«, vollendeter Friede.

1960–1969

Eine neue Gattung von Prominenten betritt die Bühne der Welt: die Rockstars. Obwohl Musik und Auftreten sowie eine von allen Zwängen befreite Sexualität Widerstand gegen die bürgerlichen Werte signalisieren, träumen auch die Rebellen von romantischer Liebe und einer Hochzeit in Weiß.

Das Hitduo: Ike und Tina Turner

»Fool in Love« ist ihre erste Platte. Mit 800 000 verkauften Exemplaren stürmt der Song 1960 die Hitparaden. Die Turners bleiben lange an der Spitze.

Eigentlich will Anna Mae Bullock vor allem Hausfrau und Mutter sein, und die Ehe mit dem Musiker Ike Turner verspricht sogar, ihren Spaß an Musik und Tanz mit der Rolle als Ehefrau zu verbinden. Beide kennen sich bereits seit 1956. Tina, damals noch Anna Mae, hat Jobs als Kellnerin in den Clubs von St. Louis, in denen der sieben Jahre ältere Ike bereits für den heißesten Soul der Stadt gefeiert wird. 1958 heiraten sie unauffällig in der mexikanischen Grenzstadt Tijuana. Als 1959 eine Sängerin von Ikes Band ausfällt, springt Anna Mae ein. Bei dieser Gelegenheit entsteht die Aufnahme des ein Jahr später erscheinenden Songs »Fool in Love«.

Ike erkennt das Potential Anna Maes als attraktive Frontfrau mit gewaltiger Stimme. Er gibt ihr den Künstlernamen Tina und inszeniert eine neuartige Show mit seiner Frau im Mittelpunkt. Die schnellen Rhythm'n'Blues-

Von der Rhythm'n'Blues-Sirene zur Grande Dame des Pop: Tina Turner (geb. 1939) mit Ehemann Ike (geb. 1932) 1969 in New York (l.) und 1993 solo bei einem Konzert in Los Angeles.

Nummern und Tinas erotische Ausstrahlung spielen erfolgreich mit den Klischees, die das weiße Publikum von schwarzer Sexualität hat. Titel wie »River Deep, Mountain High« (1969) oder »Nutbush City Limits« (1973), mit dem Tina ihrem ländlichen Heimatstädtchen in Tennessee ein grimmiges Denkmal setzt, werden rasch zu Klassikern der Rockmusik.

Hinter der glanzvollen Kulisse einer Künstlerehe aber verbirgt sich eine »private Hölle«, wie Tina später erklärt. 1976 flieht sie nach einem Konzert in Dallas vor Ike, der sie wieder einmal blutig geprügelt hat, zu einer Freundin nach Los Angeles und reicht die Scheidung ein. Während Ikes Stern mit dem Image des launischen und gewalttätigen Tyrannen sinkt, startet Tina mit unverändert erotischem Charme 1983 ein großes Comeback als international gefeierte Pop-Diva. Sie eilt von Erfolg zu Erfolg.

Ringen um die Einheit ihres Landes: Königin Fabiola und König Baudouin

Am 15. Dezember 1960 versammelt sich der gesamte europäische Hochadel anläßlich der Vermählung des belgischen Königs mit der spanischen Gräfin in Brüssel.

Sechs Könige, vier Königinnen, 46 Prinzen und Prinzessinnen sowie zahlreiche andere Prominente sind in der Brüsseler Kathedrale versammelt, als sich der 30jährige König und die 32jährige Tochter des spanischen Großgrundbesitzers Graf de Mora Marqués de Casa Riera das Jawort geben. Die neue Königin ist examinierte Krankenschwester und hat bis zu ihrer Verlobung die Bewohner eines Madrider Armenviertels betreut. Auch in Belgien kümmert sich Fabiola fortan besonders um soziale Belange und findet darin die Unterstützung des Königs.

Besonders auffällig ist, wie liebevoll das Königspaar, hier nach einer Filmpremiere im Mai 1961, auch in der Öffentlichkeit miteinander umgeht. Obwohl Baudouin (1930 bis 1993) und Fabiola (geb. 1928) eigene Kinder versagt bleiben, ist der Bestand der Dynastie gesichert. Baudouins jüngerer Bruder Albert, der mit der italienischen Prinzessin Paola Ruffo di Calabria verheiratet ist, und dessen Sohn Philippe sind die nächsten Anwärter auf den Thron.

Der aus dem Hause Sachsen-Coburg-Gotha stammende Baudouin ist bereits seit 1950, dem Jahr der erzwungenen Abdankung seines Vaters Leopold III., König der Belgier. Leopold III. hat gehen müssen, weil ihm seine Landsleute die Kapitulation Belgiens vor den deutschen Truppen im Jahr 1940 vorwerfen. Baudouin hat in den zehn Jahren seiner Regierung gelernt, wie vorsichtig er in seinem unruhigen und von ständigen Streitereien zwischen Flamen und Wallonen heimgesuchten Land politisch agieren muß.

Auch kurz nach der Heirat Baudouins und Fabiolas entladen sich die politischen Spannungen wie schon so oft in Massenstreiks. Das Königspaar ist gezwungen, seine Flitterwochen in Spanien vorzeitig abzubrechen und nach Brüssel zurückzukehren.
Um den Erhalt der Nation bemüht, greift Baudouin immer wieder vermittelnd in den Konflikt zwischen Flamen und Wallonen ein. Am 5. Mai 1993 besiegelt der König mit seiner Unterschrift einen in jahrzehntelanger Auseinandersetzung ausgehandelten Vertrag, der die Umwandlung Belgiens von einem Einheits- in einen Bundesstaat zum Inhalt hat.

Nach der Trauung in der Kathedrale Saint-Michel-et-Gundule unterzeichnen König Baudouin und Königin Fabiola die Heiratsurkunde. Passend zu ihrem unprätentiösen Wesen trägt die Braut ein schlichtes Satinbrautkleid und Perlenohrclips als einzigen Schmuck. Der lange Brautschleier allerdings ist an einem prächtigen Diadem befestigt. Zu einem schmerzlichen Anlaß trägt Königin Fabiola noch einmal ein einfaches weißes Kleid: Als Zeichen besonders tiefer Trauer hat sie diese Farbe gewählt, als sie am 7. August 1993 neben dem neuen König Albert dem Sarg ihres plötzlich an einem Herzschlag verstorbenen Gemahls Baudouin folgt.

Sein letztes Modell: Jacqueline Roque und Pablo Picasso

Für die Heirat mit der 45 Jahre jüngeren Geliebten am 2. März 1961 wünscht das 80jährige Genie Diskretion.

Nicht einmal ein Aufgebot soll am Rathaus aufgehängt werden, um das bevorstehende Ereignis zu verkünden. »Ich habe geschworen, ohne Journalisten zu heiraten«, erklärt Picasso, und das ist ihm gelungen: Nur das Paar selbst, der Bürgermeister von Vallauris und die beiden Trauzeugen wohnen der Zeremonie bei. Aber es ist nicht wirklich die Presse, die Picasso von der Hochzeit hat aussperren wollen, sondern seine ehemalige Lebensgefährtin Françoise Gilot. Die Mutter seiner beiden Kinder Paloma und Claude hat sich erst eine Woche zuvor mit ihrem Mann Luc Gilot auf eine Scheidung geeinigt, um Picasso heiraten zu können. Am 14. März – die Scheidung ist in vollem Gang – berichten die Zeitungen dann von dessen heimlicher Hochzeit in Vallauris.

Nach diesem böswilligen Akt spalten sich die biographischen Wegbegleiter Picassos in zwei Lager: Für die einen ist Françoise Gilot Opfer einer Intrige Jacqueline Roques, die die Herrschaft über den Meister und sein Erbe an sich zu reißen versucht. Für die anderen ist Jacqueline die Frau, die die letzten Lebens- und Arbeitsjahre Picassos mit neuem Glück und frischer Schaffenskraft erfüllt. Jacqueline ist das Modell für mehr als 70 Gemälde und Druckgraphiken, die zwischen der ersten Begegnung im Jahre 1955 und den folgenden 18 Jahren bis zu Picassos Tod entstehen.

Alle Beobachter sind jedoch beeindruckt von der starken emotionalen Abhängigkeit, in die sich beide voneinander begeben: Jacqueline fordert von ihrem Dasein nichts anderes mehr als die Nähe zu Picasso und lebt ein Leben völliger Unterordnung. Pablo wiederum gerät in Momenten, in denen Jacqueline nicht anwesend ist, regelrecht in Panik – nicht einmal eine Picasso-Ausstellung in Paris darf sie alleine besuchen. Mit der Hochzeit ist sie nicht nur Teil des Lebens eines Künstlers geworden, sondern regelrecht eingetreten in das Jahrhundertphänomen Picasso.

Jacqueline Roque (l., 1926–1986) und Pablo Picasso (1881–1973) am 30. Oktober 1961 in Vallauris. Die südfranzösische Stadt veranstaltet anläßlich des 80. Geburtstags des Malers einen Stierkampf. Einer der Matadore ist Picassos Freund Luis Miguel Dominguín, dessen Frau, die Schauspielerin Lucia Bose (r.), den Kampf an der Seite des Jubilars beobachtet.

Das reife Genie Picasso gehört in den späten 50er Jahren ebenso zum französischen Jetset wie die soeben entdeckte junge Filmschauspielerin Brigitte Bardot, hier die beiden in ein Gespräch vertieft. Der Maler selbst ist Gegenstand und gelegentlich auch Hauptdarsteller mehrerer Filme: 1956 wird Henri-George Clouzots »Das Geheimnis Picasso« erstmals in Cannes aufgeführt. 1971 dreht Picasso gemeinsam mit Marlon Brando und Lucia Bose »Picasso intim«. 1996 entsteht der Film »Picasso« mit Anthony Hopkins in der Titelrolle, der die Beziehungen des Künstlers zu Frauen in den Vordergrund rückt. Im Verlauf seines langen und produktiven Lebens hat sich der Maler mit Dramen wie »Wie man Wünsche beim Schwanz packt« (1944) und »Die vier kleinen Mädchen« (1965) auch als Theaterautor versucht.

Die Malerin Françoise Gilot und Picasso Ende Oktober 1951 bei der Feier zum 70. Geburtstag des Künstlers. Zehn Jahre lang lebt das Paar zusammen. Françoise bringt die Kinder Claude und Paloma auf die Welt. Ende der 50er Jahre übernimmt nach und nach Picassos Modell Jacqueline Roque den Künstlerhaushalt in Vallauris, und Françoise Gilot muß sich zurückziehen. In der 1965 veröffentlichten Autobiographie »Leben mit Picasso«, deren Erscheinen der Maler vergeblich zu verhindern versucht, rechnet Françoise Gilot mit den erotischen Eskapaden ihres ehemaligen Lebensgefährten ab.

»Les Demoiselles d'Avignon« stehen am Beginn der Moderne. Picasso zeigt das Bild 1907 bei einer Gedächtnisausstellung für den im Jahr zuvor gestorbenen Maler Paul Cézanne. Gemeinsam mit seinem Freund George Braque entwickelt Picasso den »analytischen Kubismus«: Die Zergliederung der Form ohne Perspektive und Räumlichkeit. Während Künstler wie Wassily Kandinsky zu einer völligen Autonomie der Farbe finden, entwickelt Picasso eine Malerei zwischen Abstraktion und Gegenständlichkeit.

Transatlantische Liebe: Christine Kaufmann und Tony Curtis

Die 18jährige Schauspielerin und der 37jährige Filmstar heiraten am 9. Februar 1963 in Las Vegas. Die Ehe endet im Streit um die Kinder.

Begegnet sind sich Christine und Tony ein Jahr zuvor bei den Dreharbeiten zu »Taras Bulba«. Trotz ihrer Jugend kann die Braut bereits auf eine beachtliche Karriere zurückblicken. Von ihrer ehrgeizigen Mutter zu einer Karriere als Tänzerin bestimmt, ist sie schon 1952 im Alter von sieben Jahren Mitglied des Balletts der Bayerischen Staatsoper in München. Ein Jahr später für den Film entdeckt, spielt sie zunächst kleinere Rollen und wird als »Rosen-Resli« 1954 zum Kinderstar. Schon bald erhält sie auch Angebote aus dem Ausland. Mit 15 Jahren dreht sie 1961 mit »Stadt ohne Mitleid« ihren ersten Hollywood-Streifen. Ihr Filmpartner ist Kirk Douglas, der zwei Jahre später ihr Trauzeuge sein wird. Nach der Eheschließung zieht sie sich von der Filmarbeit zurück. Im Jahr 1964 kommt ihre Tochter Alexandra zur Welt, im Jahr 1966 die zweite Tochter Allegra.

Wie in »Die nackten Tatsachen« (1967) mit Sharon Tate spielt Tony Curtis meist den charmanten Schürzenjäger, der sich schließlich doch als ein handfester Kerl und anständiger Mensch erweist.

Während Christine Kaufmann sich in den nächsten Jahren ausschließlich um ihre Familie kümmert, dreht Tony Curtis eine Reihe von Filmkomödien. Für dieses Genre hat ihn der Regisseur Billy Wilder entdeckt, als er ihm 1959 neben Jack Lemmon und Marilyn Monroe die dritte Hauptrolle in »Manche mögen's heiß« gegeben hat. Bekannt geworden ist der von dem Regisseur Erwin Piscator ausgebildete Curtis jedoch in ernsten Rollen. Seit der Scheidung im Jahre 1968 streiten sich beide lange Zeit um das Sorgerecht für die Kinder. 1980 kehren sie zur Mutter zurück, der inzwischen ein erfolgreiches Comeback als Film- und Theaterschauspielerin gelungen ist.

Stolz präsentieren Christine Kaufmann (geb. 1945) und Tony Curtis (geb. 1926) ihre älteste Tochter Alexandra den Fotografen. Tony Curtis hat aus seiner ersten Ehe mit der Filmschauspielerin Janet Leigh bereits zwei Töchter: Kelly, die ihm, und Jamie Lee, die ihrer Mutter zugesprochen wird. Letztere tritt übrigens in die Fußstapfen ihrer Eltern: Ihr größter Erfolg ist die Kriminalkomödie »Ein Fisch namens Wanda« (1988).

Turbulent von Anfang an

Die Schauspielerkollegen Elizabeth Taylor und Richard Burton erklären Anfang 1964 in Toronto, daß sie heiraten wollen. Am 20. März geben sie sich das Jawort.

Elizabeth Taylor (geb. 1932) und Richard Burton (1925–1984) in »Wer hat Angst vor Virginia Woolf« von Mike Nichols. Die 1966 entstandene Verfilmung des gleichnamigen Dramas von Tennessee Williams schildert mit deutlichen Anklängen an das Privatleben der Hauptdarsteller einen von zerplatzten Illusionen und harten Drinks angefeuerten Ehekrieg. In der Öffentlichkeit (r.) tritt das schillernde Paar als elegantes und meist freundliches Starduo auf, das seinen Ruhm professionell vermarktet.

Zwischen der Absichtserklärung und der Eheschließung liegt ein knappes Vierteljahr. In dieser Zeit nimmt das öffentliche Interesse an der Beziehung zwischen Liz und Dick, wie beide in aller Welt – außer von guten Freunden – genannt werden, Züge von Hysterie an. Bei einem Theatergastspiel in Toronto im Januar kann nur massiver Polizeieinsatz die beiden Stars vor den neugierigen Menschenmassen schützen. Für die Trauung flüchten Elizabeth und Richard in eine Hotelsuite in Montreal.

Die öffentliche Neugier wird von zwei Faktoren angeheizt: Zum einen hat Elizabeth Taylor als bestbezahlte Schauspielerin aller Zeiten das Recht, Drehbücher zu ändern, Regisseure feuern zu lassen und damit absoluten Starstatus. Zum anderen ist Publikumsliebling Richard Burton bereits der fünfte Mann, dem sie ewige Treue schwört.

Die beiden extremen Persönlichkeiten treffen erstmals im Sommer 1962 bei den Dreharbeiten des Monumentalfilms »Cäsar und Cleopatra« aufeinander. Regisseur Joseph Mankiewicz erinnert sich später, sich »wie auf einem Vulkan« gefühlt zu haben. Elizabeth und Richard verlängern die Dramatik ihrer übergroßen Filmfiguren in die Wirklichkeit hinein. Jeder im Studio spürt die Vibrationen, und die Indizien für eine Affäre mehren sich. Nachdem sie sich vom Schlagersänger Eddie Fisher und er sich von der Schauspielerin Sibyl Williams hat scheiden lassen, beginnt die schlagzeilenumwitterte Ehe. Sie hält trotz fulminanter Kräche und lebensbedrohlicher Alkoholexzesse zehn Jahre. Sie können auch nach der Trennung nicht voneinander lassen und versuchen es 1975 erneut miteinander. Ein zweites Mal heiraten sie während einer Safari in Botswana, doch dauert es nur zehn Monate bis zur erneuten Scheidung.

Glynn Wolfe: Der Mann, der 27mal heiratet

Der »Bund fürs Leben« und einige kuriose Höchstleistungen aus der Welt der Einehe.

Seine erste Ehe schließt Glynn Wolfe 1927. Doch für die Zweisamkeit in guten und in schlechten Tagen, bis daß der Tod ihn scheidet, ist er nicht gemacht. Affären oder »wilden Ehen« wiederum steht sein Glaube im Wege: Der nicht wie ein typischer Frauenschwarm wirkende Mann aus der kalifornischen Stadt Blythe ist ein Baptistenpfarrer. So folgen der ersten Hochzeit weitere 26, wobei auch mit steigendem Alter Glynns die auserwählten Damen meist nicht älter als Mitte 20 sind. Er hält damit vermutlich noch lange den Rekord für die größte Zahl von Eheschließungen in Nationen, die nur die Einehe gestatten. Im Verlauf der Jahrzehnte haben Glynn und seine 25 Frauen – zwei heiratet er jeweils zweimal – nicht weniger als 41 Kindern das Leben geschenkt.

Glynn Wolfes weibliches Gegenstück kommt auch aus Amerika, bringt es aber auf nur 22 Eheschließungen. Linda Lou Essex aus dem US-Bundesstaat Indiana hat zwischen 1957 und 1991 15 ver-

Glynn Wolfe (1908–1991) am 5. Dezember 1964 mit seiner 17. Ehefrau (l.), am 8. Dezember 1960 mit Sophie (ganz o.), der 11., und am 21. Februar 1969 mit Gloria, der 19. seiner Gattinen.

schiedene Männer geheiratet und es sich nach den Scheidungen in einigen Fällen noch einmal anders überlegt: Vier Männer heiratete sie zweimal, einen sogar dreimal.

Auf 51 Trauungen kommen Ralph und Patsy Martin sowie Richard und Carole Roble – beide Paare heirateten einander so häufig! Andere wiederum trauen sich gar nicht, oder zumindest nicht so schnell: Das längste bekannt gewordene Verlöbnis erstreckt sich über einen Zeitraum von 67 Jahren. Als Adriana Martinez und Octavio Guillen im Sommer 1969 endlich den Gang zum Traualtar wagen, sind beide 82 Jahre alt.

Erfolg mit Flower-Power

»I Got You Babe« macht das Popduo Sonny and Cher 1965 über Nacht zu Stars.

Noch im gleichen Jahr plazieren Sonny Bono und Cher Sarkasian weitere vier Songs in den amerikanischen Hitparaden. Das seit 1964 verheiratete Paar schwimmt erfolgreich auf der aktuellen Flower-Power-Welle mit. Ihr Auftreten in verrückten Kostümen und die Lieder von Liebe, die sich in der kalten Welt der Erwachsenen und Etablierten zu bewähren hat, nutzen den Zeitgeist. Politischer Widerstand, wie er zur gleichen Zeit von Musikern wie Bob Dylan formuliert wird, ist Sonny und Cher allerdings fremd.

Zumindest Insidern ist das Paar verdächtig, weil es trotz der Hippie-Attitüde verheiratet ist und keine Drogen nimmt – nicht einmal bei Alkohol und Zigaretten werden die beiden ertappt. Anfang der 70er Jahre räumt Cher in einem Interview mit der Zeitschrift »Vogue« ein: »Wir sind so spießig, daß es einen geradezu krank macht.« Der Scheidung folgen schwierige Jahre vor allem für Cher, die spätestens 1988 beendet sind: In diesem Jahr erhält Cher den Oscar als beste Schauspielerin, und Sonny wird zum Bürgermeister von Palm Springs gewählt.

Cher (geb. 1946) und Sonny Bono (1935–1998) während der 60er Jahre als Gäste der Dick-Cavett-Show. Nach dem Niedergang seiner musikalischen Karriere wird das Paar selbst Gastgeber einer Show im amerikanischen Fernsehen. Die »Sonny and Cher Comedy Show« verzeichnet 1973 eine Zuschauerquote von bis zu 40 Prozent. 1974 werden Cher und Sonny geschieden. Während sie dem Showbusiness treu bleibt, geht er in die Gastronomie und macht politische Karriere.

Hochzeit gegen Widerstände

Beatrix und Claus von Amsberg heiraten 1966. Die niederländische Bevölkerung ist nach den Erfahrungen des Zweiten Weltkriegs zunächst gegen die Verbindung zwischen ihrer Kronprinzessin und einem Deutschen.

Schon als Königin Juliane der Niederlande im Juni 1965 die Verlobung ihrer 27jährigen Tochter Beatrix mit dem zehn Jahre älteren deutschen Diplomaten Claus von Amsberg bekanntgibt, lehnt ein Teil der zwölf Millionen Niederländer eine Heirat strikt ab. Nach der Besetzung durch das Deutsche Reich im Zweiten Weltkrieg mißtraut das kleine Volk dem großen Nachbarn. Zudem werfen sie Claus von Amsberg vor, während des Krieges als Flakhelfer und Panzerschütze gedient zu haben.

Die populäre, aber auch als eigensinnig geltende Kronprinzessin Beatrix denkt jedoch gar nicht daran, Claus von Amsberg aufzugeben.

Bei der Hochzeit von Beatrix und Claus von Amsberg, die am 10. März 1966 in Amsterdam gefeiert wird, zeigt die Bevölkerung ihre Mißbilligung deutlich: Statt 250 000 säumen nur 80 000 Zuschauer die Straßen Amsterdams. Von den 45 Amsterdamer Ratsherren erscheinen nur 21 zur standesamtlichen Trauung im Rathaus. Der Prinzgemahl wird mit dem holländischen Schimpfwort für die Deutschen belegt: »Mof«. Claus von Amsberg wird von seinen neuen Landsleuten erst als Mitglied des Königshauses akzeptiert, als er am 27. April 1967 Vater des ersten männlichen Thronfolgers im niederländischen Königshaus seit über 100 Jahren wird.

Auch nach den zum Teil schweren Ausschreitungen (l.) anläßlich seiner Hochzeit mit Beatrix (geb. 1938) muß sich Claus von Amsberg (geb. 1928) weitere Anfeindungen gefallen lassen. Dabei ist ihm keine Nähe zum Nationalsozialismus nachzuweisen. Er beeindruckt selbst israelische Gesprächspartner. In den 80er Jahren erkrankt der Prinzgemahl an schweren Depressionen. Beatrix, seit 1980 Königin, ermahnt ihre Landsleute mehrmals öffentlich, ihre Deutschenfeindlichkeit aufzugeben.

Es begann in Rom: Sophia Loren und Carlo Ponti

Bei ihrer Hochzeit am 9. April 1966 geben sich beide schon das zweite Jawort. Grund der Doppelung ist das italienische Scheidungsrecht.

Carlo Ponti ist ein erfolgreicher Filmproduzent, der schon so bedeutende Filme wie Roberto Rossellinis »Rom, offene Stadt« (1945) herausgebracht hat, als er im Jahr 1950 die erst 16jährige Sophia Scicolone kennenlernt. Schauplatz ist die Wahl zur »Miss Rom«, bei der Sophia den zweiten Platz belegt. Sie hat bisher als Fotomodell gearbeitet und schon ein paar kleine Filmrollen gespielt, unter anderem in dem Monumentalstreifen »Quo vadis« (1950).

Ponti verliebt sich in die junge Römerin, läßt sie Schauspielunterricht nehmen und kreiert mit ihr den Typ der temperamentvollen, manchmal etwas leichtfertigen jungen Frau aus dem Volk, die mit

Sophia Loren (geb. 1934) und Carlo Ponti (geb. 1913) zeigen auch in der Öffentlichkeit ihre Zuneigung. Für die Regenbogenpresse ist die Verbindung zwischen der schönen Schauspielerin, der die Männer in der ganzen Welt zu Füßen liegen, und dem kleinen, sehr viel älteren Filmproduzenten ein dankbares Thema.

Herz und Witz ihr Leben meistert. Ponti wählt auch ihren Künstlernamen Sophia Loren aus. »Stolz und Leidenschaft« (1956) mit Frank Sinatra und Cary Grant ist Sophia Lorens erste Hollywood-Produktion. Sie dreht fortan mit den international renommiertesten Regisseuren und Partnern, erhält alle bedeutenden Filmpreise, und 1966 leitet sie selbst die Jury der Filmfestspiele von Cannes.

Als Ponti und die Loren ihren ersten Versuch unternehmen, zu heiraten, ist er noch mit seiner Frau Giuliana verheiratet. Nach italienischem Recht kann er nicht geschieden werden. Deshalb lassen sich Sophia und Carlo am 17. September 1957 in der mexikanischen Stadt Juarez, vertreten durch Rechtsanwälte, ferntrauen. Die italienischen Behörden allerdings akzeptieren das nicht und annullieren die Ehe Ponti-Loren 1962. In Abwesenheit der beiden Angeklagten wird gegen Carlo Ponti und Sophia Loren in Rom ein Verfahren wegen Bigamie eröffnet. Daraufhin nehmen Ponti und seine erste Frau die französische Staatsbürgerschaft an und lassen sich nach französischem Recht scheiden. Auch Sophia Loren wird französische Staatsbürgerin und kann 1966 in Sèvres bei Paris nun endlich eine rechtskräftige Ehe mit Carlo Ponti eingehen. Die Heirat ist nicht das einzige juristische Problem, das das Paar zu bewältigen hat. In den 70er Jahren gerät Carlo Ponti wegen Devisenvergehen, Steuerhinterziehung und illegalen Kapitaltransfers ins Ausland ins Visier der italienischen Finanzbehörden. 1980 ergeht gegen Sophia Loren ein Urteil wegen Steuerhinterziehung: 30 Tage Gefängnis. Um wieder in ihrem Heimatland leben und arbeiten zu können, sitzt die Schauspielerin im Frühjahr 1982 unter großer Anteilnahme der Medien ihre Strafe im Frauengefängnis Caserta bei Neapel ab.

Am 19. Oktober 1957, einen Monat nach ihrer Ferntrauung in Mexiko, zeigen sich Sophia Loren und Carlo Ponti bei einem Zwischenstop auf dem Pariser Flughafen Orly der Presse.

Zu den vielen spektakulären Szenen in Robert Altmans Modesatire »Prêt-à-porter« (1995) gehört das Zusammentreffen von Sophia Loren und Marcello Mastroianni. Er verkörpert einen aus der Sowjetunion zurückgekehrten kommunistischen Emigranten, sie dessen Jugendliebe. Eine Neuauflage ihrer Beziehung glückt jedoch nicht: Während sie ihren früheren Liebhaber mit einem raffinierten Striptease verführen will, ist er schon auf dem Bett eingeschlafen. Mit Marcello Mastroianni verbinden Sophia Loren die einfache römische Herkunft und der parallel verlaufene Aufstieg zum Weltstar.

Blitzhochzeit auf der Flucht vor Fotografen

Brigitte Bardot und Gunter Sachs sind die schillerndsten Figuren des französischen Jet-Sets. Im Sommer 1966 heiraten sie überraschend im Rathaus von Las Vegas.

Natürlich kommt die Hochzeit für die internationale Boulevardpresse nicht ganz so unerwartet. Die vorausgegangenen zwei Wochen haben das Sexsymbol und der Playboy gemeinsam in einer oberbayerischen Jagdhütte verbracht. Dann reisen beide nach Amerika. In Los Angeles erzählt Sachs den Reportern, er habe für sich und Brigitte einen Bungalow im »Beverly Hills Hotel« gemietet. Das ist wahr, doch während die Medienmeute in Los Angeles auf der Lauer liegt, sind die Frischverliebten bereits in einem Lear-Jet des befreundeten US-Politikers Ted Kennedy unterwegs nach Las Vegas.

In der Nacht vom 13. auf den 14. Juli 1966 landen die Schauspielerin und der Industriellenerbe in der Spielerstadt, in der schnell verheiratet und ebenso schnell geschieden wird. Mit einer Flotte schwarzer Cadillacs fahren das Paar und eine Clique von Freunden zum Rathaus. »Ich war sehr ergriffen«, erinnert sich Brigitte Bardot in ihren Memoiren, »Gunter auch, wie trunken von Glück und Müdigkeit, wie in einem Traum. Unsere blasierten Nichtstuer, unsere Kumpel, die unsere Trauzeugen und wenigstens einmal ernst und gut gekleidet waren, hatten ebenfalls Herzklopfen.« Um halb zwei nachts schließen Brigitte und Gunter den Bund fürs Leben. Drei Jahre hält die Verbindung, in der es aber schon wenige Monate nach der Hochzeit zu kriseln beginnt.

Die französische Sexgöttin Brigitte Bardot (geb. 1934) und der begehrteste deutsche Playboy Gunter Sachs (geb. 1932) am 16. Juli 1966 auf dem Flughafen von Los Angeles. Das Paar ist auf dem Weg in die Flitterwochen auf Tahiti. Zwei Tage zuvor haben sie im Spielerparadies Las Vegas geheiratet.

Gunter Sachs und Mirja Larsson: Wenige Monate nach der Scheidung von Brigitte Bardot im Jahr 1969 heiratet Sachs das schwedische Fotomodell. Aus dieser Ehe gehen die Söhne Christian Gunnar und Claus Alexander hervor. Das Bild zeigt das Paar im Jahre 1971 nach der Geburt von Christian Gunnar. 1987 gründen Gunter und Mirja die Mirja-Sachs-Stiftung für Kinder in Not. Das Stiftungskapital von 1,5 Millionen Mark stammt aus dem Erlös von Gunters Fotoband »T«.

Der King formt sein Mädchen: Priscilla Beaulieu und Elvis Presley

Am 2. Mai 1967 bricht für die weiblichen Fans des Rock-Idols Elvis Presley eine Welt zusammen. Der König des Rock'n'Roll führt seine Braut in Las Vegas vor den Traualtar.

Die Traumhochzeit in Las Vegas ist die Krönung einer acht Jahre währenden Romanze. Sie beginnt 1959 in Deutschland, wo der Rock'n'Roll-Star seinen Militärdienst leistet. Priscilla Beaulieu, Tochter eines US-Luftwaffenhauptmanns, ist erst 14 Jahre alt, als sie dem berühmten Rock-Idol vorgestellt wird. Das Schulmädchen ist für den Star ein Geschöpf, das er zur Frau seiner Wünsche formen kann. Er holt Priscilla zu sich in seine Traumvilla »Graceland«, sorgt für ihre Schulausbildung, überhäuft sie mit Geschenken, sagt ihr, wie sie sich kleiden und sich benehmen soll. Auch wenn Elvis andere Geliebte hat, liebt Priscilla ihn hingebungsvoll. Sie hat nur den Wunsch, ihn zu heiraten.
Sie sieht aus wie eine Märchenprinzessin, als Elvis sie endlich vor den Traualtar führt. Er habe warten wollen, bis sie eine Frau geworden ist, sagt er zu der langen Wartezeit. Genau neun Monate später wird ihre Tochter Lisa Marie geboren. Doch schon nach fünf Jahren bricht Priscilla mit einem anderen Mann aus der einengenden Ehe mit Elvis aus, die 1973 geschieden wird.

Priscilla winkt Elvis in Frankfurt zum Abschied, als dieser am 2. Februar 1960 Deutschland verläßt. Für die junge Frau hat die Liebe zu einem Mann begonnen, der alles für sie wird: Liebhaber und Freund, Ehemann und Vater und Gestalter ihres Lebens. Elvis Presley (r.) winkt als GI aus einem Zug seinen Fans zu. Die großen Hits wie »Heartbreak Hotel«, »Hound Dog« oder »Love Me Tender« haben ihn schon zum Star gemacht. Ein Freund macht ihn in dem von Fans umlagerten Haus, das er in Bad Nauheim bewohnt, mit Priscilla Beaulieu bekannt.

Priscilla Beaulieu (geb. 1945) und Elvis Presley (1935 bis 1977) feiern 1967 eine Märchenhochzeit. Fünf Jahre später jedoch reicht Elvis Presley die Scheidungsklage ein. Priscilla hat ihn mit einem Karate-Trainer betrogen. Tief verletzt, soll Elvis sogar den Auftrag gegeben haben, seinen Rivalen zu töten. Nur Beruhigungsspritzen und später immer höhere Dosen von Tabletten und Drogen helfen ihm, die Trennung zu verwinden. Doch sein psychischer und gesundheitlicher Abstieg ist unaufhaltsam.

In drei Jahrzehnten nur 14 Tage getrennt

Linda Eastman und Paul McCartney: Am 12. März 1969 beginnt ihre glückliche Ehe.

Keiner der »Beatles« ist anwesend, als die amerikanische Fotografin und der Starmusiker vor den Traualtar treten. Die berühmteste Rock'n'Roll-Band der Welt ist in der Krise, und die Fans sehen vor allem die kreativen Köpfe der Gruppe schlechtem Einfluß von Frauen ausgesetzt: Während John Lennon mit Yoko Ono für den Frieden in Hotelbetten liegt, hat Paul McCartney nur noch Augen für die kühle Schöne aus dem großbürgerlichen Milieu der amerikanischen Ostküste. Deren Vater Lee Eastman ist ein erfolgreicher Anwalt, der von New York aus mit neuen Verträgen die »Beatles« wieder zusammenzuschweißen versucht. Ergebnis ist die Firma »Apple«-Records, unter deren Label aber nur noch die bereits begonnenen Alben »Abbey Road« und »Let It Be« erscheinen. Band und Unternehmen brechen 1970 zusammen, und die vier Mitglieder gehen ihre eigenen Wege.

Linda und Paul begegnen sich neun Monate vor ihrer Hochzeit im »Summer of love«, jenem magischen Sommer des Jahres 1968, als Sex, Drogen und Rock'n'Roll für wenige Wochen einen Zustand vollendeter Harmonie herzustellen scheinen. Linda ist nach Europa gekommen, um die »Beatles« und die »Rolling Stones« zu fotografieren. Paul findet Linda sofort »sehr attraktiv«, und als sie an seinem Tisch vorbeikommt, »hab ich irgendetwas Blödes gesagt, so in der Richtung ›Hallo, wie gehts? Sollen wir hier nicht einfach abhauen?‹«. Anschließend, so wird berichtet, hauen beide ab.

Ein Ehepaar zwischen der glamourösen Welt des internationalen Showgeschäfts und beschaulichem Familienglück: 1980 besuchen die McCartneys die Filmfestspiele in Cannes anläßlich der Uraufführung von »Seaside Woman«. Die Musik des Animationsstreifens stammt von Linda. Das untere Bild zeigt Linda und Paul mit dreien der insgesamt vier Kinder: Heather, Stella und Mary (v. l.).

Nach der Hochzeit wird aus dem wilden Leben in Bars und Nachtclubs ein Familienidyll, wie es in dieser Branche ungewöhnlicher nicht sein kann. Bis auf die 14 Tage und Nächte, die Paul wegen Drogenbesitzes in einem japanischen Gefängnis abgesessen hat, trennen sich die beiden nie – die Liebe verwandelt das Groupie in eine perfekte Hausfrau und Mutter, den Liebhaber von Steak und Whiskey in einen Vegetarier und Tierschützer. Wenn es sein muß, kaufen Linda und Paul auch sämtliche Hummer des Kaufhauses »Harrods«, um die Tiere im Meer auszusetzen. Erst eine Krebserkrankung, der Linda ein knappes Jahr vor dem 30. Hochzeitstag erliegt, reißt das außergewöhnliche Paar auseinander.

Linda Eastman (1942–1998) und Paul Mc-Cartney (geb. 1942) bei einem Konzert der »Wings« im Jahr 1979. Linda hat zwar nie ein Instrument zu spielen gelernt, aber um sie auch während der Konzerte um sich zu haben, überläßt ihr Paul bei den »Wings« offiziell die Keyboards. Während das Publikum Paul für seine alten Songschreiber-Qualitäten aus der »Beatles«-Ära feiert, machen sich der ehemalige Weggefährte John Lennon und mancher Kritiker über den »lahmen Schlagersänger« lustig.

»Unsere Kunst ist der Frieden«

Die Künstlerin Yoko Ono und der Popstar John Lennon heiraten am 20. März 1969 ganz in Weiß.

Sie trägt ein weißes Minikleid, einen weißen Hut mit breiter Krempe, er weißes Jackett mit weißer Hose, beide haben weiße Turnschuhe an den Füßen. Die dreiminütige Zeremonie, zu der sich Yoko und John kurzfristig während eines Urlaubs in Frankreich entschlossen haben, ist für ein Paar, das durch seine »Happenings« und »Events« bekannt ist, eher untypisch. Die Eheschließung findet in Gibraltar statt, dem britischen Territorium im Süden Spaniens. John erklärt, er hätte sich lieber vom Erzbischof von Canterbury trauen lassen, aber der verheirate Geschiedene nicht erneut. Und für den »Beatle« ist es ebensowenig die erste Ehe wie für seine Braut: John hat sich von seiner langjährigen Ehefrau Cynthia getrennt, und Yoko hat ihren zweiten Ehemann, den Galeristen und Filmproduzenten Tony Cox, verlassen.

Die kommende Flitterwoche verbringen Yoko und John im Bett – umringt von Fotografen und Kameraleuten. Mit einem sogenannten »Bed-In« propa-

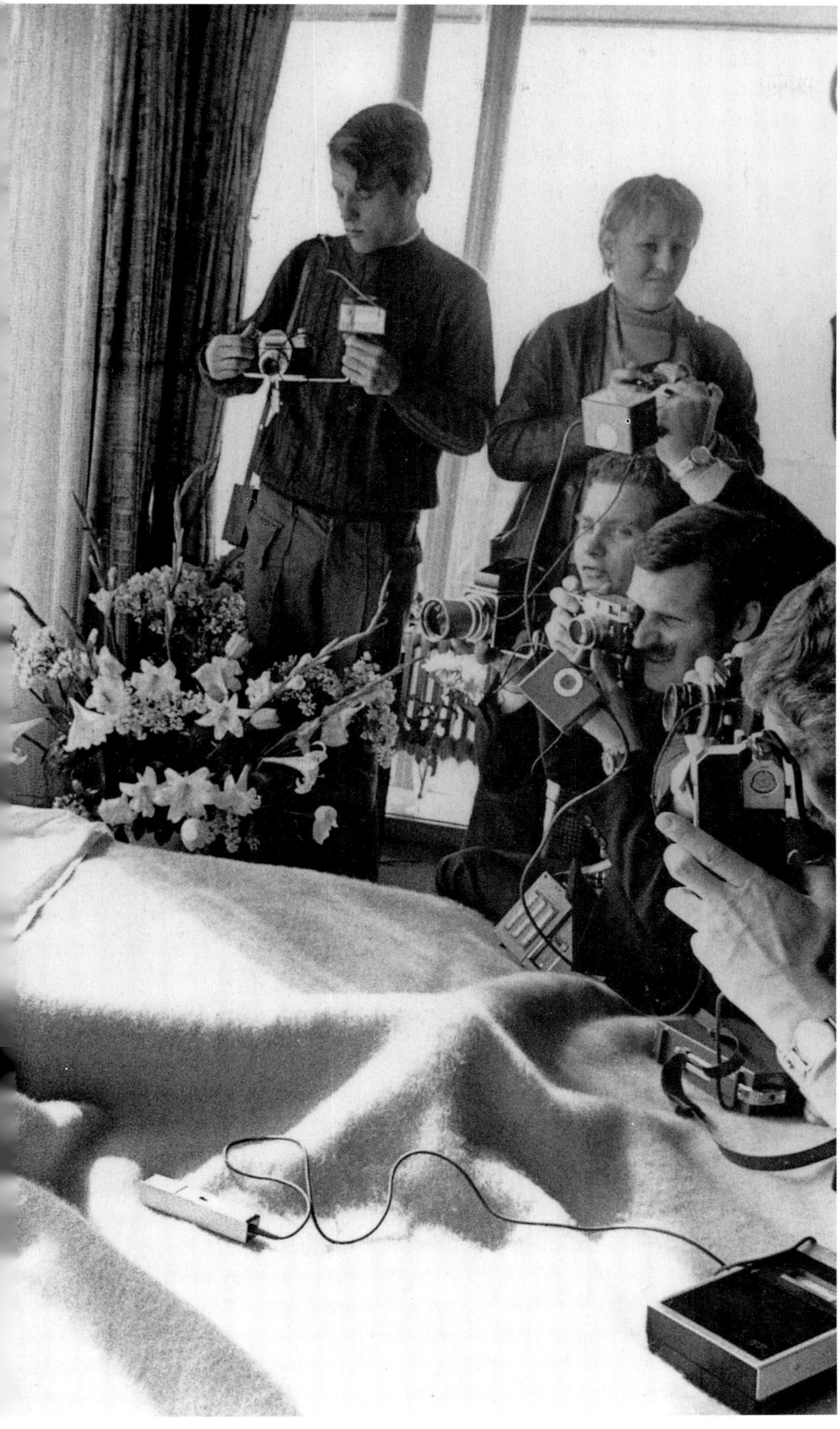

Yoko Ono (geb. 1933) und John Lennon (1940–1980) während ihres »Bed-Ins« in der Präsidentensuite des Hilton-Hotels in Amsterdam. Die friedensbewegte Aktion beginnt am 22. März 1969 und dauert eine Woche. John erklärt dazu: »Nur mal angenommen, wir hätten unsere Flitterwochen heimlich auf Capri verbringen wollen, wie Jackie Kennedy es getan hat. Die Presse wäre wild entschlossen gewesen, es herauszufinden. Also haben wir uns gedacht, wir könnten diese Publicity ebenso gut für etwas Konstruktives nutzen«.

giert das Paar die Ideen der Friedensbewegung. Zwischen 10 Uhr morgens und 10 Uhr abends werden in einstündigem Turnus Reporter vorgelassen, um die Botschaft des britischen Popstars und der japanischen Avantgardekünstlerin entgegenzunehmen. »Wir sind Künstler«, erklärt John, »der Frieden ist unsere Kunst. Wir haben die Chance, andere junge Menschen zu beeinflussen, und sie sind es, die morgen die Welt regieren werden«.

Der Friedensbewegung schenken John und Yokos »Plastic Ono Band« mit »Give Peace a Chance« noch im gleichen Jahr eine Hymne. 1971 siedelt das Paar nach New York über. Nach einigen Plattenveröffentlichungen sowie pazifistischen und feministischen Aktionen ziehen sich beide weitgehend ins Privatleben zurück. Der Mord an John durch einen verwirrten Fan im Jahre 1980 beendet ihr Zusammensein brutal. Das 150 Millionen Dollar schwere Erbe fällt Yoko zu.

»The Beatles« (oben) sind neben ihren Erzrivalen »The Rolling Stones« das entscheidende musikalische Sprachrohr der rebellischen Jugend in den 60er Jahren. John Lennon ist gemeinsam mit Paul McCartney für die meisten Kompositionen und Texte des Popquartetts verantwortlich. Die Idole suchen zwischen 1967 und 1970 ihrerseits nach geistiger Führung, die sie bei Maharishi Mahesh Yogi finden. Im Dezember 1967 nehmen George Harrison (r., l.) und Lennon (r.) mit dem indischen Guru an einer Gala der Kinderhilfsorganisation UNICEF teil.

Weltweite Trauer löst der gewaltsame Tod John Lennons am 8. Dezember 1980 aus (o.). Sein Mörder ist der offenbar geistig verwirrte Rockmusiker Mark David Chapman aus Honolulu. Er gesteht das Attentat sofort und wird zu lebenslänglicher Haft verurteilt. Aus der Ehe von Yoko und John ist der Sohn Sean (geb. 1975, l.) hervorgegangen. In der Fachpresse wird Yoko als die »meistgehaßte Frau der Rockgeschichte« gehandelt, denn unter den Fans der »Beatles« kursiert unumstößlich die Auffassung, sie habe John der Band entfremdet.

Erfolgs-Chanson im Duett: Jane Birkin und Serge Gainsbourg

Der Sommerhit des Jahres 1969 ist »Je t'aime« mit dem englisch-französischen Paar. Der eindeutig zweideutige Song löst weltweit Diskussionen aus.

Niemals zuvor ist Liebesspiel in der Unterhaltungsmusik so naturalistisch simuliert worden wie in Serge Gainsbourgs »Je t'aime«. Der französische Schlagertexter und Komponist haucht und stöhnt zusammen mit seiner Lebensgefährtin, der britischen Sängerin und Schauspielerin Jane Birkin, zu wummernder Elektroorgel und wimmernden Streichern. Der Verkaufserfolg läßt nicht auf sich warten, und innerhalb kurzer Frist sind rund 1,2 Millionen Singles des brisanten Duetts verkauft. Mit dem Erfolg kommt jedoch auch der Skandal, denn in den Medien wird erregt die Frage diskutiert, ob »Je t'aime« moralisch noch verantwortbar sei.
Ein Autor einer italienischen Tageszeitung vernimmt gar »so viele Seufzer und Grunzer, wie eine ganze Elefantenherde beim Kopulieren« ausstoße.

Die Debatte hat Wirkung: Radiostationen in Großbritannien, Spanien, Portugal, Italien, Schweden und Brasilien nehmen den Song aus ihren Programmen, und die Produktionsfirma Philips stellt die Pressung der Platten ein. Dies ist nicht das erste Mal, daß »Je t'aime« gestoppt wird. Bereits 1967 hat Gainsbourg das Werk mit Brigitte Bardot aufgenommen. Doch deren damaliger Ehemann Gunter Sachs hat protestiert und im letzten Moment die Auslieferung der bereits fertigen Schallplatten verhindern können. Für Gainsbourg, der auch Hits für France Gall, Jeanne Moreau und Juliette Gréco geschrieben hat, ist »Je t'aime« der Höhepunkt einer erfolgreichen Karriere im Chansongeschäft. Jane Birkin faßt erst nach der Trennung von Gainsbourg wieder Tritt als Schauspielerin und feiert in den 80er Jahren mit Filmen wie »Exzesse« von Herbert Vesely oder »Die Zeit mit Julien« von Agnes Varda nicht nur ein Comeback, sondern findet neue Aufgaben im Charakterfach.

Jane Birkin (geb. 1946) und Serge Gainsbourg (1928–1991) Anfang der 70er Jahre am Strand von Cannes und in den 80er Jahren bei einer Party (kleines Foto). Die Liebesbeziehung hält 13 Jahre bis 1980, die gemeinsame Arbeit wird jedoch darüber hinaus fortgesetzt. In Frankreich hat Jane Birkin weiterhin großen Erfolg mit Gainsbourg-Chansonprogrammen.

Tragisches Ende einer großen Liebe

Sharon Tate und Roman Polanski sind das Vorzeigepaar der Flower-Power-Bewegung. Am 8. August 1969 endet ihr Glück in einem Blutbad.

An diesem Abend ist die hochschwangere Sharon Tate allein zu Hause in der gemeinsamen Villa und lädt sich für den Abend ein paar Freunde ein. Am Morgen des nächsten Tages werden die schrecklich zugerichteten Leichen Sharon Tates und vier ihrer Gäste gefunden. Der mit 16 Messerstichen regelrecht hingemetzelte Körper der Schauspielerin ist in eine US-Flagge gewickelt. Mit dem Blut der Getöteten haben die Mörder das Wort »pig« (»Schwein«) an die Wand geschmiert.

Die Täter werden bald gefaßt: Es handelt sich um den 34jährigen Charles Manson und vier Mitglieder seiner sektenartigen »Family«, die schon ähnliche Ritualmorde auf dem Gewissen haben. Sie treibt der grenzenlose Haß auf das sogenannte »Establishment«, die etablierte Gesellschaft, zu der sie offensichtlich auch Sharon Tate gezählt haben. Alle fünf Täter werden 1971 zum Tode verurteilt. Später wird das Urteil in lebenslange Haft umgewandelt.

Mit der Tat ist eines der zärtlichsten und vielversprechendsten Künstlerpaare Hollywoods zerstört. Die Beziehung beginnt mit einem Besetzungsproblem: Die Produktionsfirma, die die Horrorfilmparodie »Tanz der Vampire« herstellt, hat Sharon Tate gegenüber vertragliche Verpflichtungen und will sie unbedingt einsetzen. Polanski ist ihre Erscheinung zunächst zu amerikanisch für ein Genre, das in den Karpaten angesiedelt ist. Trotzdem treffen sie sich ein erstes Mal zu einem gemeinsamen LSD-Trip in Polanskis Appartement, und Roman verliebt sich in sie.

Sharon Tate (1943–1969) und Roman Polanski (geb. 1933) in »Tanz der Vampire« (1966, großes Bild), bei der Hochzeit am 20. Januar 1968 in London (r.). Daneben Tate-Mörder Charles Manson.

Sharon kann sowohl die neu aufkommenden Miniröcke so aufregend tragen wie keine andere Frau als auch einen Virginia-Schinken zubereiten, wie er sonst nur noch ihrer Mutter gelingt. Mit Sharon lernt er ihr Amerika kennen, den wild-romantischen Südwesten der USA mit seinen Wüsten und Canyons. Und »da war die Gutartigkeit ihres Wesens, die unerschütterlich schien, da war ihre natürliche Lebenslust, da war ihre Liebe zu Mensch und Tier«, erinnert sich Roman schmerzvoll in seiner Autobiographie. Selbst seine aus der Kindheit rührenden Bindungsängste fegt Romans wahr gewordener Traum einer Frau hinweg, und er läßt sich zur Heirat überreden. Doch an jenem 8. August wird ein Alptraum Realität, der schlimmer ist als Horrorvisionen wie »Ekel« oder »Rosemarys Baby«, mit denen Polanski sein Publikum schockiert hat.

1970–1979

Sportler geraten immer stärker in das Blickfeld der Medien. Nicht nur die Leistungen auf dem Spielfeld oder auf der Rennbahn haben ihren Nachrichtenwert, sondern auch das Privatleben – sei es, daß der gemeinsame Sport zwei Menschen zueinanderführt oder der Partner am Rande des Ereignisses Leid und Freud teilt.

Ein bitterer Sieg: Nina Lincoln und Jochen Rindt

Beim Training zum Großen Preis von Italien kommt der österreichische Rennfahrer am 5. September 1970 ums Leben.

Jochen Rindt ist am Vortag des italienischen Grand Prix mit ungefähr 240 Stundenkilometer auf der Rennstrecke von Monza unterwegs, als sein Lotus 72 die Leitplanke streift. Die Ursache kann nie genau ermittelt werden, doch wird vermutet, daß zuvor das rechte Vorderrad abgerissen ist. Der Wagen überschlägt sich wiederholt und wird in mehrere Teile zerfetzt. Als die Trümmer schließlich zum Stillstand kommen, sitzt Rindt noch immer angegurtet im Cockpit, aus dem seine Beine herausragen. Die sofort herbeigeeilten Helfer bergen den Fahrer und bringen ihn in ein Krankenhaus, wo die Ärzte jedoch nur noch den Tod des 28jährigen feststellen können. Sie diagnostizieren einen Riß der Luftröhre und eine Quetschung des Brustkorbs.

Dieser Unfall bedeutet das brutale Ende einer unglaublichen Rennfahrerkarriere: Alleine in der laufenden Weltmeisterschaft hat Jochen Rindt Siege bei den Großen Preisen von England, Frankreich, Deutschland, den Niederlanden und Monaco erringen können. Zugleich ist eines der attraktivsten und harmonischsten Paare der Formel-1-Szene auseinandergerissen worden: 1963 lernen sich Nina Lincoln, Tochter eines in Schweden lebenden finnisch-russischen Elternpaares, und der in Österreich aufgewachsene Jochen Rindt kennen. Allerdings kommen sie sich weder auf der Piste noch beim Après-Ski im Wintersportort Zürs wirklich näher. Der Jochen mit der lustigen Nase, so urteilt Nina, »ist nur ein Kamerad fürs Skifahren«. Dennoch entsteht ein lockerer Kontakt, der zunächst darin gipfelt, daß Jochen seiner Nina einen Verlobungsring schickt. Sogar ihren Berufswunsch Stewardess läßt sie sich von ihm ausreden und beginnt statt dessen eine vielversprechende Karriere als Fotomodell. Aber dann hören sie zwei Jahre nichts voneinander. Als sie sich 1966 bei den 12 Stunden von Sebring in Florida wiedertreffen, findet Nina ihren Jochen gewandelt vor: Aus dem besessenen jungen Mann ist eine souveräne Sportlerpersönlichkeit geworden.

Ninas Vater ist selbst Rennfahrer gewesen und hat seinen Kindern verboten, Autorennen zu fahren. Aber er kann nicht verhindern, daß seine Tochter Nina eine Rennfahrerbraut wird: Am 5. März 1967 heiraten das Model und der Motorsportler.

Nina und Jochen Rindt (1942 bis 1970) in gewohnter Siegerpose. Mit seinem neuen Lotus (r.) ist er über seinen Tod hinaus unschlagbar: Zum Zeitpunkt seines Unfalls im September hat er bereits einen so hohen Punktevorsprung, daß ihn bis zum Ende der Saison keiner der Konkurrenten mehr einholen kann. Am 17. November nimmt Nina Rindt die Weltmeistertrophäe des Jahres 1970 entgegen.

Das Fest von St. Tropez: Bianca Morena und Mick Jagger

Das Model und der Rockstar heiraten am 12. Mai 1971 im Blitzlichtgewitter der Weltpresse.

Zum Zeitpunkt der Trauung schließt sich der Bräutigam in ein Zimmer des Rathauses ein. Der Bandleader der »Rolling Stones« ist wütend, denn draußen in der Pressemeute finden sich auch einige Journalisten, die er zu seinen persönlichen Feinden zählt. Nach einigen Handgreiflichkeiten nimmt der Bürgermeister von St. Tropez Bianca Morena (geb. 1944) und Mick Jagger (geb. 1942) endlich das Jawort ab. Die kirchliche Trauung soll in der kleinen Kapelle Ste. Anne in den Hügeln über dem mondänen Badeort stattfinden. Der Priester verrammelt angesichts der einfallenden Reporter, Fans und Rockstars erst einmal seine Kirche. Wieder tobt Mick, der brüllend und heftig gegen das Portal polternd Einlaß begehrt. Die anschließende Party in einem ehemaligen Theater von St. Tropez wird ein rau-

Jagger mit seiner langjährigen Freundin Marianne Faithfull. Das Paar ist der Inbegriff der »Swinging Sixties« in London.

schendes Fest, das Bianca irgendwann alleine verläßt. Später erklärt sie einmal, daß ihre Ehe mit Mick im Grunde am Hochzeitstag geendet habe. Mick selbst aber spricht noch Jahre später zumindest über das erste Jahr mit Bianca nicht ohne Wehmut.

Nachdem die zeitweise gleichzeitig geführten Beziehungen zu den Sängerinnen Marianne Faithfull und Marsha Hunt endgültig zerbrochen sind, macht ein gemeinsamer Freund Bianca und Mick in Paris bekannt. Tony Sanchez, dessen Aufgabe es ist, Jagger und die »Rolling Stones« vor Rauschgiftrazzien der Polizei zu schützen, faßt die Gemeinsamkeiten zusammen: »Mick gab das Grinsen zum besten, bei dem sich sein Gesicht in zwei Hälften spaltet wie eine zerteilte Kokosnuß. Sie lachte auch, und plötzlich wurde es mir klar: Sie waren Zwillinge. Sie sah aus wie er, dachte wie er, und wenn er mit ihr schlief, kam er seinem Ideal am nächsten: Sex mit sich selbst.«

Aber da Mick niemals ans Aufhören denkt und weiterhin das schrille Leben eines Rockstars kultiviert, scheitert auch diese Beziehung ebenso wie zunächst die zu Jerry Hall, mit der der Rock-Rebell zwischen den Welttourneen der »Rolling Stones« eine weitgehend unspektakuläre Ehe führt.

Der Rockstar mit dem Topmodel Jerry Hall. Nach heißen Affären und einigen Trennungen heiraten sie 1990 nach hinduistischem Ritus auf Bali.

Glück im zweiten Anlauf: Natalie Wood und Robert Wagner

1972 versuchen es die beiden Hollywoodstars ein zweites Mal miteinander.

Bei ihrer ersten Heirat im Jahr 1957 sind Robert Wagner und Natalie Wood trotz ihrer Jugend schon anerkannte Schauspieler. Robert Wagner, Sohn eines deutschstämmigen Stahlmagnaten, setzt seinen Berufswunsch gegen alle Widerstände durch. Nach ersten kleinen Rollen erhält er 1950 einen ersten Vertrag mit der 20th Century Fox. Einen großen Erfolg feiert Robert Wagner dann im Jahre 1954 in »Die gebrochene Lanze« an der Seite von Spencer Tracy, der ihn persönlich für die Rolle vorgeschlagen hat.

Ein Jahr später gelingt auch Natalie Wood, bisher nur bekannt als Kinderstar, der Durchbruch. Neben James Dean spielt sie in »Denn sie wissen nicht, was sie tun« die weibliche Hauptrolle.

Da Natalie Wood und Robert Wagner beide auch nach ihrer Eheschließung weiter an ihren Karrieren arbeiten, kommt es durch das häufige Getrenntsein bald zu Spannungen. Als Natalie Wood 1961 bei den Dreharbeiten zu »Fieber im Blut« eine Affäre mit ihrem Kollegen Warren Beatty beginnt, reicht Robert Wagner die Scheidung ein. Er heiratet 1962 die Schauspielerin Marion Marshall, läßt sich im Jahr 1971 aber wieder scheiden, um 1972 erneut Natalie Wood zu heiraten. Diese löst ihre 1969 geschlossene Ehe mit dem britischen Regisseur und Produzenten Richard Gregson, um wieder mit Robert Wagner zusammen zu sein.

1976 brillieren Natalie Wood (1938–1981) und Robert Wagner (geb. 1930) in »Die Katze auf dem heißen Blechdach« als das unglückliche Paar Maggie und Brick. Nach großen Kinoerfolgen spielen beide seit den 70er Jahren zunehmend auch in Fernsehproduktionen.

Ihre privat und beruflich so harmonische zweite Ehe wird am 29. November 1981 auf tragische Weise beendet: Natalie wird am Morgen nach einem Künstlerfest an der kalifornischen Küste leblos im Wasser treibend aufgefunden. Man vermutet, daß sie bei dem Versuch, in alkoholisiertem Zustand an Land zu rudern, ertrunken ist. Nach dem Tod seiner Frau kann Robert Wagner das Leben in ihrem gemeinsamen Haus in Beverly Hills nicht mehr ertragen und zieht mit den drei Kindern in einen ruhigeren Vorort von Los Angeles. 1990 heiratet er seine Kollegin Jill St. John, die sich gleich nach dem schrecklichen Tod ihrer Freundin Natalie Wood um den Witwer und die Kinder gekümmert hat.

Als weibliche Hauptdarstellerin in Filmen, die sich mit Jugendproblemen auseinandersetzen, ist Natalie Wood eine Identifikationsfigur für ihre Generation. Robert Wagner ist der Held etlicher Western- und Kriegsfilme.

Der diskrete Charme einer englischen Prinzessin: Anne und Mark Phillips

Am 14. November 1973 findet wieder eine viel beachtete Hochzeit im britischen Herrscherhaus statt. Zum zweiten Mal heiratet ein Bürgerlicher in die Königsfamilie ein.

Was Braut und Bräutigam miteinander verbindet, ist die Liebe zum eher schlichten Landleben abseits der höfischen Repräsentationspflichten. Die Zuneigung der Prinzessin gilt nicht nur ihrem Offizier, sondern auch den Pferden. Anne gehört ebenso wie Mark zu den besten Reitern Großbritanniens, und so ist es kein Zufall, daß sich die Tochter der Queen und der Dragoner beim Pferdesport begegnen. Beide gehören zur überaus erfolgreichen Olympia-Auswahl Englands im Military-Reiten.

Dem Wunsch nach Bescheidenheit steht allerdings das traditionelle Zeremoniell entgegen, das jedes Brautpaar im Hause Windsor zu bewältigen hat. Vor rund 1500 Gästen, darunter Kronprinzessin Beatrix und Prinz Claus der Niederlande, der spanische Thronanwärter Juan Carlos mit seiner Gemahlin Sophia sowie Fürst Rainier und Gracia Patricia von Monaco, geben sich in der Londoner Westminster Abbey Prinzessin Anne und Mark Phillips das Jawort. Die Straßen Londons säumen 45 000 Menschen, die dem jungen Paar zujubeln. Manche haben die Nacht sogar im Freien zugebracht, um sich einen guten Platz zu sichern. Millionen sind am Bildschirm dabei.

Am 20. November 1972 versammelt sich die königliche Familie anläßlich der Silberhochzeit von Königin Elizabeth II. und Prinz Philip mit ihren Kindern. Die Familienidylle läßt von den in den 80er und 90er Jahren hereinbrechenden Schlammschlachten, die die Presse um die Ehen der Söhne Charles und Andrew betreibt, noch nichts ahnen.

Im Gegensatz zu ihrer Tante Margaret, deren bürgerlicher Ehemann Anthony Armstrong-Jones nach der Hochzeit von seiner Schwägerin Elizabeth II. zum Earl of Snowdon erhoben worden ist, lehnt Anne (geb. 1950) einen Adelstitel für ihren Mann ab. Ebenso wie Mark Phillips (geb. 1949) wehrt sie sich auch dagegen, daß ihr Sohn und ihre Tochter aus dieser Ehe einen Adelstitel erhalten. Die bescheidene und zurückhaltende Art der Prinzessin bringt ihr in Großbritannien viele Sympathien ein. Im Gegensatz zu ihren Brüdern Charles und Andrew ist Anne nie in den Schlagzeilen zu finden. Ihre Scheidung wird mit nobler Diskretion abgewickelt.

Agnetha und Björn, Benny und Anni-Frid: Weltruhm mit vier Buchstaben

Zwei Musikerpaare aus Schweden erklimmen 1974 die Gipfel des Erfolgs. Aus den Anfangsbuchstaben ihrer Vornamen wird der Name eines Pop-Phänomens der 70er Jahre.

Björn Ulvaeus (geb. 1945), Agnetha Fältskog (geb. 1950), Anni-Frid Lyngstad (geb. 1945) und Benny Andersson (geb. 1946, linkes Bild, v.l.) treffen mit »Abba« genau den Pop-Geschmack der 70er Jahre. Die Erfolgswelle der beiden Ehepaare verdankt sich eingängigen Melodien und Texten, einem raffinierten, dennoch leichten Sound und dem sympathischen Image der attraktiven Schweden. Die Auftritte der Gruppe (r.), die 1977 erstmals auf Welttournee geht, sind Erfolge der Superlative, auch wenn sich der ausgeklügelte Studiosound auf der Bühne nur schwer reproduzieren läßt.

Nach dem Sieg der bis dahin außerhalb ihrer Heimat völlig unbekannten Band beim Grand Prix d'Eurovision de la Chanson erklimmt eine »Abba«-Single nach der anderen die internationalen Top Ten. Ohrwürmer wie »SOS«, »Dancing Queen«, »Take A Chance On Me« oder »Money Money Money« machen das Quartett in rasendem Tempo zur erfolgreichsten Musikgruppe seit den »Beatles«. Bis 1982 werden weltweit 180 Millionen Tonträger verkauft.

Björn Ulvaeus und Benny Andersson sind in der schwedischen Musikbranche keine Anfänger mehr, als sie sich mit ihren beiden Partnerinnen auch musikalisch zusammentun. Agnetha und Anni-Frid haben ebenfalls schon Solokarrieren begonnen, bevor sie 1970 auf dem ersten gemeinsamen Album von Björn und Benny als Backgroundsängerinnen dabei sind. Zusammen tingeln sie ab 1970 durch die Göteborger Clubs, bis der Musikmanager Stig Anderson sie in sein Studio holt. 1972 ist dann der »Abba«-Sound perfekt, und die Gruppe kommt mit ihrer ersten Platte »People Need Love« auf den Markt. »Waterloo« bringt ihnen Weltruhm.

Der ungeheuren Erfolg schweißt das Quartett nicht nur geschäftlich weiter zusammen. Sowohl Agnetha und Björn als auch Benny und Anni-Frid heiraten. Für einige Jahre sind die Musik und die Shows von »Abba« von vollendeter Harmonie geprägt, wie sie nur durch echte Liebe und Zuneigung erreicht werden kann – die Fans spüren das. Als die Harmonie in den Ehen schwindet, wendet sich auch das Publikum ab.1978 lassen sich Björn und Agnetha, 1981 Benny und Anni-Frid scheiden. Kurz darauf wird die Auflösung von »Abba« bekanntgegeben.

Im Siegesjubel vereint: Chris Evert und Jimmy Connors

Das Traumpaar des US-Tennis feiert 1974 auf dem »Heiligen Rasen« von Wimbledon einen Doppeltriumph. Chris Evert gewinnt den Titel im Dameneinzel, Jimmy Connors den der Herren.

Vierzehn Jahre nach der Lösung ihrer Verlobung mit Jimmy Connors und nach einer Ehe mit dem britischen Tennisspieler John Lloyd heiratet Chris Evert 1988 den amerikanischen Skisportler Andy Mill. Ein Jahr später beendet die 35jährige nach 19 Jahren Profitennis ihre aktive Sportlerlaufbahn.

Die kühle blonde 19jährige aus Fort Lauderdale und der stürmische 21jährige Tennis-Querulant aus Illinois sind erst seit wenigen Monaten verlobt, als sie im Sommer 1974 zu den Tennismeisterschaften in Wimbledon antreten. Nach ihrem Doppelsieg in den Einzelkonkurrenzen der Damen und Herren gelten sie als das Tennisliebespaar Nummer eins. Vor allem erscheinen die beiden Champions als Beleg für die Richtigkeit der Lebensweisheit »Gegensätze ziehen sich an«. Hier trifft eine besonnene und kühl berechnende Frau auf einen spontan reagierenden, leicht aufbrausenden Mann.

Christine Marie Evert ist 1974 unter die Jungstars des Tennis aufgestiegen. Es wird für sie ein Jahr der Triumphe. Nach ihrem Sieg in Wimbledon steht sie erstmals an der Spitze der Weltrangliste, an der sie sich bis 1977 durchgehend hält. Während ihr routiniertes Spiel die Zuschauer häufig kalt läßt, trifft das Gegenteil für ihren Verlobten James Scott Connors, genannt »Jimbo«, zu. Der dynamische Linkshänder mit dem braven Pagenkopf ist nicht nur ein temperamentvoller Spieler, sondern auch ein unausstehlicher Streithahn auf dem Tennisplatz. 1974 wird für ihn zum ersten Erfolgsjahr. In seinem ersten Einzelfinale auf dem »Heiligen Rasen« in Wimbledon siegt er überlegen gegen den 18 Jahre älteren Australier Ken Rosewall.
24 Stunden vor Connors steht seine Verlobte Chris Evert im Wimbledon-Finale gegen Olga Morozowa.

Was der Beziehung zunächst Feuer und Abwechslung verleiht, zerstört sie aber auch langfristig: Die unterschiedlichen Charaktere trennen sich bereits darauffolgenden Dezember wieder.

Jeder von ihnen erhält die begehrte Wimbledon-Trophäe: Chris Evert (geb. 1954) und Jimmy Connors (geb. 1952) bei der Siegerehrung 1974.

In Wimbledon feiern sie 1974 noch verliebt ihren Triumph, doch wenige Monate später ist das private Glück schon wieder beendet. Jimmy Connors heiratet vier Jahre später Patty McGuire, ein ehemaliges »Playmate des Jahres« aus dem Magazin Playboy. 1983 wird diese Ehe, aus der ein Sohn hervorgeht, wieder geschieden.

Familienleben im Banne der Weltpolitik

Bei seinem Rücktritt am 8. August 1974 kann der US-Präsident Richard Nixon auf seine Frau Patricia zählen.

Wie die meisten Ehefrauen amerikanischer Politiker muß Patricia Nixon, ständig mit im Lichte der Öffentlichkeit stehend, ebenso ehrgeizig sein wie ihr Mann. Das erste große Ziel ist erreicht, als der erst 40jährige Jurist Richard Nixon 1953 unter Präsident Dwight D. Eisenhower Vizepräsident der Vereinigten Staaten wird. Als bei den Vorentscheidungen für die Präsidentschaftswahlen des Jahres 1960 Nixons aussichtsreichster innerparteilicher Konkurrent Nelson A. Rockefeller, Gouverneur des Bundesstaates New York, auf eine Kandidatur verzichtet, kommt für die Nixons die Stunde der Bewährung.

Die Familie kehrt von einer politischen Rundreise zurück. Schon in seiner Amtszeit als Vizepräsident unter Dwight D. Eisenhower absolviert Richard Nixon alle offiziellen Termine zusammen mit seiner Frau Patricia. Auf publicityträchtige Touren durch die US-Bundesstaaten werden auch die Töchter Julie und Tricia mitgenommen. Diesem Beispiel folgen auch die meisten Nachfolger Nixons.

In ihrem besonders volksnah inszenierten Präsidentschaftswahlkampf absolvieren sie die Redetermine, von denen es mehrere täglich gibt, grundsätzlich gemeinsam. Doch die Nixons haben nicht mit dem demokratischen Konkurrenten John F. Kennedy und dessen attraktiver Frau Jackie gerechnet. Gegen das strahlende junge Paar haben die Nixons keine Chance. Am 8. November 1960 wird Kennedy mit knapper Mehrheit zum US-Präsidenten gewählt.

Erst am 20. Januar 1969 zieht Nixon ins Weiße Haus ein. Doch die wahre Bewährungsprobe steht dem Paar noch bevor: Als Nixon im Jahr 1973 in den Sog der »Watergate-Affäre« um einen Einbruch in die Wahlkampfzentrale der Demokratischen Partei gerät, kann er sich felsenfest auf den Beistand seiner Frau verlassen. In diesem größten innenpolitischen Skandal der US-Geschichte leugnet er zunächst jegliche Mitwisserschaft. Erst nachdem schon einige seiner Mitarbeiter als Mittäter verurteilt sind, wird die großangelegte Verdunkelungskampagne bekannt, die der Präsident höchstselbst angeordnet hat. Um einem Ende Juli 1974 vom Rechtsausschuß des Repräsentantenhauses eingeleiteten Amtsenthebungsverfahren zuvorzukommen, verkündet Richard Nixon als erster Präsident in der Geschichte der USA seinen Rücktritt. In einer landesweit übertragenen Rede bekräftigt er, daß er, auch von Frau und Familie einmütig dazu gedrängt, bereit gewesen sei, das Verfahren durchzustehen. Das Interesse der Nation rangiere jedoch vor dem seinen. »Watergate« wird ein Synoym unehrlicher Politik.

Am 20. Januar 1969 legt Richard Nixon (1913–1994) den Amtseid ab. Die Bibeln, auf die er schwört, hält Ehefrau Patricia (geb. 1912). Bei der Präsidentenwahl vom 5. November 1968 hat Nixon im Kampf gegen seinen schärfsten Konkurrenten, den Demokraten und bisherigen Vizepräsidenten Hubert H. Humphrey, 43,4% der Stimmen auf sich vereinigen können. Nixons wichtigstes Wahlkampfversprechen ist die Beendigung des verhängnisvollen Krieges in Vietnam. Der bewundernde Blick zum Präsidentengatten gehört für deren Ehefrauen bei öffentlichen Auftritten zur Pflicht.

Präsident Nixon, der in seinem Wahlkampf versprochen hat, sich besonders um den Frieden zu bemühen, kann auf diesem Gebiet tatsächlich erhebliche Erfolge aufweisen. Erster Höhepunkt ist seine Reise in die bisher zusammen mit der Sowjetunion als Erzfeind der USA angesehene Volksrepublik China. Am 21. Februar 1972 werden das Ehepaar Nixon und US-Außenminister Henry Kissinger auf dem Pekinger Flughafen von Ministerpräsident Chou En-lai empfangen. Höhepunkt dieser ersten Reise eines amerikanischen Präsidenten in die Volksrepublik China ist seine Begegnung mit dem greisen Staats- und Parteichef Mao Tse-tung.

Mit seinen 1972 absolvierten Besuchen in China und der UdSSR, zwei Meilensteinen der Entspannungspolitik, und der Beendigung des amerikanischen Militäreinsatzes in Vietnam (1973) betreibt Nixon eine äußerst erfolgreiche Außenpolitik. Trotzdem treibt ihn sein Ehrgeiz in die »Watergate-Affäre«, die ihn schließlich das Amt kostet. Nach seiner Rücktrittsrede geleiten der bisherige Vizepräsident und neue US-Präsident Gerald Ford und seine Frau Betty (l.) das Ehepaar Nixon zu einem vor dem Weißen Haus wartenden Hubschrauber. Fortan führen die Nixons ein weitgehend zurückgezogenes Leben.

Das Leben ist wie ein Cabaret

Liza Minelli und Peter Allen: Während der Ruhm der Schauspielerin wächst, zerbricht 1974 ihre erste Ehe.

Peter Allen, der Ehemann Liza Minellis, hat in den letzten Jahren immer stärker unter der wachsenden Popularität seiner Frau und der Prominenz seiner Schwiegermutter Judy Garland gelitten. Seit der Hochzeit 1967 führt er eine Existenz als Mann an der Seite eines Stars. Was für Liza und ihre Familie gute Freunde sind, stellt sich für Peter als vergreister Filmadel dar. Die ständigen Partys mit James Stewart, Cary Grant und Gregory Peck langweilen ihn: »Geistige Stimulierung gibts bei denen nicht mehr, und ihr Hirn hat sich in eine weiche Birne verwandelt.« In einem Interview klagt er darüber, daß er erst Termine ausmachen müsse, um seine Frau zu sehen. Im April 1970 verständigen sich Liza und Peter darauf, getrennt zu leben.

Die Ehe ist von Lizas Mutter eingefädelt worden. Als sie den australischen Folksänger Mitte der 60er Jahre trifft, gefällt er ihr. Die Erfolglosigkeit, mit der er zusammen mit seinem Bruder Chris durch die USA tingelt, würde ein Ende haben, wenn sie nach der Hochzeit von Liza und Peter ihre weitreichenden Beziehungen im Showgeschäft spielen lassen wird. Auch bei Liza ist es Liebe auf den ersten Blick, doch sie zögert die von Judy und Peter gewünschte Hochzeit noch zwei Jahre hinaus. Der dann eintretende Ehealltag ist für Liza eine völlig neue Erfahrung: »Ich war nur an Extreme gewöhnt: Angriffsartiges Geschrei oder obsessive Liebesanwandlungen, Geld wie Heu oder gar kein Geld.« Peter schildert Liza als Person, die es zur Philosophie gemacht hat, »ein bewegliches Ziel« zu sein. Andere Freunde schildern ihre Spontaneität, die sie den Augenblick intensiv erleben lasse. Niemand, der sie kenne, habe ernste Zweifel, wenn sie eine neue Affäre wieder als große Liebe darstelle. Sie habe nichts anderes kennengelernt als das Showbusiness und begreife das Leben als Revue.

Auch die folgenden Ehen mit dem Fernsehproduzenten Jack Haley und dem Musikmanager Mark Gero muten an wie kurze Showeinlagen. Ihre künstlerische Laufbahn dagegen scheint nicht darunter zu leiden: Nach einem kurzen Karriereknick tritt sie Anfang der 80er Jahre zusammen mit Sammy Davis jr. und Frank Sinatra auf, und ihr Stern strahlt zunächst heller denn je.

Liza Minelli in ihrer Glanzrolle: Die Sally Bowles in der Musicalverfilmung »Cabaret« (1972) bringt ihr einen Oscar.

Liza Minelli (geb. 1946) und Peter Allen (1945–1992) kurz nach der Trauung am 3. März 1967 in New York. Die Zeremonie hat im privaten Kreis, im Appartement von Lizas Manager Stevie Philips an der Park Avenue, stattgefunden. Das Hochzeitskleid im elisabethanischen Stil ist ein Entwurf des Brautvaters und Filmregisseurs Vincente Minelli.

Liza umringt von Schwester Lorna Luft und dem zweiten Ehemann Jack Haley 1975 nach einem Broadway-Auftritt Lizas in dem Musical »Chicago« von Jeff Kander und Fred Ebb. Jack lernt Liza kennen, als er die Regie der Oscar-Verleihung von 1973 führt und sie zu einem Auftritt in der Show überreden will. Er bekommt nicht nur den Auftritt, sondern gewinnt auch seine erste Ehefrau: Am 15. September 1974 heiraten sie in Los Angeles. Brautführer ist beider enger Freund Sammy Davis jr.

Liza mit ihrem Tourneemanager Mark Gero Anfang 1979 in der New Yorker Diskothek »Studio 54«. Nach anfänglichen Dementis der Heiratsgerüchte lassen sie sich am 4. Dezember 1979 trauen. Aber die Ehe scheitert 1984 an den Drogenproblemen beider Partner; Lizas Entziehungskur wird von großer öffentlicher Anteilnahme begleitet. Die offizielle Scheidung erfolgt jedoch erst im Jahr 1992.

Von der Olympia-Hosteß zur Königin: Silvia Sommerlath und König Carl Gustaf

Ganz Deutschland verfolgt den märchenhaften Aufstieg Silvia Sommerlaths, die am 19. Juni 1976 den schwedischen König Carl XVI. Gustaf heiratet.

Vor dem Oberhaupt der schwedischen Staatskirche, Erzbischof Olof Sundby, geben sich die 32jährige Silvia Sommerlath und der 30jährige Carl Gustaf im Stockholmer Dom das Jawort. Auffallend ist, daß viele europäische Königshäuser nur jüngere und in der Erbfolge nachgeordnete Familienmitglieder nach Stockholm entsandt haben. Die Schweden jedoch sind begeistert von ihrer neuen bürgerlichen Königin. 200 000 Menschen, darunter viele Gäste aus Deutschland, warten in den Straßen Stockholms, um das Königspaar zu feiern. Nach der Trauung fahren Carl Gustaf und Silvia in einem vierspännigen Galawagen zum Stadtschloß. Die Königin trägt ein elfenbeinfarbenes Kleid aus dem Pariser Modehaus Dior mit einer drei Meter langen Schleppe. Der Brautschleier ist an ein Diadem geheftet, das aus dem Besitz von Joséphine de Beauharnais stammt, der ersten Gemahlin Napoleons. Der König ist mit einer blauen Admiralsuniform bekleidet.

Schon lange zuvor hat es Gerüchte über eine Liebesbeziehung des schwedischen Königs zu der aus Heidelberg stammenden Silvia Sommerlath gegeben. Er lernt sie 1972 bei den Olympischen Sommerspielen in München kennen. Dort betreut sie als Chefhosteß prominente Gäste und gekrönte Häupter. Seither tauchen in der Presse immer häufiger heimlich geschossene Fotos des Paares auf. Auch kleinste Details aus dem Leben der Braut werden in den Medien verbreitet und – allerdings vergebliche – Anstrengungen unternommen, in ihrer Familie wenigstens ein paar Tropfen blauen Blutes zu finden.

Am 13. März 1976 ist es soweit: König Carl Gustaf verkündet den Journalisten im Stockholmer Stadtschloß seine offizielle Verlobung mit Silvia Sommerlath. Hat sein Großvater und Vorgänger Gustaf VI. Adolf die Heirat mit einer Bürgerlichen noch abgelehnt, so kann Carl Gustaf seit seiner Thronbesteigung im Jahr 1973 selbst darüber bestimmen. Zudem sind Bürgerliche im schwedischen Königshaus nichts Besonderes, seit 1818 Jean-Baptiste Bernadotte und seine Frau Desirée den Thron bestiegen. Und deutsche Ehefrauen sind im schwedischen Königshaus die Regel.

Im Jahr nach der Hochzeit wird Prinzessin Victoria Ingrid Alice Desirée geboren. Nach der Abschaffung der männlichen Erbfolge 1979 wird sie als ältestes Kind des Königspaares und nicht Prinz Carl Philip (geb. 1979) ihrem Vater auf dem Thron folgen.

Der populäre 20jährige Kronprinz Carl Gustaf im Jahre 1966 als Kadett der Königlich Schwedischen Marineakademie. 1975 stimmt der bescheidene König einer Verfassungsänderung zu, die seine Rechte und Pflichten auf reine Repräsentationsaufgaben reduziert.

Der Terminator erobert die reiche Schöne

Maria Shriver und Arnold Schwarzenegger: Die Begegnung mit der Journalistin im Jahr 1977 ist für den Bodybuilder ein wichtiger Schritt zur Verwirklichung seines amerikanischen Traum.

Als schauspielerisch nicht unbegabter Nachwuchsdarsteller mit durchtainiertem Körper und herbem österreichischem Akzent hält sich Arnold seit Beginn der 70er Jahre mit Filmstar-Ambitionen in Hollywood auf. 1976 hat er tatsächlich eine erste größere Rolle – als Bodybuilder im Kampf um gesellschaftliche Anerkennung in Bob Rafelsons »Mister Universum«. Im Jahr darauf lernt er bei einem Tennisturnier die Fernsehjournalistin Maria Shriver kennen. Von nun an wird der Clan der Kennedys Opfer hämischer Kommentare, denn Maria ist die Nichte Ted Kennedys. Die Liaison zwischen dem rustikalen Kraftkerl und einem Mitglied der fast aristokratisch anmutenden Politikerfamilie erscheint geradezu grotesk.

Während Maria eine der angesehensten Nachrichtenmoderatorinnen des Landes wird, gerät Arnolds junge Filmkarriere zunächst ins Stocken. Doch mit den beiden »Conan«-Streifen wendet sich das Blatt. Mit dem ersten »Terminator«-Film (1984) und dem »City-Hai« (1986) kann er sich auch vom Image des lendenschurztragenden Barbaren befreien. »Terminator II« von James Cameron (1991) gerät zu einer der größten Materialschlachten der Filmgeschichte: Von dem 94-Millionen-Dollar-Budget kassiert der in den Kreis der Spitzenverdiener aufgestiegene Schwarzenegger 15 Millionen. Schon am Premierenwochenende sind 50 Millionen Dollar eingespielt. Der Actionfilm begeistert sein Publikum durch extremes Tempo und Spezialeffekte in neuartiger Qualität.

Nach einer neunjährigen glücklichen Beziehung, die der Boulevardpresse wenig Spektakel geboten hat, will der Schauspieler es wissen. Dazu nutzt Arnold einen gemeinsamen Besuch bei seiner Mutter in Österreich. Er rudert mit Maria auf den Thaler See bei Graz hinaus und macht ihr vor romantischer Alpenkulisse einen Heiratsantrag. Der bald folgenden Hochzeit mangelt es an nichts: Um die Gäste zu schützen, lassen die mächtigen Kennedys den Luftraum über der Party sperren, für die Journalisten gibt es eine eigene Pressetribüne, und die achtstöckige Torte überragt sogar den hünenhaften Bräutigam deutlich. Arnold ist jetzt Teil der gesellschaftlichen Elite und Verkörperung des amerikanischen Traums vom armen Jungen, der es nach ganz oben schafft.

Der Schauspieler Arnold Schwarzenegger in »Terminator II« (o.) und 1994 mit seiner Ehefrau Maria Shriver auf dem »Walk of Fame« in Los Angeles. Hier seinen Handabdruck zu hinterlassen zu dürfen, ist in der Filmbranche fast so ehrenvoll wie ein Oscar.

Maria Shriver und Arnold Schwarzenegger (geb. 1947) nach der Trauung. Das Paar lebt in einer palastartigen Villa bei Santa Monica. 1989 kommt das erste Kind, die Tochter Katharine, zur Welt. Im schnelllebigen Hollywood-Milieu erweist sich diese Ehe als ungewöhnlich dauerhaft.

Eheglück am Lebensabend: Margie Schmitz und Curd Jürgens

Der deutsche Schauspieler heiratet am 31. März 1978 in Nassau auf den Bahamas zum fünften Mal.

Sie kennen sich schon seit 1966. Damals entwickelt sich Sylt zum Treffpunkt des bundesrepublikanischen Jetsets und jener, die dazu gehören wollen. Curd Jürgens gehört auf jeden Fall dazu. Der Schauspieler mit dem Beinamen »normannischer Kleiderschrank« hat in den frühen 50er Jahren eine internationale Filmkarriere begonnen, wie sie nur ganz wenigen deutschen Darstellern vergönnt ist. Während jener Ferien auf Sylt fühlt sich Curd, der aus seinem Faible für junge Frauen auch als glücklicher Ehemann nie ein Hehl gemacht hat, unwiderstehlich von Margie angezogen. Zu dieser Zeit ist sie noch mit dem Hamburger Finanzmakler Klaus Hermann Schmitz verheiratet.

Es sind nicht die immer wiederkehrenden Affären, die Jürgens' Ehefrau Simone zum Aufgeben veranlassen.

Margie Schmitz und Curd Jürgens (1915–1982) bei ihrer Hochzeit (l.), mit Roger Moore bei Dreharbeiten (o.). Unten Curd Jürgens mit Romy Schneider.

»Mit 50 höre ich auf«, hat er ihr anfangs versprochen, doch trotz einer schweren Herzerkrankung arbeitet er weiter wie besessen, und jetzt hat sie genug. Bei Dreharbeiten, zu denen sie Curd begleitet hat, verläßt sie ihn.

Nun ist die Zeit für Margie gekommen, aber der gesundheitlich angeschlagene Star erklärt nach der Hochzeit hellsichtig: »Ich gedenke, sie zu meiner Witwe zu machen.« Für zwei Jahre scheint es jedoch, als würde Jürgens an Margies Seite jünger und vitaler. Dann muß er sich einer neuen Herzoperation unterziehen. Ein Narkosefehler während des Eingriffs in einer der führenden Herzkliniken im texanischen Houston verursacht Durchblutungsstörungen in den Augen. Halb erblindet ist er jetzt bis zu seinem Tod im Jahr 1982 auf Margies Fürsorge angewiesen.

Das Model und der Regisseur: Isabella Rossellini und Martin Scorsese

Beide leben in New York, doch die Hochzeit am 30. September 1979 ist ein echt italienisches Familienfest, wie aus einem Film von Scorsese.

An der Hochzeit in Bracciano bei Rom nehmen auch Martins Eltern Charles und Catherine Scorsese teil, die in den Filmen ihre Sohnes schon manche Nebenrolle übernommen haben, sowie Ingrid Bergman, die Mutter Isabellas. Roberto Rossellini, der große italienische Filmregisseur und Vater der Braut, ist zwei Jahre zuvor gestorben.

Letztendlich haben die Bemühungen von Isabellas Eltern, ihre Tochter dauerhaft aus der Filmbranche herauszuhalten, keinen Erfolg. Als Stars der 50er und 60er Jahre stehen sie dem Kinobusiness skeptisch gegenüber, und so beginnt Isabella eine Ausbildung zur Modedesignerin. Dann ist es doch Rossellini, der Isabella zum Film bringt, denn er engagiert sie als Kostümbildnerin für einige seiner Produktionen.

Doch das ist es nicht, was sie will. Sie findet es erst als Journalistin ab 1972 in New York – und dazu ihren Mann Martin Scorsese, den sie 1978 durch ihre Arbeit kennenlernt. Isabella hat als New Yorker Korrespondentin des italienischen Fernsehsenders RAI einen Interviewtermin mit ihm – es ist Liebe auf den ersten Blick. Als Wohnsitz und Arbeitsplatz wählt das Ehepaar Rossellini-Scorsese ein Loft in Manhattan.

Auch ihr Mann rät Isabella von einer Karriere als Filmschauspielerin ab. Sie arbeitet nun hauptsächlich als Fotomodell und ist bei einer Kosmetik-Firma unter Vertrag. Nach ihrem Riesenerfolg auf einem Titelbild der Zeitschrift »Vogue« avanciert sie ab 1982 zum höchstbezahlten Model der Welt. Martin Scorsese reagiert auf den immensen Erfolg seiner Frau mit Eifersucht. Sie wiederum fühlt sich von der Intensität und der Leidenschaft, mit der er seiner Filmarbeit nachgeht, eingeschüchtert. Die Ehe beginnt zu kriseln. 1983 erfolgt in gegenseitigem Einvernehmen die Scheidung.

Martin Scorsese (geb. 1942, l.) 1995 bei der Überreichung eines amerikanischen Regiepreises durch seinen Lieblingsschauspieler Robert de Niro, der in vielen Scorsese-Filmen die Hauptrolle spielt. Die enge Zusammenarbeit der beiden verdankt sich ihrem Zusammentreffen an der New Yorker Filmschule, wo Scorsese unterrichtet hat und de Niro ausgebildet worden ist.

Ihre zerbrechliche Modelschönheit ist Isabella Rossellinis (geb. 1952) größtes Kapital. Nach ihrer Scheidung von Martin Scorsese denkt sie wieder ernsthaft an ihre Schauspielkarriere, die sie 1976 neben ihrer Mutter Ingrid Bergman in »Nur eine Frage der Zeit« begann. Mit dem Dressman Jonathan Wiedemann geht sie 1983 eine neue Ehe ein, aus der ihre Tochter Elettra hervorgeht. Aber auch diese Ehe wird 1985 wieder geschieden. Nach einer Beziehung mit dem Filmregisseur David Lynch, die 1990 endet, heiratet Isabella Rossellini 1994 den Schauspieler Gary Oldman.

Isabella Rossellini und David Lynch 1990 bei den Festspielen in Cannes nach der Premiere des Films »Wild at Heart«. Die Liebesgeschichte zwischen Horror und Kitsch, Gewalt und Romantik, Bedrohung und Leidenschaft stößt bei der Kritik auf zwiespältiges Echo und entfacht eine neue Diskussion um die Darstellung von Gewalt im Kino. Hier spielt Isabella Rossellini nur die Nebenrolle der Perdita. Eine bessere Gelegenheit, ihr schauspielerisches Talent zu zeigen, hat ihr David Lynch in seinem Psychothriller »Blue Velvet« (1985, Foto r.) gegeben. Darin gibt sie die Hauptrolle der Dorothy Vallens, einer Nachtclubtänzerin von unergründlicher Faszination, in deren Leben sich ein grausames Geheimnis verbirgt. Kritik und Publikum sind begeistert von ihrer Darstellung der zerbrechlichen und mysteriösen Frau in einem masochistischen Spiel zwischen Angst und Gewalt.

1980–1989

Großbritanniens Royals haben bis in die 50er Jahre an der Tradition festgehalten, keine Einheirat Bürgerlicher zuzulassen. Seither aber finden sie ihre Ehepartner fast ausschließlich außerhalb des Adels. Die Traumhochzeit von 1981 ist auf lange Zeit die letzte traditionelle Demonstration königlicher Prachtentfaltung.

Für eine neue Liebe ist es nie im Leben zu spät: Robyn Smith und Fred Astaire

Er tanzt mit Ginger Rogers, Judy Garland und Leslie Caron. Die Frau fürs Leben findet er aber erst an seinem Lebensabend. Mit 81 Jahren heiratet der Star am 24. Juni 1980 eine junge Pferdesportlerin.

Sein elegant fließender Tanzstil und sein beschwingter Charme haben Fred Astaire in unzähligen Musikfilmen zur Tanzlegende gemacht. Auch im Alter bewahrt sich der drahtige Tänzer seine körperliche Form. Er hält sein früheres Tänzergewicht, spielt Golf, Tennis und fährt Ski. So kann er behaupten, daß ihm der allerdings beträchtliche Altersunteschied zu der jungen Sportreiterin kaum bewußt ist. Er ist immerhin schon 81, während sie sie erst 37 Jahre alt ist. In den 70er Jahren macht sie bei Pferderennen Furore. Als Pferdekenner und Besitzer eines eigenen Gestüts hat Astaire die Karriere des ehrgeizigen weiblichen Jockeys schon lange verfolgt, bevor sie sich persönlich näherkommen.

1979 beginnen die Zeitungen, die sensationelle Liebesgeschichte zu melden. Während die Öffentlichkeit das kuriose Gerücht diskutiert, reagieren Fred Astaires Kinder Fred und Ava ablehnend.

Robyn Smith (geb. 1942) und Fred Astaire (1899–1987). Die beiden anderen wichtige Frauen im Leben Astaires sind seine Schwester Adele, mit der er Bühnentriumphe feiert (r. o.) und seine Filmpartnerin Ginger Rogers, hier in dem Musical »Ich tanz mich in dein Herz hinein« (1935, darunter).

1954 ist Astaires erste Frau und Mutter seiner Kinder, Phyllis, mit nur 46 Jahren gestorben. Der Witwer denkt nie daran, sich wieder neu zu verheiraten. Das ändert sich erst mit Robyn Smith. Die Ehe des ungleichen Paars wird entgegen allen Unkenrufen sehr glücklich. Robyn ist eine liebevolle Ehefrau, und manch einer muß zugestehen, daß das Glück mit ihr womöglich das Leben des alternden Stars verlängert hat. Nach siebenjähriger Ehe stirbt Fred Astaire im Alter von 88 Jahren.

Unvergessen bleiben seine Tanzerfolge im amerikanischen Filmmusical der 30er und 40er Jahre. Mit Tanzpartnerin Ginger Rogers wird er in insgesamt neun gemeinsamen Filmen, darunter »Scheidung auf amerikanisch« (1935) oder »Swing Time« (1936), zum berühmtesten Tanzpaar der Filmgeschichte. Seine allererste Tanzpartnerin ist seine Schwester Adele, die sich später ebenfalls seiner Heirat mit Robyn widersetzt. Vor Astaires Filmkarriere sind die Geschwister eines der beliebtesten Tanzpaare in den Music Halls. Aus diesen Anfängen ertanzt sich Astaire mit wechselnden Partnerinnen (die bekannteste bleibt Ginger Rogers) eine Weltkarriere. Den Tanzfilm erhebt erst er zur Kunstform.

Hollywood trifft die Nouvelle Vague

Louis Malle heiratet am 27. September 1980 die amerikanische Schauspielerin Candice Bergen.

Ort der Trauung ist die kleine südfranzösische Stadt Lugagnac. Hier hat Malle einen Landsitz, der Cineasten auch als Schauplatz des Films »Black Moon« bekannt ist. Schon seit Mitte der 70er Jahre arbeitet Malle auch in den USA. Hier hat er mit Filmen wie »Pretty Baby« (1977) oder »Atlantic City« (1980) großen Erfolg.

Während der Dreharbeiten zu »Mein Essen mit André« lernt er Candice Bergen kennen. Aus einer glücklichen Affäre wird eine Ehe, bei der die in internationalen Großproduktionen erfahrene Schauspielerin auch eine entscheidende Beraterin Malles wird. Bei »Auf Wiedersehen, Kinder« (1987) führt das Paar gemeinsam Regie, und im Abspann ist eine Widmung an alle Kinder Malles zu lesen: »Für Cuotemoc, Justine und Cloé.« Die letztgenannte ist das gemeinsame Kind von Candice Bergen und Malle, die beiden anderen stammen aus früheren Verbindungen des Filmemachers mit der deutschen Schauspielerin Gila von Weitershausen und Alexandra Stewart.

Die vielseitige Schauspielerin Candice Bergen (geb. 1946), die auch als Autorin und Fotografin arbeitet, und der Filmregisseur aus Frankreich (1932–1995) bilden ein attraktives Paar des internationalen Kinos. Malle vertritt nicht nur den intellektuellen Film der Nouvelle Vague, sondern spielt auch virtuos mit den verschiedensten Genres. Ein Beispiel ist die Westernparodie »Viva Maria« (1965) mit Jeanne Moreau und Brigitte Bardot (o. neben Louis Malle). Oft rührt er an Tabus. »Auf Wiedersehen Kinder« (1987, darunter) spielt zur Zeit der deutschen Besatzung Frankreichs. Der Film beruht auf einer Kindheitserinnerung Malles und zeigt, wie ein jüdischer Mitschüler an die Gestapo verraten wird. In »Verhängnis« (1992), einem der letzten Filme Louis Malles, spielt Jeremy Irons einen Mann, der der Freundin seines Sohns (Juliette Binoche, u.) verfällt.

Die große Traumhochzeit im Hause Windsor

Prinz Charles und Diana Spencer heiraten am 29. Juli 1981.

Diana ist erst 21 Jahre alt, 13 Jahre jünger als Prinz Charles. An seiner Seite hofft die Prinzessin, die nach der frühen Scheidung ihrer Eltern eine schwierige Kindheit verlebt hat, auf eigenes Familienglück. Dies erscheint perfekt, als 1982 zunächst Prinz William und 1984 Prinz Harry auf die Welt kommen.

Doch mit der Sicherung der Thronfolge hat sie ihre wichtigste Aufgabe erfüllt. Prinz Charles wendet sich ab und nimmt wieder engen Kontakt zu seiner Jugendliebe, der ebenfalls verheirateten Camilla Parker Bowles, auf. Bald wird bekannt, daß die einstmals lebenslustige Diana unter Magersucht leidet. Im Oktober 1985 unternimmt sie einen Selbstmordversuch.

Im Juni 1992 erscheint mit ihrer Billigung Andrew Mortons Buch »Diana – ihre wahre Geschichte«. Nach der Trennung von Charles wird Diana auch den Windsors gegenüber selbstbewußter. Sie lebt für ihre karitativen Ziele und ihre Söhne. Daraus reißt sie ihr tragischer Unfalltod im August 1997.

Auf dem offiziellen Hochzeitsfoto im Kreise ihrer nächsten Verwandten erscheinen Charles (geb. 1949) und Diana (1960–1997) als durch eine Liebesheirat verbundenes Paar. Erst später wird bekannt, daß die königliche Familie beim Arrangement dieser Ehe eine nicht unwichtige Rolle gespielt hat. Dianas Angehörige stehen dem Hof traditionsgemäß nahe.

Nach ihrer Trauung treten Charles und Diana auf den Balkon des Buckingham-Palastes. Der öffentliche Kuß der beiden vor der jubelnden Menge gilt vielen Briten als ein Zeichen dafür, daß mit dem Eintritt Dianas in ihr steifes Königshaus eine frischere, jugendlichere Atmosphäre die Monarchie beleben wird. Bald aber mehren sich die Zeichen, daß sich das Paar auseinanderlebt (r.). Prinz Charles interessiert sich für Kunst, Architektur, klassische Musik und betreibt alternativen Landbau. Dianas Leidenschaft für Popmusik und Diskothekenbesuche kann er nichts abgewinnen, während sie wiederum sein liebstes Hobby, die Jagd, verabscheut.

THE Sun 25p

Wednesday, January 13, 1993 25p Today's TV: Pages 24 and 25 Estimated daily sale last week 3,547,910

Another Royal scandal...How much more can WE take

6MIN LOVE TAPE COULD COST CHARLES THRONE

Camilla...her intimate chat with Charles has been published

PRINCE Charles's chance of becoming King dramatically slipped away last night after publication of a highly-damaging tape of his intimate chat with Camilla Parker Bowles.

The six-minute, 1,574-word phone conversation contains explicit sexual references and full details of allegedly deceitful behaviour by the pair.

Continued on Page Three

Eine große Rolle beim Scheitern der Ehe von Charles und Diana spielen die sensationsgierigen britischen Medien. 1993 veröffentlicht »The Sun« Mitschnitte telephonischen Liebesgeflüsters von Charles und Camilla aus dem Jahr 1989. Zur selben Zeit werden auch abgehörte Telephonate Dianas veröffentlicht. Die einzige, die stets vornehme Zurückhaltung wahrt, ist Camilla Parker Bowles.

Schon vor ihrer Trennung treffen Charles und Diana, hier mit den Söhnen 1995 in London, nur noch bei offiziellen Anlässen zusammen. Charles hat bereits 1994 eine Affäre zugegeben. Im folgenden Jahr gibt auch Diana ein solches Geständnis ab. In diesem Interview erklärt sie, sie wolle fortan nur noch die »Königin der Herzen« sein. Ihr soziales Gewissen und ihr herzlicher Umgang mit Menschen aller Schichten und Rassen machen Diana in aller Welt beliebt. Nicht nur die Briten trauern daher, als sie am 31. August 1997 mit ihrem Freund Dodi al-Fayed bei einem Unfall in Paris ums Leben kommt.

Die letzte Liebe des Meisterregisseurs: Fanny Ardant und François Truffaut

Als »Die Frau von nebenan« von 1981 rückt die Schauspielerin an die Spitze der französischen Stars und wird Lebensgefährtin des Filmemachers.

Wenn eine Frau Inspirationsquelle für einen Künstler sein kann, so trifft dies besonders auf die Begegnung zwischen Fanny und François zu. Der Regisseur sieht die Schauspielerin zum ersten Mal 1980 in der Fernsehserie »Die Damen von der Küste«. Irgendwie fühlt sich der Regisseur, so berichtet er später, an Katherine Hepburn erinnert: Eine Frau mit viel Witz, die aus der Riege der Filmsternchen schon durch die ungewöhnliche Körpergröße und ein sehr eigenes Gesicht herausragt. Schon seit Jahren trägt Truffaut die Idee zu »Die Frau von nebenan« mit sich herum. Fanny Ardant ist der Auslöser, endlich mit der Arbeit daran zu beginnen.

Die Herkunft der beiden Künstler könnte kaum unterschiedlicher sein: François wächst als Streuner und Ladendieb in den weniger glanzvollen Vierteln von Paris auf. Fanny verbringt ihre Kindheit als Tochter eines Offiziers im diplomatischen Dienst in Schweden, Marokko und Monaco. In Paris studiert sie Schauspiel und agiert auf der Theaterbühne und im Fernsehen – bis François sie als »Die Frau von nebenan« und späte große Liebe entdeckt.

Auch die Entstehung seines nächsten Films ist Fanny Ardant zu verdanken: Der Regisseur und seine Protagonistin sind inzwischen ein Paar, auch wenn sie nicht miteinander leben und von Ehe nichts wissen wollen. Dieses Mal ist eine Schauspielerin da, für die eine starke Rolle gefunden werden muß. Die Figur soll sein wie Fanny, »humorvoll und charmant«, aber »mit einem ungezähmten Etwas« und einer »Schattierung Wildheit«. Bei der Suche nach dem geeigneten Stoff stößt er auf einen amerikanischen Kriminalroman von Charles Williams, der Ausgangspunkt für das Drehbuch zu »Auf Liebe und Tod« wird. Der in der französischen Provinz spielende Krimi ist eine Hommage an den Film noir, feiert die Tricks von Truffauts großem Vorbild Alfred Hitchcock ebenso wie die eigene, in mehr als 20 Filmen gezeigte Meisterschaft. Es ist Truffauts Vermächtnis – nur 52jährig erliegt er am 21. Oktober 1984 in einem Krankenhaus in Neuilly einem Krebsleiden.

François Truffaut (1932 bis 1984, u. r. bei Dreharbeiten) macht in den 50er Jahren aus der Fachzeitschrift »Cahiers du cinéma« das führende Organ der Erneuerung des französischen Kinos. Von der Kritik kommt er zur Regie und wird durch Werke wie »Schießen Sie auf den Pianisten« (1960) oder »Der Wolfsjunge« (1969, r. eine Szene mit Truffaut als Dr. Itard und Jean-Pierre Cargol in der Titelrolle) zu einer Leitfigur des französischen Films.

Fanny Ardant (geb. 1951) und François Truffaut bei den Dreharbeiten zu »Auf Liebe und Tod« Ende des Jahres 1982. Nachdem sie Truffaut für »Die Frau von nebenan« entdeckt hat, arbeitet sie mit berühmten Regisseuren wie Alain Resnais, Claude Lelouch, Ettore Scola, Volker Schlöndorff und dessen Frau Margarethe von Trotta. Erfolgreich und gefeiert ist auch ihre Arbeit für das Theater, wo sie auf Bühnen in Paris und Mailand auftritt. Aus der Verbindung mit Truffaut geht 1983 die Tochter Josephine hervor.

Vermischung der Stile, Verwischung der Geschlechter

Annie Lennox und Dave Stewart: Seit ihrem Hit »Sweet Dreams« im Jahr 1983 prägt das Duo unter dem Namen »Eurythmics« die Popmusik der 80er.

Für den Mainstream-Pop der 80er Jahre sind die »Eurythmics« die stilbildende Avantgarde, deren herausragendes Merkmal nicht die Hervorbringung eines neuen Stils ist, sondern die Vermischung von Bekanntem und Vorhandenem. Schwarzer Funk, karibische Folklore, britischer Mersey-Beat und deutscher Computersound fließen zusammen und ergeben als Mixtur eine ganz eigenständige Note. Der Soundtüftler Dave Stewart wird von Publikum und Kritik gleichermaßen als genialer Eklektiker verehrt wie als räuberischer Ausbeuter der Pophistorie beschimpft. Verwirrend dagegen das Auftreten von Annie Lennox, die den Trend des Vermischens bis zur Aufhebung der Geschlechtergrenze treibt: Ihre Frisur ist ein mal karottenroter, mal platinblonder Bürstenschnitt, dazu trägt sie Herrenanzüge und Krawatten.

Diese Kreation androgyner Erotik ist allerdings das Ergebnis mehrerer Nervenzusammenbrüche, die Annie Ende der 70er Jahre als Sängerin der Gruppe »The Tourists« erlitten hat. Monatelang tingelt sie mit der Spätpunkband durch die Clubs, wo sie mit einem Girlie-Image nach Art ihrer Kollegin Blondie den männlichen Teil des Publikums zu obszönen Zurufen hinreißt. Das neue Aussehen soll vor allem vor Zudringlichkeiten schützen.

Mit dem Auf und Ab des Musikerdaseins sind beide vertraut. Dave ist, bevor er Annie trifft, bereits fester Bestandteil der Londoner Folk- und Rockszene. Die aus dem schottischen Aberdeen stammende Annie wiederum kommt 1971 in die britische Hauptstadt. Hier beginnt sie an der Royal Academy of Music ein Flötenstudium, das sie jedoch schnell abbricht. Sie tritt als Gelegenheitssängerin auf und arbeitet in Londons Szenekneipen. Einer ihrer Jobs verändert ihr Leben: 1977 geht Dave in einem vegetarischen Restaurant essen und verliebt sich auf den ersten Blick in die Kellnerin. Es ist Annie.

Nach der Auflösung der »Tourists« auf einer Australientournee 1980 machen beide als »Eurythmics« weiter. Das erste gemeinsame Album »In The Garden« entsteht 1981 im Studio des Kölner Produzenten Conny Plank. Für »Sweet Dreams« können sie bereits in ihrem eigenen Studio arbeiten, das sie sich in einer Londoner Kirche eingerichtet haben.

Annie Lennox (geb. 1954) und Dave Stewart (geb. 1952) bei einem ihrer umjubelten Konzerte. Das Popduo »Eurythmics« wird bei seinen Tourneen von bis zu zehn Gastmusikern begleitet. Obwohl der Sound Ergebnis von Klangexperimenten im Tonstudio ist, überzeugen die »Eurythmics« ihre Fans auch in den Liveshows. Das letzte gemeinsame Album der beiden mit dem Titel »We Too Are One« erscheint 1989. Für Annie Lennox beginnt mit »Diva« 1992 eine zweite Karriere als Solokünstlerin.

Familienglück im Fürstentum: Caroline von Monaco und Stefano Casiraghi

Nach dem alten Lebemann Philippe Junot scheint Prinzessin Caroline im Sommer 1983 mit ihrem zweiten Ehemann Stefano endlich das Glück gefunden zu haben.

Vergeblich betreibt das streng katholische Fürstenhaus Grimaldi beim Vatikan die Annullierung der Ehe Carolines mit Philippe Junot, damit sie noch einmal kirchlich heiraten kann. Die im Sommer 1978 geschlossene Ehe der monegassischen Prinzessin mit dem französischen Finanzmakler ist gescheitert, da Junot auch nach der Hochzeit versuchte, seinem Ruf als Playboy gerecht zu werden. Für die katholische Kirche ist Kinderlosigkeit kein hinreichender Grund für die Auflösung einer Ehe. Der Vatikan läßt sich auch nicht erweichen, als Caroline konkrete Absichten zu einer zweiten Heirat zeigt. Sie hat sich mit dem jungen, in Monaco tätigen italienischen Geschäftsmann Stefano Casiraghi verlobt. Der unternehmerisch sehr erfolgreich agierende Sohn einer Fabrikantenfamilie vom Comer See ist der ideale Schwiegersohn für Fürst Rainier.

Nur im engsten Familienkreis heiraten Caroline und Stefano Casiraghi im Sommer 1983. Die standesamtliche Trauung wird vom Vorsitzenden des monegassischen Parlaments im Thronsaal des Fürstenschlosses vollzogen. Bald darauf kommt das erste von insgesamt drei Kindern zur Welt. Nach siebenjähriger glücklicher Ehe trifft Monacos Prinzessin am 3. Oktober 1990 der schwerste Schicksalsschlag ihres Lebens: Sie muß zusehen, wie ihr Mann bei einem Motorbootrennen ums Leben kommt.

Prinzessin Caroline und ihr erster Mann: Das Brautpaar zeigt sich nach der Trauung auf dem Balkon des fürstlichen Palastes. Anschließend gibt Fürst Rainier einen Empfang für 3000 Personen. Das Brautpaar ist zu diesem Zeitpunkt bereits mit seiner Yacht auf dem Weg in die Flitterwochen.

Anläßlich der Taufe ihrer Tochter Charlotte stellen sich Prinzessin Caroline (geb. 1957) und Stefano Casiraghi am 20. September 1986 mit ihrem Sohn Andrea den Fotografen. Das Ehepaar bemüht sich um einen zurückgezogenen Lebensstil, um ihren Kindern ein ruhiges und normales Aufwachsen zu ermöglichen. Mit den Kindern Carolines ist der Bestand der Familie und damit das Fürstentum auch nach 700jährigem Bestehen gesichert – erst wenn die Grimaldis ohne männlichen Erben bleiben, fällt Monaco an Frankreich.

GANCIA
DIESEL
DIESEL
Pinot di Pinot
GANCIA
1
Jeans

Stefano Casiraghi gönnt sich nur ein Hobby: Rennboote. Dieser riskante Sport wird ihm zum Verhängnis. Das nebenstehende Foto vom Tag vor dem Unfall zeigt Casiraghi und seinen Freund Patrice Innocenti in ihrem Rennboot »Pinot di Pinot«, der eine Geschwindigkeit von bis zu 250 Stundenkilometern erreicht. Bei den Off-Shore-Weltmeisterschaften 1990 vor Cap Ferrat überschlägt sich das Boot, und Stefano Casiraghi ist sofort tot. Die tieferschütterte Prinzessin Caroline (o. mit ihrem Vater und ihrem Bruder Albert auf dem Weg zur Trauerfeier) zieht sich einige Zeit völlig aus der Öffentlichkeit zurück. Beistand leistet ihr unter anderem ihre Freundin Ines de la Fressange, Topmodel bei Karl Lagerfeld, der ebenfalls ein enger Freund Carolines ist.

Trauschein nach zehn Jahren

Nastassja Kinski und Ibrahim Moussa: Die Heirat der deutschen Schauspielerin und des ägyptischen Filmproduzenten soll 1984 eine zehnjährige Romanze krönen.

Wo immer Nastassja Kinski auftaucht, wittern Fotoreporter Sex und Skandale. Das Image der erotomanen Kindfrau hängt ihr an, seit sie in dem Fernsehkrimi »Reifeprüfung« des damals noch unbekannten Regisseurs Wolfgang Petersen eine Schülerin gespielt hat, die die Geliebte eines verheirateten Lehrers ist. Gefestigt wird der Ruf durch eine Affäre der erst 15jährigen mit Roman Polanski, der ihr später den Kostümfilm »Tess« auf den Leib schneidert.

Ihr mit dem Ruf des genialischen, aber schwierigen Schauspielers geschlagener Vater Klaus Kinski hat die Familie verlassen, und Nastassjas früh entwickelte Hingezogenheit zu wesentlich älteren Männern läßt die Beobachter der Boulevardblätter vermuten, daß es sich hier geradezu klassisch um das Verhalten einer Frau handele, die für den Rest ihres Lebens nach einer Vaterfigur suche. Bei Ibrahim Moussa scheint sie ihr Glück gefunden zu haben. Fast zehn Jahre führen »Nasti« und der ägyptische Filmproduzent ein gemeinsames und nahezu schlagzeilenfreies Leben. In den Medien findet sie mehr und mehr als ernstzunehmende Schauspielerin Beachtung.

Mit dem ersten Kind kommt 1984 der Wunsch nach Heirat auf. Jahre später mehren sich Zeichen einer Krise, und 1992 kommt es zum großen Knall: Nastassja hat einen neuen Geliebten, den 58jährigen Starjazzer Quincy Jones. Nach einem Streit mit Ibrahim nimmt sie den achtjährigen Aljoscha und die sechsjährige Sonja mit nach Los Angeles – als Ibrahim von einer Geschäftsreise nach Rom zurückkehrt, findet er die Wohnung seiner Familie leer vor. Zunächst läßt der Ägypter Interpol nach seinen Kindern fahnden, bis es schließlich zu einem Prozeß um das Sorgerecht kommt. Nastassja gewinnt, und die Kinder dürfen bei ihr in den USA bleiben. Doch das Familiendrama ist nicht beendet: Anfang 1998 nutzt Ibrahim ein Treffen mit den Kindern in den USA, um sie in seine Heimat zu entführen. Nastassjas Auslieferungsantrag hat schlechte Chancen.

Nastassja Kinski (geb. 1961) und Ibrahim Moussa (geb. 1948) machen mit ihrem ersten Kind Aljoscha Urlaub am Meer – ein Bild aus glücklichen Tagen (gegenüberliegende Seite). »Nasti« (Biest), wie die Kinski von ihren Fans genannt wird, ist nicht nur als Schauspielerin für internationale Filme gefragt, sondern auch als Model der Modebranche.

Das Millionending des Muskelmannes: Brigitte Nielsen und Sylvester Stallone

Die 1985 geschlossene Ehe zwischen dem dänischen Fotomodell und dem amerikanischen Schauspieler ist kurz, aber leidenschaftlich. Während Stallone in seinen Filmen siegreiche Helden spielt, ist er den Frauen meist unterlegen.

Hochzeitstag ist der 15. Dezember 1985. Genau ein Jahr zuvor haben sie sich kennengelernt, im Februar ist sie in sein Strandhaus in Malibu eingezogen, und kurz darauf haben Brigitte Nielsen und Sylvester Stallone für »Rocky IV« gemeinsam vor der Kamera gestanden. Um Brigitte heiraten zu können, muß er sich von Sasha Chack scheiden lassen. Stallones Frau und die beiden Kinder bekommen vom Scheidungsrichter 30 Millionen Dollar zugesprochen.

Als er Brigitte kennenlernt, schwärmt Sylvester von einem »Monument der Weiblichkeit«. Besonders nachhaltig wirkt ihre Fürsorge auf ihn, nachdem er sich bei den Dreharbeiten zu »Rocky IV« schwere Verletzungen zugezogen hat. Während der zwei Wochen auf der Intensivstation habe sie neben seinem Bett auf dem Boden geschlafen, und »sie kaufte meine Lieblingsblumen«. Auch Brigitte spricht von Sylvester, den Freunde und Fans kurz »Sly« nennen, als einem Traummann. Auf die Stärke der Muskelpakete komme es ihr dabei nicht an, sondern sie überzeuge seine Selbstsicherheit: »Ich mag es, wenn ein Mann mir überlegen ist und mir hilft, den richtigen Weg zu finden«. Slys Mutter aber hat Bedenken: »Ich mag sie nicht«, erklärt sie der Klatschpresse, »sie will Sylvester nur ausnehmen.«

Sly geht seinen Weg als guttrainierter Superstar in überraschender Askese. Zwar ist ihm kein Geschenk zu teuer, aber zunächst erarbeitet er für das sportliche Model ein spezielles Fitnessprogramm. Dazu gehört neben der Arbeit an den Kraftmaschinen eine strenge Diät, die Brigitte später so beschreibt: »Fisch, Fisch und nochmals Fisch. Sonntags eine Tasse Reis

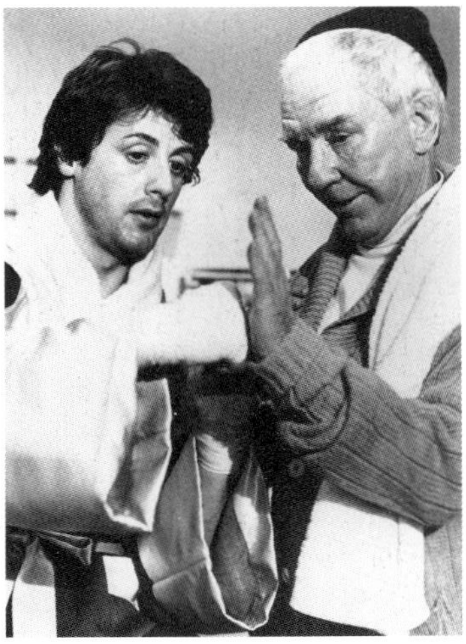

Wie seine Filmfigur Rocky Balboa hat sich Sylvester Stallone aus einfachen Verhältnissen nach oben geboxt. Aus dem Boxermelodram hat sich eine Serie mit fünf Folgen entwickelt.

dazu.« Gleich nach den Flitterwochen melden amerikanische Boulevardblätter, daß Brigitte bereits in Dänemark mit dem Musiker Kaspar Windling verheiratet sei. Diesen habe sie zusammen mit dem 16 Monate alten Sohn in Kopenhagen sitzen lassen. Sly selbst gerät unter Beschuß, als das Magazin »Playgirl« gleichzeitig Szenenfotos eines alten Pornofilms unter Mitwirkung Stallones veröffentlicht.

»Als sich der Qualm verzogen hatte«, erinnert sich Stallone später, »standen wir uns wie Fremde gegenüber.« Auch die Trennung von Brigitte Nielsen wird teuer für Sylvester Stallone: Der Richter entscheidet 1986 auf 20 Millionen Dollar für Brigitte. Auf die Frage, ob er jemals wieder heiraten wolle, antwortet er: »Ich sehe zwar dumm aus und mache auch manchmal dumme Sachen«, aber eine Ehe komme nicht wieder in Frage. Der Vorsatz wird rund zehn Jahre später gebrochen: Am 17. Mai 1997 heiratet Sly Jennifer Flavin, die Mutter seiner neun Monate alten Tochter Sophie Rose. Während der aufreibenden Zeit mit Brigitte findet Sly immerhin zu seinem neuen Hobby, der Malerei. Sein erstes Bild heißt »John Wayne auf Samt«.

Harte Drinks und schnelle Action: Demi Moore und Bruce Willis

Sie gelten als das glücklichste Paar in Malibu. Am 21. November 1987 entscheiden beide spontan während eines Aufenthalts in Las Vegas zu heiraten.

Freunde von Bruce Willis werden nicht müde, darauf hinzuweisen, wie sehr die Beziehung zu Demi Moore den für seine Parties berüchtigten Freund harter Drinks verändert hat. In den Jahren zuvor ist die Villa des in Fernsehen und Film gleichermaßen populären Schauspielers in den Hollywood Hills Schauplatz wilder Feten, die häufig von der Polizei beendet werden. Der Barkeeper seiner Stammkneipe bescheinigt einem seiner besten Kunden: »Willis war damals ein total schwachsinniger Typ. Er stand dauernd unter Strom und benahm sich wie eine Wildsau.« Demi wiederum ist ebenfalls erfolgreich und mit dem Leben unzufrieden. Ihre Sinnsuche unterstützt sie mit reichlich Alkohol und Kokain. Doch Demi und Bruce haben sich eine Menge zu erzählen. Bruce hat endlich eine Frau gefunden, die seiner Lebensgeschwindigkeit gewachsen ist und es sogar schafft, das Tempo zu drosseln: Nach der Hochzeit verspricht er, nie wieder Drogen zu nehmen. Für Demi ist er der Mann, der ihr beibringt, »Gefühle ganz offen zu zeigen, ohne Angst, sich dabei zu verletzen«.

Die exzessive Lebensführung und die starke physische Präsenz der beiden Schauspieler wird von Beobachtern gerne psychologisch gedeutet: Bruce ist in seiner Jugend ein Stotterer gewesen, der mitten in der Industriehölle von New Jersey seinen Traumberuf Schauspieler durchsetzen muß. Demi hat mit ihrer Mutter bereits mehr als 30mal den Wohnsitz gewechselt, als sie 13 ist – ständig ist sie »die Neue«, die ihren Platz finden muß.

Im Sommer 1998 kommt die bis dahin skandalfreie Ehe in die Schlagzeilen: Beide werfen sich Untreue vor, verzichten aber »wegen der Kinder« auf eine Scheidung.

Demi Moore mit Michael Douglas in dem Thriller »Enthüllung«. Barry Levinsons Film aus dem Jahre 1994 ist eine der zahlreichen Verfilmungen von Romanen Michael Crichtons.

Bruce Willis in dem 1988 unter der Regie von John McTiernan entstandenen Actionfilm »Stirb langsam«. Das erfolgreiche Konzept läßt sich bis 1993 zu einer Trilogie ausbauen.

Demi Moore (geb. 1962) und Bruce Willis (geb. 1955) am 26. März 1995 bei der Premiere des Films »Striptease« mit den Töchtern Scout La Rue (geb. 1991, l.) und Rumer Glenn (geb. 1988). Ihre Jüngste, die erst einjährige Tallulah Belle, nimmt an der Party noch nicht teil. Die beiden vor allem als Actionhelden bekannt gewordenen Schauspieler führen zwar ein unauffälliges Privatleben, verstehen es aber, ihre wenigen gemeinsamen öffentlichen Auftritte vor allem hinsichtlich der Kleidung exzentrisch zu inszenieren.

Liebe und Politik: Andreas Papandreou und Dimitra Liani

Am 13. Juli 1989 heiraten ein Ministerpräsident und seine junge Geliebte.

Andreas Papandreou ist in seiner Heimat und auch international ein hochgeachteter Politiker. Seine Biographie spiegelt die bewegte Geschichte Griechenlands in diesem Jahrhundert wider. Nach dem Ende der Militärdiktatur gründet Papandreou 1974 in Griechenland die Panhellenische Sozialistische Bewegung PASOK, mit der er ins Parlament gewählt wird. 1981 ist er der erste sozialistische Ministerpräsident Griechenlands. Wegen zahlreicher Affären, darunter Bestechungs- und Betrugsvorwürfen, wird er jedoch 1989 abgewählt.

Die Affäre aber, die nicht nur seine Landsleute heftig bewegt, ist die des verheirateten Papandreou mit der Stewardeß Dimitra Liani. Teils verärgert, teils belustigt verfolgen die Griechen das Privatleben des wie ein Teenager verliebten 70jährigen Politikers. Dimitra, genannt Mimi, weicht nicht mehr von seiner Seite. Zur Zeit seiner Abwahl im Juni 1989 liegt Papandreou mit schwersten Funktions-

Dimitra Liani (geb. 1954) und Andreas Papandreou (1919–1996) feiern Hochzeit. Dimitras Vorgängerin als Ehefrau ist Margaret (o. 1974 vor der Heimreise aus dem Exil in Stockholm).

störungen von Herz, Lunge und Nieren im Krankenhaus. Gleich nach der Entlassung aus dem Hospital heiratet der 71jährige Politiker die 36 Jahre jüngere Mimi. Für beide ist es bereits die dritte Ehe.

Als der von seiner Krankheit bereits schwer gezeichnete Papandreou 1993 erneut zum Ministerpräsidenten gewählt wird, bezieht Mimi im Regierungsgebäude ein eigenes Büro. Dies wird vor allem von der griechischen Presse scharf kritisiert. Die Medien sind bemüht, die unbeliebte Präsidentengattin zu kompromittieren. Tatsächlich finden sich alte Aktfotos, durch deren Veröffentlichung eine weniger seriöse Vergangenheit Mimis ans Licht gezerrt wird. Zudem werden Befürchtungen laut, Mimi beherrsche den todkranken Regierungschef auch politisch. Papandreou sei nicht mehr in der Lage, Politik und Privatleben zu trennen. Am 15. Januar 1996 wird Papandreou von seiner eigenen Partei zum Rücktritt gedrängt.

Eine lange Geschichte mit zwei Hochzeiten

Die Medien sind 1989 noch mit der Affäre zwischen Don Johnson und Barbra Streisand beschäftigt, da kündigt der Schauspieler die Hochzeit mit Melanie Griffith an.

Auch auf der Leinwand ein Paar: Melanie Griffith (geb. 1957) und Don Johnson (geb. 1949) in dem Film »Sommerparadies« (1991) von Mary Agnes Donoghue. In dem Remake des französischen Films »Am großen Weg« (1986) von Jean-Loup Hubert spielt das Schauspielerpaar zwei Eheleute, die sich nach dem Tod ihres Sohnes voneinander entfernt haben (l.). Auf dem rechten Bild sind die beiden auf dem Weg zu einer Preisverleihung im September 1993 zu sehen.

Es ist die zweite Eheschließung der beiden Schauspieler. Ihr Ziel ist mehr Häuslichkeit, und die Voraussetzungen dafür sind gut. Beide sind inzwischen erfolgreich und etabliert, und sie haben exzessive Phasen von Drogenabhängigkeit wohlbehalten überstanden. »Ich will mit Melanie alt werden und jung bleiben«, erklärt der spätestens seit der Fernsehserie »Miami Vice« zum männlichen Sexsymbol avancierte Johnson. Melanie, im Jahr zuvor mit dem Film »Die Waffen der Frauen« in die erste Reihe der Hollywood-Aktricen aufgerückt, träumt vom Familienleben auf dem Lande, das in einem Haus in dem noblen Wintersportort Aspen Realität wird. Das Hollywood-Märchen wird komplettiert von den Kindern: Der dreijährige Alexander stammt aus Melanies Verbindung mit dem Schauspieler Steven Bauer, der siebenjährige Jesse aus einer längeren Beziehung Dons mit dem Fotomodell Patti d'Arbanville, und die Neugeborene Dakota ist gemeinsamer Nachwuchs. Aber nach fünf Jahren macht das neue Traumpaar der Traumfabrik wieder mit Krisenmeldungen von sich reden,

und 1995 wird auch ihre zweite Ehe für gescheitert erklärt.

Die Lovestory von Melanie und Don hat bereits Anfang der 70er Jahre begonnen, als Melanie noch ein Teenie und Don ihr großer Schwarm war. Die beiden werden ein Paar, das 1977 heiratet. Da Don nach wie vor einen Ruf als Frauenheld zu verlieren hat und Melanie sich ihrerseits für seine Seitensprünge rächt, trennen sich beide nach nicht einmal einem halben Jahr – zunächst, wie sich herausstellt, nicht für immer.

1990–1999

Am Wunsch, das Zusammenleben durch eine Hochzeit zu krönen, hat auch die sexuelle Revolution nichts ändern können. Heiraten ist im Gegenteil wieder so bedeutend geworden, daß der Stand der Ehe sogar wichtig sein kann für das Image sowohl von Politikern als auch von Stars der Unterhaltungsbranche.

Prinzessin Kiko (geb. 1977) und Prinz Aya (geb. 1976) zeigen sich den Fotografen in westlicher Kleidung. In die Juwelen, die die Prinzessin auch künftig bei wichtigen Anlässen tragen soll, sind umgerechnet rund 200 000 Mark investiert worden.

Japans junge »Vier-Zimmer-Prinzessin«: Kiko Kawashima und Aya

Die letzte Hochzeit im japanischen Herrscherhaus liegt 30 Jahre zurück. Am 30. Juni 1990 heiratet zum zweiten Mal eine Bürgerliche in die Kaiserfamilie ein.

Die tausendjährigen Traditionen der ältesten Monarchie der Welt stehen Pate, als der japanische Kaisersohn Prinz Aya mit einer Serie von prächtigen Zeremonien im Kashikodokoro-Schrein seine bürgerliche Schülerliebe Kiko Kawashima heiratet. Dabei ist Aya in ein Gewand mit Unraku-Muster gehüllt, das nur die Mitglieder des Kaiserhauses tragen dürfen. Der kostbare Kimono, den die Braut trägt, ist allein ein Viertel der auf 160 Millionen Yen veranschlagten Kosten für die Hochzeit wert. Der 23jährige Prinz und seine ein Jahr jüngere Braut legen vor der Sonnengöttin Amaterasu ihr Eheversprechen ab.

Mit dieser Zeremonie unterwirft sich das Brautpaar den Überlieferungen, die sich auf die göttliche Natur des Kaiserhauses berufen. Dabei hat schon der Tenno (Kaiser) Hirohito, Ayas Großvater, nach dem Zweiten Weltkrieg auf Druck der amerikanischen Siegermacht auf seinen Status als Gott verzichtet. In Tokio und anderen Städten äußern Bürger ihr Mißfallen darüber, daß in ihrem demokratischen Staat im Kaiserhaus Traditionen weiterbestehen, die dessen Angehörige über die übrige Menschheit erheben. Drei Jahrzehnte zuvor hingegen ist es noch zu Demonstrationen gekommen, als Ayas Vater Hirohito das Kaiserhaus für eine aus dem Bürgertum stammende Kaiserin geöffnet hat. Sein zweiter Sohn Aya folgt nun diesem Beispiel seines Vaters. Da die Familie Kawashima zur Mittelschicht zählt, ist seine Braut in einer Wohnung mit nur vier Zimmern aufgewachsen – die Japaner nennen Kiko daher die »Vier-Zimmer-Prinzessin«. Dafür hat sie mit ihrer Familie, wie auch ihr Mann, Auslandserfahrungen in den USA und Österreich sammeln können: Sie spricht gut Englisch und etwas Deutsch. Um dem Leben im Umfeld des Tenno gewachsen zu sein, muß sie sich allerdings in acht weiteren »Hauptfächern« – darunter einer nur der Kaiserfamilie zugänglichen höfischen Dichtkunst – unterrichten lassen.

Prinzessin Kiko und ihr Vater, Professor Kawashima, spazieren entspannt zu ihrem Arbeitsplatz. Der Brautvater lehrt an der Gakushuin-Universität Wirtschaftswissenschaft, die Tochter studiert an der gleichen Hochschule Psychologie. An dem bis Ende des Zweiten Weltkriegs dem Adel vorbehaltenen Institut haben sich Aya und Kiko 1985 kennengelernt.

Zwischen Rebellion und Kommerz

Courtney Love und Kurt Cobain: 1991 begegnen sie sich in der aufblühenden Musikszene von Seattle. Aber sie sind die letzten Helden von Sex, Drogen und Rock'n'Roll.

Die mäßig erfolgreiche Rockmusikerin Courtney Love stößt 1991 als Groupie zu »Nirvana«. Sie und der Bandleader sind ebenbürtig in ihrer Exzentrik und Unberechenbarkeit, aber die blonde »Hexe«, wie sie von weniger wohlwollenden Insidern genannt wird, überzeugt den grüblerischen Kurt durch ihren intelligenten, respektlosen Witz. Ihre Hochzeit findet in kleinstem Kreise auf einem Felsvorsprung hoch über dem Meer statt. Der Bräutigam trägt einen grünen Pyjama, die Braut ein Kleid von Frances Farmer – jener Filmschauspielerin, die in den 40er Jahren ihre linke politische Gesinnung und offen gelebte Homosexualität mit der gerichtlichen Einweisung in eine psychiatrische Anstalt bezahlt hat.

Opfer einer öffentlichen Kampagne werden Courtney und Kurt selbst, nachdem in der Zeitschrift »Vanity Fair« ein Interview erscheint, in der Courtney behauptet haben soll, sie nehme auch in der Schwangerschaft Heroin. In den Medien werden sie jetzt wie Kinderschänder behandelt, was sowohl das Paar als auch die Band beinahe zerbrechen läßt. In dieser Zeit spielt Courtney mit dem Gedanken, sich, und damit auch ihr Kind, umzubringen.

Doch es ist Kurt, der dem Gedanken die Tat folgen läßt. Am 7. April 1994 erschießt sich der 27jährige Musiker mit einer abgesägten Schrotflinte. Wie er zu der Waffe gekommen ist, und was er in den vorausgegangenen Tagen getan hat, bleibt rätselhaft. Erst zwei Wochen zuvor hat der US-Fernsehsender CNN voreilig den Tod Cobains gemeldet. Courtney Love hat ihn in seinem Hotelzimmer in Rom bewußtlos und mit einer Mixtur aus Alkohol, Schlaftabletten und Heroin im Leib aufgefunden. Die Ärzte können ihn gerade noch retten. Cobain und seine Band »Nirvana« schließen ihre Europa-Tournee einige Tage später in München ab. In Seattle zurück, verliert sich zunächst seine Spur.

Kurt Cobain (1967–1994) ist eine der Leitfiguren seiner Generation. Seine Rockband »Nirvana« gilt als Wegbereiter des »Grunge« (das Slangwort bezeichnet eigentlich den Schmutz unter den Fingernägeln), der sich in der Nachfolge des Punk sieht. Zum Lebensgefühl der Grunge-Generation gehört die Verweigerung von Erfolg und Karriere. Cobain zerbricht schließlich am Widerspruch zwischen dieser Haltung und seinem Erfolg im Showbusiness.

Courtney Love (geb. 1965) macht nach dem Tod ihres Mannes einen Ausflug ins Filmgeschäft. 1996 gibt sie in Milos Formans »Larry Flint« (l.) ein vielbeachtetes Debüt als Geliebte eines Pornoverlegers. Schon bevor sie Kurt Cobain kennenlernt, versucht sie mit ihrer Rockband »Hole« eine Karriere als Musikerin. Kurz vor dem Erscheinen des zweiten »Nirvana«-Albums »Nevermind«, das zum sensationellen Chartbreaker von 1991 wird, bilden Courtney Love und Kurt Cobain das exzentrischste Paar der Popszene. Die gemeinsame Tochter Frances kommt 1992 kurz nach der Hochzeit auf die Welt (u.).

Wenn die Liebe durch die Nase geht: Kate Capshaw und Steven Spielberg

»Es ist so langweilig, sich in einen Regisseur zu verlieben«, erklärt die Schauspielerin noch 1982. Im Oktober 1991 heiratet sie den erfolgreichsten aller Regisseure.

Amy Irving ist die erste Gattin Steven Spielbergs und eine der teuersten Frauen der Welt: Nach der Scheidung werden ihr 100 Millionen Dollar Abfindung zugesprochen, was einem Betrag von 78 000 Dollar pro Tag Ehe entspricht.

Amy Irving (r.) in Barbara Streisands Musical »Yentl«. Die 1983 verfilmte Geschichte erzählt von einem jüdischen Mädchen, das um 1900 als Junge verkleidet den Talmud studiert.

Während Amy Irving mit Barbra Streisand an dem Musical »Yentl« arbeitet, bereitet ihr Mann Steven Spielberg den Comicschocker »Indiana Jones und der Tempel des Todes« vor. Für die weibliche Hauptrolle testet er ein neues Talent: Kate Capshaw. Der Regisseur ist begeistert von der Ausdrucksfähigkeit, mit der sie die Texte meistert. Als er ihr eröffnet, sie müsse eine vier Meter lange Pythonschlange umarmen, bricht sie allerdings in Tränen aus. Von der Szene mit Hunderten von Insekten, die über sie hinwegkrabbeln, weiß sie bis dahin noch nichts.

Spielberg überwindet auch diese Schwierigkeiten. Sein an ein straffes Regiment gewöhntes Team lernt dabei einen völlig neuen Chef kennen: Spielberg ist verliebt. Kate Capshaw erklärt später, daß sie am Geruch erkannt habe, sie gehören zusammen. Anfangs mühen sich beide zunächst noch, ihre angeschlagenen Ehen zu kitten. 1991 sind sie frei füreinander. Jahre später sieht Kate »Tempel des Todes« im Fernsehen und fragt ihren Mann, was nach diesem Film aus ihrer Karriere geworden sei. Stevens Antwort: »Du warst nicht für Karriere bestimmt. Du warst dazu bestimmt, mit mir zusammen zu sein.«

Kate Capshaw (geb. 1953) und Steven Spielberg (geb. 1947) legen ehevertraglich fest, daß Kate im Falle einer Scheidung zwei Millionen Dollar für jedes Ehejahr erhält. Spielbergs Kommentar: »Ich liebe dich – du bist jeden Cent wert.«

Das Leben als Kunstwerk: Ilona Staller und Jeff Koons

Neun Monate währt der am 1. Juni 1991 in Budapest geschlossene Bund zwischen der italienischen Pornodiva und dem amerikanischen Künstler.

Kunst, Politik, Geld und Sex gehen in dieser Beziehung eine zwar kurze, aber bislang nie dagewesene Verbindung ein. Ilona Staller dreht seit Ende der 70er Jahre erfolgreiche Pornofilme, mit denen sie sich bei ihren italienischen Landsleuten den Beinamen »Cicciolina« (Schnuckelchen) erwirbt. 1987 gibt sie diese Tätigkeit auf, um in das nationale Parlament in Rom einzuziehen. Nach einem Wahlkampf mit zahlreichen medienwirksamen Oben-ohne-Auftritten hat sie für ihre sich als »radikalliberal« bezeichnende »Partei der Liebe« einen beträchtlichen Stimmenanteil erreicht.

Jeff Koons stellt sich mit seinen Arbeiten im Rahmen einer erweiterten »Konzeptkunst« Anfang der 80er Jahre erfolglos in die Tradition von Marcel Duchamp und Andy Warhol. Seine durch Lichteffekte verfremdeten Readymades wie Kochtöpfe und Staubsauger finden die Zustimmung der Kritik, aber keine Käufer. Er schlägt sich als Aushilfsbroker an der New Yorker Börse durch und entwickelt aus der Beobachtung der sich dort entfaltenden Yuppie-Kultur seinen eigentlichen Stil. Er gießt ein »Playboy«-Häschen in Edelstahl oder läßt von Südtiroler Handwerkern eine lebensgroße Michael-Jackson-Skulptur aus Porzellan herstellen, die den Popmusiker mit seinem Affen Bubbles und umgeben von goldenen Blütenblättern zeigt. Während sich die Kritik an der Frage »Kunst oder Kitsch?« aufreibt, kann Koons erstmals von seiner Kunst leben.

Als sein größtes Kunstwerk aber würdigen die Medien Koons Heirat mit Ilona Staller. Nach der Hochzeit zieht das Paar in eine Zehn-Zimmer-Wohnung in München. Mit Bildern und Skulpturen, die

Ilona Staller (geb. 1953) und Jeff Koons (geb. 1955) am Tag der Hochzeit in Ungarn, dem Heimatland der Braut. Seit 1987 ist Ilona Staller als Abgeordnete für die »Partei der Liebe« im italienischen Parlament vertreten.

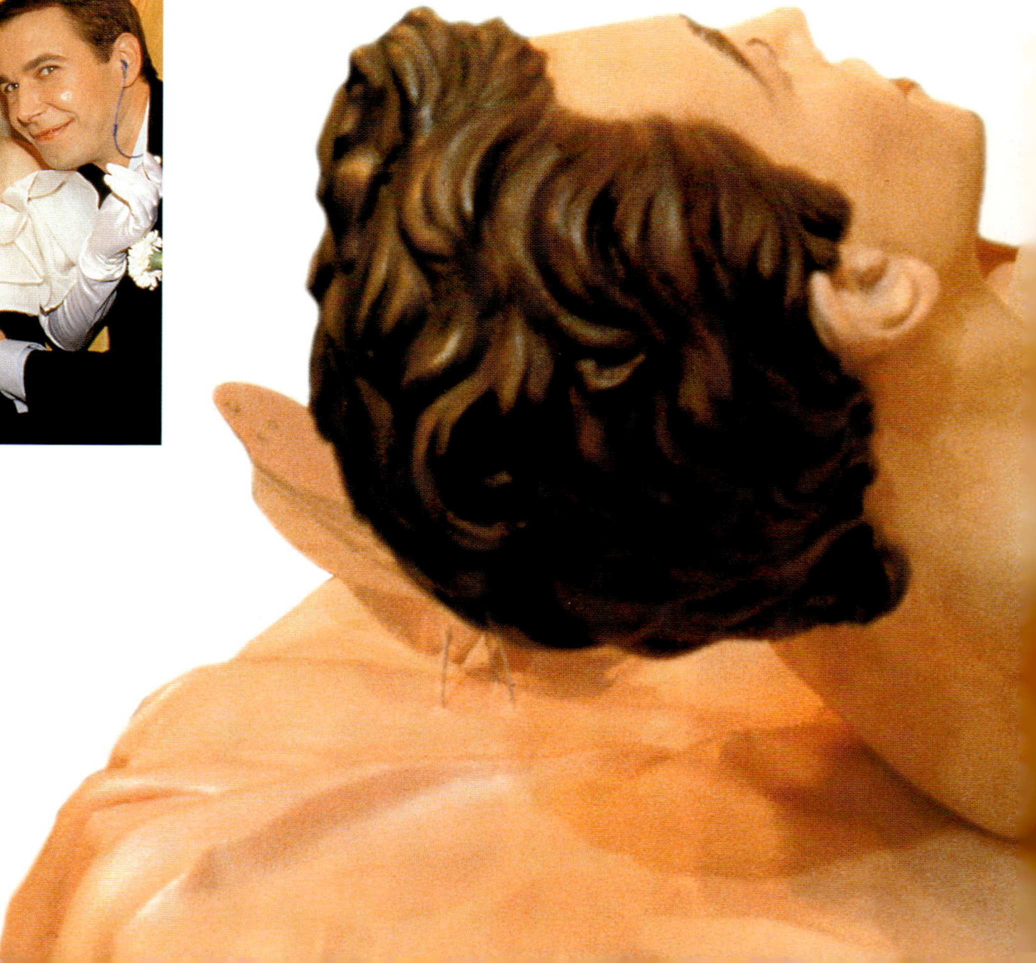

das Paar in verschiedenen erotischen Stellung zeigen, bringt er nun die Kritik vollständig gegen sich auf. Galerien und Käufer aber reißen sich um die Werke, große Museen widmen ihm Einzelausstellungen. Als der Sohn Ludwig auf die Welt kommt, feiern ihn die Eltern als ihre »erste biologische Skulptur«. Doch schon wenige Monate nach der Geburt trennt sich das Paar. Ilona klagt, daß ihr Mann sie am liebsten in die Küche verbannen würde. Jeff entdeckt indes »große kulturelle und gesellschaftliche Unterschiede«, die das Zusammenleben unmöglich machten. Es beginnt eine italienisch-amerikanische Schlammschlacht um das Sorgerecht für das Kind. Ludwig wird 1994 zweimal gekidnappt – einmal von seinem Vater nach New York, dann von seiner Mutter nach Rom. Im März 1998 wird das Kind schließlich dem Vater zugesprochen. Die Mutter, so begründet das Gericht in Rom, sei »zu tolerant und zu freizügig« für eine gute Erziehung.

In einer Serie von Skulpturen und Gemälden unter dem Titel »Made in Heaven« stellt Jeff Koons den Liebesakt zwischen seiner Frau und ihm dar.

Eine Ehe für gewisse Stunden

Richard Gere und Cindy Crawford: Die Hochzeit 1991 gilt in der Branche als PR-Gag.

Als Richard Gere und Cindy Crawford im Dezember 1991 ihre Heirat bekanntgeben, hat das amerikanische Showbusiness ein neues Traumpaar. Jeder Schritt und jede Geste der beiden Superstars in der Öffentlichkeit wird fortan genauestens beobachtet und kommentiert. In der klatschfreudigen Szene herrscht Skepsis. Gerüchte, nach denen die Heirat nur ein Publicity-Gag zur Vermehrung von Schlagzeilen ist, verstummen nicht.

Cindy Crawford, aufgewachsen in kleinbürgerlichen Verhältnissen in der US-Provinz, bricht ihr Chemieingenieur-Studium vorzeitig ab, als sie feststellt, daß ihr Nebenjob als Model ein einträglicher Beruf sein kann. Sie wird zunächst von einer Agentur in Chicago betreut, fühlt sich dort aber ausgenutzt. Zudem leidet sie unter der Einsamkeit, die das Leben in den Hotelzimmern der großen Modezentren mit sich bringt. Dabei entwickelt sie eine äußerst realistische Einstellung zu dem angeblichen Traumberuf des Models. Cindy Crawford wird zu einer selbstbewußten und kühl kalkulierenden Vermarkterin

Cindy Crawford (geb. 1966) und Richard Gere (geb. 1949) kurz nach ihrer Hochzeit auf einem Ball in Hollywood. Während sie sich in ihrer Ehe häufig zu offiziellen Anlässen zeigen, sind beide selten gleichzeitig in ihren gemeinsamen Wohnungen in Manhattan, Malibu in Kalifornien oder auf ihrem Landsitz in Westchester im US-Bundesstaat New York anzutreffen.

ihrer selbst. Der Durchbruch ist geschafft, als ihr Gesicht 1986 auf dem Titelbild der August-Ausgabe von »Vogue« erscheint. Um die Kurzlebigkeit einer Model-Karriere wissend, sichert sie sich frühzeitig andere Einnahmequellen. Sie schließt unter anderem einen hochdotierten Langzeitvertrag mit dem Kosmetikhersteller Revlon ab und bestreitet seit 1989 in den USA eine eigene Fernsehshow.

Seit seinem Erfolg in »Ein Mann für gewisse Stunden« (1980) ist der Farmerssohn und ehemalige Philosophie-Student Richard Gere einer der gefragtesten Schauspieler Amerikas. Wegen seines guten Aussehens und seiner Wirkung auf Frauen gilt er seither als das männliche Sex-Symbol der 80er Jahre. Ein Jahr vor der Hochzeit mit Cindy Crawford feiert er mit »Pretty Woman« noch einmal einen Welterfolg.

Den ständigen Gerüchten, ihre Ehe bestehe nur auf dem Papier, treten Cindy Crawford und Richard mit einer einzigartigen Maßnahme entgegen. 1994 veröffentlicht das Paar in der Londoner Tageszeitung »Times« eine ganzseitige Anzeige mit dem offiziellen Dementi. Doch noch im Dezember desselben Jahres geben die beiden ihre Scheidung bekannt.

Bei einer Prêt-à-porter-Show in Paris im November 1997 ist Cindy Crawford im Stil der 20er Jahre gekleidet. Die Pariser Couturiers schicken zum Finale ihrer exklusiven Modenschauen die teuren Supermodels oft im Brautkleid oder wie hier in einem historischen Kostüm auf den Laufsteg. Das Vermögen, das sich Cindy Crawford zwischen 1986 und 1998 in der Modewelt erarbeitet hat, wird auf 61 Millionen Dollar geschätzt. Nach der Scheidung von Richard Gere heiratet die 32jährige 1998 den New Yorker Nachtklubbesitzer Rande Gerber.

Zum Hollywood-Traumpaar des Jahres 1990 werden Richard Gere und seine Filmpartnerin Julia Roberts mit ihrem Film »Pretty Woman«, der sich weltweit zum Kassenknüller entwickelt. Trotz dieses immensen Erfolges steht das Gespann Roberts-Gere erst 1998 für den Film »Die Ausreißerin« wieder gemeinsam vor der Kamera.

Richard Gere und der Dalai Lama: Der Filmstar ist 1986 zum Buddhismus übergetreten und häufiger Gast des Dalai Lama in dessen indischem Exil. Nachdem er 1993 in seiner Rede bei der Oscar-Verleihung die chinesische Politik gegenüber Tibet scharf kritisiert hat, wird er in den USA nicht mehr zu Preisverleihungen eingeladen.

Ein Herzensbrecher findet die perfekte Frau

Annette Bening und Warren Beatty heiraten im Jahr 1992.

Im Herbst 1990 ist Warren Beatty, der als Produzent, Ko-Autor und Hauptdarsteller seinen neuen Film »Bugsy« plant, in einer Pizzeria mit einer Schauspielerin verabredet, die neben ihm die Hauptrolle spielen soll. Annette Bening begeistert ihn nicht nur von der beruflichen Seite. Für ihn ist alles an ihr perfekt. Während sie den Vorsatz faßt, die Filmarbeit nicht mit Gefühlen zu vermischen, weiß Warren Beatty vom ersten Moment an, daß sie zusammengehören. Noch während der Dreharbeiten werden sie ein Paar.

Warren Beatty begleitet ein teils bewundernder, teils zweifelhafter Ruf als größter Herzensbrecher Hollywoods. Im Zusammenhang mit seinen Affären kursieren zahlreiche Namen wie Leslie Caron, Joan Collins, Madonna oder Diane Keaton. Doch damit hat es ab 1992 endgültig ein Ende. Mit der 20 Jahre jüngeren Annette Bening schließt der jüngere Bruder von Shirley MacLaine im Alter von 55 Jahren zum ersten Mal die Ehe. Es ist der Beginn eines dauerhaften Familienglücks, aus dem drei Kinder hervorgehen.

»Bugsy« sollte ein großer Erfolg werden, doch der Film kann die Erwartungen nicht erfüllen. Der Regisseur Barry Levinson porträtiert in dieser leisen Komödie die letzten zehn Lebensjahre des Gangsters Bugsy Siegel, dargestellt von Warren Beatty. Annette Bening spielt die Frau, in die er sich verliebt. Seine erste und sofort überzeugende Filmrolle hat Warren Beatty 1961 in »Fieber im Blut« (o.). Erneut treten Beatty und Bening in dem Remake »Love Affair« (1994, zweites Foto v. o.) als Paar auf. Shirley MacLaine, die Schwester Warren Beattys, gehört zur Familie (drittes Foto v. o.). Warren Beatty (geb. 1937) und Annette Bening (geb. 1958) privat: Für ihn ist sie »Miss Perfect«.

Träume und Liebesleben der Stadtneurotiker

Im August 1992 gibt Woody Allen die Trennung von seiner Frau bekannt. Er will seine Adoptivtochter Soon-Yi heiraten.

Die Pressevorführung seines Films »Ehemänner und Ehefrauen« gerät zu einem kleinen Skandal: Mit höhnischen Zwischenrufen kommentieren die geladenen Medienvertreter die verblüffenden Parallelen zwischen dem gleichzeitig vor Gericht ausgebreiteten Privatleben des Regisseurs und der Handlung seines neuesten Streifens. Allen selbst spielt darin einen Literaturwissenschaftler, dessen Ehe mit einer von Allens Ehefrau Mia Farrow dargestellten Kunstkritikerin auseinanderbricht. Der einsame Professor tröstet sich schließlich mit einer 21jährigen Studentin.

Auch in Wirklichkeit leben die Allens seit Jahren von Tisch und Bett getrennt. Mia ist mit einer Schar eigener und adoptierter Kinder aufs Land gezogen, Woody bleibt in seinem geliebten Manhattan. Unterdessen entwickelt sich eine Beziehung zwischen ihm und seiner 21jährigen Adoptivtochter Soon-Yi Previn. Die Koreanerin ist als Kleinkind von Mia Farrow adoptiert worden, als sie noch mit dem Stardirigenten André Previn zusammengelebt hat.

Öffentlich wird die Beziehung zwischen dem Endfünfziger und dem Twen, als Mia in Woodys Appartment Fotos entdeckt, auf denen Soon-Yi aufreizend posiert. Mia reicht die Scheidung ein, und der anschließende Kampf um das Sorgerecht für die anderen Kinder wird zu einer der größten Schlammschlachten, die US-Filmstars jemals vor Gericht ausgetragen haben. Mia gibt vor, Woody habe auch die minderjährigen Kinder Dylan und Satchel sexuell mißbraucht. Doch ihm können nur intime Beziehungen zu Soon-Yi nachgewiesen werden, und die ist volljährig. Schon ein Vierteljahr nach der Hochzeit an Weihnachten 1997 bahnt sich ein erster neuer Konflikt an: Soon-Yi will den erklärten Gegner jeglicher körperlicher Ertüchtigung zum Besuch eines Fitneßstudios bewegen.

»Der Stadtneurotiker« prägt 1977 einen neuen Typ des Leinwandhelden. Die weibliche Hauptrolle spielt Woody Allens Lebensgefährtin Diane Keaton (o.). Mit seiner Frau Mia Farrow (l. in »Verbrechen und andere Kleinigkeiten« von 1989) dreht er 13 Filme.

Woody Allen (geb. 1935) mit seiner Adoptivtochter Soon-Yi (geb. 1971) am 26. Dezember 1997, drei Tage nach ihrer Hochzeit in Paris. Der Schnappschuß entsteht bei einem Spaziergang in den Tuilerien. Die Hochzeit hat in Venedig stattgefunden. Die beiden europäischen Städte sind auch Schauplätze von Allens zuvor gedrehtem Film »Jeder sagt: Ich liebe dich«.

Gemeinsam das Land verändern: Hillary Rodham und Bill Clinton

Als Bill Clinton am 3. November 1992 zum 42. Präsidenten der Vereinigten Staaten gewählt wird, weiß er, daß er dies auch dem wahltaktischen Geschick seiner Frau Hillary zu verdanken hat.

Am 1. November 1992 absolvieren Bill (geb. 1946) und Hillary Clinton (geb. 1947) in New Jersey einen ihrer letzten Wahlkampftermine (l.). Vor allem für das junge und liberale Amerika ist das Paar ein Hoffnungsträger. Politische Verantwortung übernimmt die Präsidentengattin, als sie 1994 im Garten des Weißen Hauses mit ihrem Mann ein Hilfsprogramm für arbeitslose Eltern startet. Ihr 1993 eingebrachtes Krankenversicherungsgesetz ist an der republikanischen Senatsmehrheit gescheitert.

Die neue amerikanische First Lady Hillary Rodham Clinton ist nicht wie ihre Vorgängerinnen nur »die Frau an seiner Seite«, sondern eine eigenständige Persönlichkeit mit Anspruch auf politischen Einfluß. Bill und Hillary kennen sich schon seit ihrer Studienzeit. Beiden gelingt bereits in jungen Jahren eine atemberaubend steile juristische Karriere: Während Hillary Rodham bald nach Studienabschluß Aufnahme in einer der renommiertesten Anwaltskanzleien der USA findet wird Bill Clinton 1973 Jura-Professor an der Universität seines Heimatstaates Arkansas.

Im Jahr 1978 mit nur 32 Jahren zum Gouverneur von Arkansas gewählt, peilt Bill Clinton ein neues Ziel an: den Einzug ins Weiße Haus. Im Juli 1992 nominiert ihn die Demokratische Partei zum Präsidentschaftskandidaten gegen den 68jährigen Amtsinhaber George Bush. Dessen Republikanische Partei attackiert den Herausforderer, der mit seinem an John F. Kennedy erinnernden jugendlichen Charme ein gefährlicher Gegner ist, mit einer persönlichen Diffamierungskampagne. Auf der Suche nach kompromittierenden Fakten werden sogar Einzelheiten aus der traurigen Kindheit des Kandidaten öffentlich gemacht. Ein anderes Argument der Kampagne ist die Tatsache, daß Clinton es vorzog, in Oxford zu studieren, statt im Vietnam-Krieg zu kämpfen. Außerdem habe Clinton früher auch schon Rauschgift genommen. Am schlimmsten aber wiegen in den von puritanischer Tradition geprägten USA die Vorwürfe der ehelichen Untreue. Von den Medien und den Gegnern in die Enge getrieben, gibt Clinton eine längst beendete außereheliche Affäre zu. Diese Situation, die für einen US-Präsidentschaftkandidaten das politische Ende bedeuten kann, wird von Hillary Clinton entschärft. In einem Fernsehinterview erklärt sie kühl, diese Affäre sei längst vorbei und außerdem ihre und ihres Mannes Privatsache. Wer etwas an Bill Clinton auszusetzen habe, müsse ihn nicht wählen.

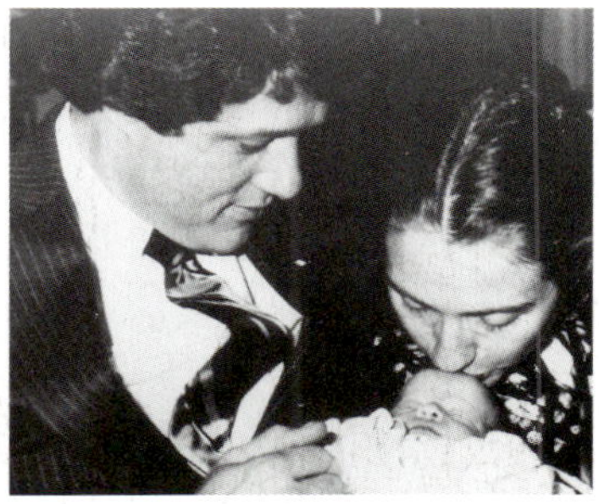

Am 20. Januar 1993 leistet Bill Clinton auf den Stufen des Washingtoner Kapitols seinen Amtseid. Der Wahlerfolg wird gleichzeitig als Familienglück präsentiert: Neben Ehefrau Hillary nimmt auch Tochter Chelsea (l.) an dem Fest teil, die am 5. März 1980 geboren wird (ganz o.). Amerikas Politik wird nicht nur in den Büros des Weißen Hauses entschieden, sondern der Präsident und seine Gattin bewegen sich auch auf Empfängen stets auf politischem Parkett.

»Spektakulärer als die Mondlandung«

Bei einer Show am 10. Oktober 1993 verliebt sich der Magier David Copperfield in das Model Claudia Schiffer.

In der Deutschen Oper Berlin zeigt der bisher nur in seiner Heimat gefeierte amerikanische Illusionist seine spektakuläre Show. Die Regie sieht vor, daß bei dieser Veranstaltung Claudia Schiffer den Gast aus dem Publikum mimen soll. Nicht nur das Publikum ist hingerissen: Bei der Premierenfeier ziehen sich Schiffer und Copperfield, von Bodyguards abgeschirmt, stundenlang zurück und tuscheln miteinander. Nach einem Tanz im Blitzlichtgewitter der Pressefotografen verlassen sie das Fest gemeinsam gegen drei Uhr.

Als Claudia zu Terminen nach Paris abreist, folgt ihr David. Seine Pressestelle verwöhnt die Medien mit einem regelrechten Bulletin: »Um 10.30 Uhr saß Copperfield in der Chanel-Show in Paris, bewunderte Claudia, die mit von Karl Lagerfeld entworfenen Minis über den Laufsteg lief. Anschließend ging es unter der Aufsicht von Mama Schiffer zum Shopping. Abends trafen sich die beiden (ohne Mama) zum Essen im Hotel Ritz in einer Suite.« Kurz darauf folgt Claudia David zu dessen Gastspiel nach München, wo die Boulevardpresse von innigen Zärtlichkeiten in der Diskothek berichtet. Ein halbes Jahr später, im März 1994, wird die Verlobung von Claudia Schiffer und David Copperfield bekanntgegeben.

Zu den Spekulationen, die beide nicht einmal auf dem Klageweg endgültig ausräumen können, gehört, daß die Liebesgeschichte eine reine Promotionveranstaltung sei: Der ständigen Fragen nach seiner Homosexualität überdrüssig, habe Copperfield eine der schönsten Frauen der Welt als Begleiterin engagiert. »Aber«, so entgegnet der Illusionist, »warum sollten wir unsere besten Jahre für eine Lüge verschwenden?«. Sollte es zu einer Hochzeit kommen, so wird dieses Ereignis »spektakulärer als die Mondlandung«.

Der Illusionist David Copperfield läßt einen Eisenbahnwaggon verschwinden, durchdringt die Chinesische Mauer oder stürzt sich, angekettet an ein brennendes Floß, die Niagara-Fälle hinunter.

Claudia Schiffer (r.) mit Karl Lagerfeld. Der Modeschöpfer läßt sich von dem Paar Schiffer-Copperfield zu einem Fotoband nach Goethes »Faust«-Tragödie inspirieren. Das Model verkörpert Gretchen und der Magier die Titelfigur.

Mit dem 2848. Stern auf dem »Walk of Fame« in Los Angeles wird der amerikanische Entertainer David Copperfield geehrt. An der Feier am 25. April 1995 nimmt auch seine Verlobte, das deutsche Topmodel Claudia Schiffer, teil. Beide sind hochdotierte Spitzenkräfte ihrer jeweiligen Branche: Während das Jahreseinkommen David Copperfields im Jahr 1994 auf 100 Millionen Dollar geschätzt wird, liegen Claudia Schiffers Einkünfte im gleichen Jahr immerhin bei rund 30 Millionen Dollar. Seit seiner Verlobung macht das Paar sowohl durch Trennungs- als auch Heiratsgerüchte von sich reden.

Eine Ehe auf der Seite der Unterdrückten

Winnie Madizikela und Nelson Mandela sind die Lichtgestalten des Freiheitskampfes in Südafrika. Doch im März 1996 wird das Paar geschieden.

Zu den Ursachen der Entfremdung gehört zum einen eine Affäre, die Winnie während Nelsons Gefangenschaft hat. Zum anderen brechen Unterschiede in der politischen Auffassung auf. Winnie befürwortet die Hinrichtung schwarzer Spitzel durch »Halskrausen« aus brennenden Autoreifen, droht den »Terroristen« in der Regierung Gewalt an und nennt die Sowjetunion »das Ziel ihrer Hoffnungen und Sehnsüchte«. Sie umgibt sich mit einer Leibgarde, dem sogenannten »Mandela United Football Team«, dem verschiedene gewalttätige Übergriffe bis hin zum Mord angelastet werden. Der ANC stellt sie politisch kalt, doch mit der Haftentlassung ihres Mannes gelingt ihr ein Comeback. Kurze Zeit später aber wird sie wegen der Mißhandlung schwarzer Jugendlicher, bei der ein Opfer zu Tode kommt, verurteilt. Daraufhin gibt Mandela im April 1992 die Trennung bekannt.

Gekreuzt haben sich ihre Lebenswege 35 Jahre zuvor: Der 38jährige Rechtsanwalt lernt die 22jährige Sozialarbeiterin 1957 bei einem Arbeitsessen kennen. Thema ist die Geldbeschaffung für den Verteidigungsfond des Hochverratsprozesses gegen ihn und einige seiner politischen Freunde. Für eine Romanze ist die Zeit denkbar ungünstig, denn neben dem drohenden Prozeß und dem bereits wirksamen Bann bricht gerade Mandelas Familie auseinander, und seine Kanzlei läuft schlecht. Doch Winnie und Nelson werden ein Paar, dessen gemeinsames Ziel nichts weniger als eine Revolution ist. Bei der Hochzeit am 14. Juni 1958 hält der Brautvater eine prophetische Rede: »Diese Ehe wird nicht auf Rosen gebettet sein. Sie wird von allen Seiten bedroht sein und nur tiefe Liebe wird sie bewahren können.« 1964 wird Nelson zu lebenslanger Haft verurteilt, doch der gemeinsame Kampf wird über die Gefängnismauern hinweg fortgeführt. Selbst mehrfach in Haft und Verbannung, wird Winnie für Südafrikas farbige Bevölkerung die »Mama Wetu«, die Mutter der Nation.

Winnie und Nelson bei einem ihrer Triumphzüge nach Mandelas Freilassung im Jahr 1990. Sein hellwacher politischer Instinkt und der persönliche Charme, den der 72jährige nach 27 Jahren Haft ausstrahlt, nötigen selbst Gegnern höchsten Respekt ab. In der Ehe kommt es jedoch bald zu einer Krise.

Ein Bild aus den glücklichen Tagen des Anfangs: Nach dem Ende einer vorigen Ehe heiratet der erste farbige Rechtsanwalt Johannesburgs, Nelson Mandela (geb. 1918), die erste farbige Sozialarbeiterin Südafrikas, Winnie Mandizikela (geb. 1934). In den folgenden Jahrzehnten der Trennung durch Verfolgung und Inhaftierung wird das durch keine Demütigung zu beugende Paar zum Mythos von Bürgerrechtlern auf der ganzen Welt.

Der Sieger im Anschluß an die historische Parlamentssitzung in Kapstadt: Nach 300 Jahren weißer Vorherrschaft und Unterdrückung der schwarzen Bevölkerungsmehrheit hat Südafrika seinen ersten schwarzen Präsidenten. Am 9. Mai 1994 wird Nelson Mandela (M.) gewählt. Anläßlich der Amtseinführung Mandelas am folgenden Tag demonstriert die Anwesenheit von Staatsoberhäuptern aus rund 170 Nationen auch den Schluß der politischen und wirtschaftlichen Isolation Südafrikas. Für ihre Bemühungen um ein Ende des Apartheid-Systems haben Mandela und sein Amtsvorgänger Frederick de Klerk (l.) bereits im Jahr zuvor den Friedensnobelpreis erhalten.

Zu Winnie Mandelas (l.) letzten Amtshandlungen als stellvertretende Ministerin für Kunst, Kultur, Wissenschaft und Technik gehört die Enthüllung eines Denkmals für den ermordeten Kommunistenführer Chris Hani im April 1995. Sie wird begleitet von den Töchtern Zenani (geb. 1959) und Zindziswa (geb. 1960). Bereits im März ist sie von ihrem Mann zunächst aus dem Kabinett entlassen worden, erreicht aber mit Hilfe des Innenministers und Mandela-Gegners Mangosuthu Buthelezi zumindest vorübergehend ihre Wiedereinsetzung.

Liebesgeflüster unter Palmen: Nicoletta Mantovani und Luciano Pavarotti

In aller Stille beenden Adua Veroni und der Startenor am 18. März 1996 vor einem Gericht in Modena nach 35 Jahren ihre Ehe. Damit ist der Weg frei für Pavarottis junge Sekretärin und Geliebte.

Schon seit Herbst 1995 kursieren Gerüchte über eine Affäre zwischen dem beleibten, fast 60jährigen Belcanto-Star und seiner zierlichen, 34 Jahre jüngeren Sekretärin. Den ersten Fotobeweis liefern Paparazzi den europäischen Gazetten im Februar 1996 aus dem fernen Barbados. Zärtlich tauschen die Liebenden auf einer Hängematte unter Palmen Küsse aus und planschen ausgelassen in karibischen Wellen. Pavarottis Ehefrau Adua, geborene Veroni, reagiert sofort: »Luciano wird hoffentlich nicht im Zustand einer momentanen Euphorie entscheiden wollen, ob er über einen Punkt hinausgeht, an dem es kein Zurück mehr gibt.« Adua weiß aus eigener Erfahrung, welche Attraktivität italienische Tenöre gerade auf junge Frauen ausüben. Doch dem Eindruck, es könne sich um eine flüchtige Romanze zwischen einem Fan und einem Star handeln, tritt das Liebespaar selbst entschlossen entgegen. Luciano erklärt vor der Presse: »Ich und Nicoletta sind sehr glücklich, und das sieht man. Es zu leugnen, wäre frevelhaft.« Nicoletta ergänzt: »Bevor ich Luciano kannte, war ich ein unbedarftes Mädchen. Jetzt bin ich eine Frau.«

Familienidyll am Flügel: Luciano Pavarotti (geb. 1935) mit Ehefrau Adua und den Töchtern Giuliana (l.), Cristina (2. v. l.) und Lorenza (r.). Überglücklich präsentiert sich der Startenor 1996 mit seiner Geliebten Nicoletta Mantovani (geb. 1969) den Fotografen (gegenüberliegende Seite).

Adua bleibt zunächst kämpferisch. An der Arbeit, durch die Luciano schließlich zu einem der größten Tenöre des Jahrhunderts geworden ist, hat sie einen entscheidenden Anteil. Es ist eine Jugendliebe, und als Luciano im Alter von 26 Jahren seine ersten Auftritte auf Opernbühnen bewältigt hat, heiratet er 1961 seine Adua. Sie leitet bis 1968 das Management. Nachdem der renommierte New Yorker Impresario Herbert Breslin diese Geschäfte übernommen hat, kümmert sich Adua um die Verwaltung des beträchtlich anwachsenden Vermögens. Doch im Frühjahr 1996 muß sie der jüngeren Rivalin weichen.

Um die Klatschpresse nicht zusätzlich mit Stoff zu versorgen, willigt sie in eine Scheidung ein. Luciano und Nicoletta leben fortan abwechselnd in New York und einem Landhaus bei Modena.

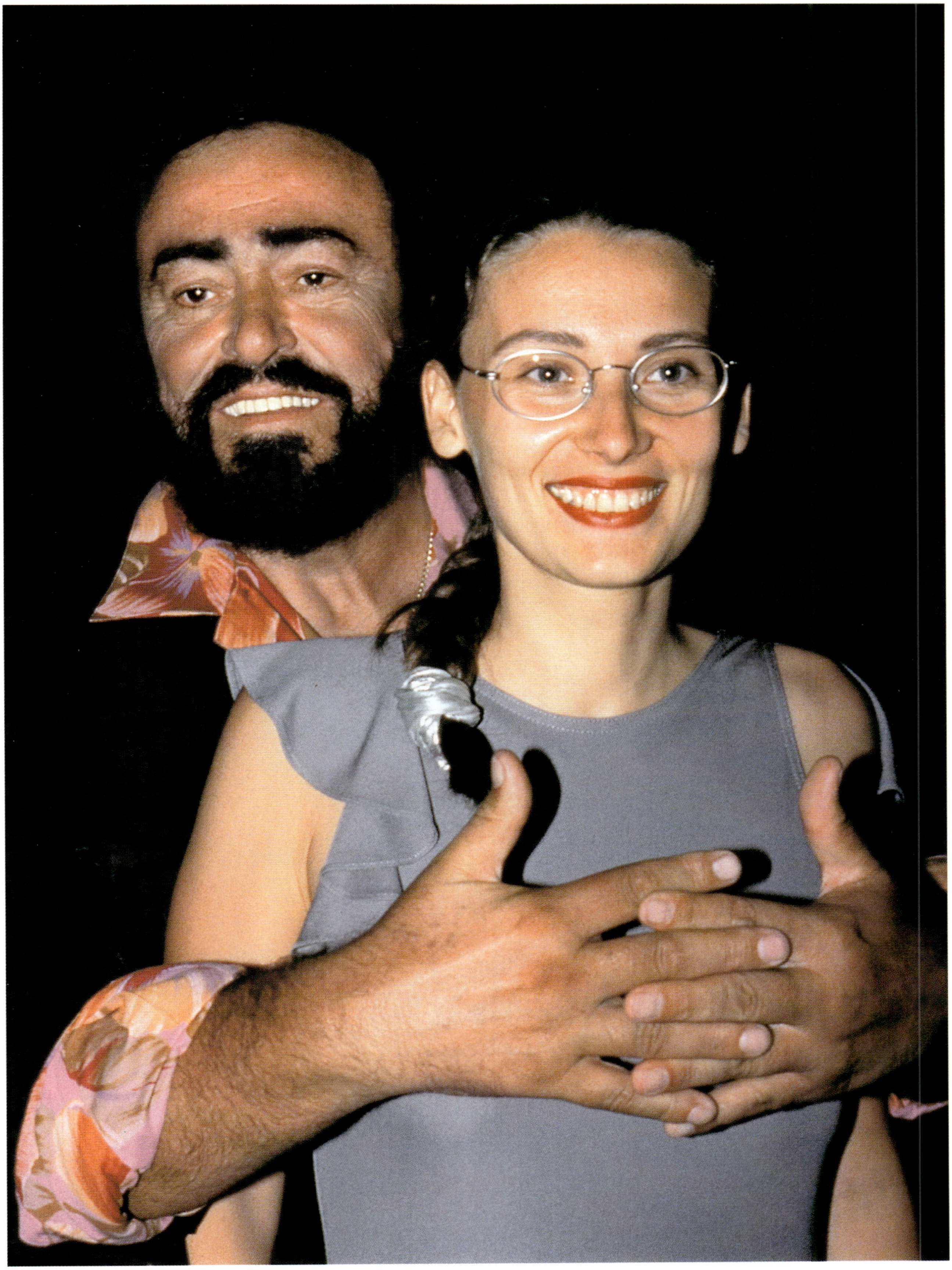

Königlich, olympisch: Cristina und Iñaki Urdangarin

Spaniens Infantin heiratet am 4. Oktober 1997 einen Handball-Nationalspieler.

Genau 38 Herrscherhäuser, so verzeichnet das Protokoll, erweisen der spanischen Königsfamilie anläßlich der Heirat von Infantin Cristina und dem bürgerlichen Iñaki Urdangarin die Ehre – neben den Europäern aus Großbritannien, Schweden, Griechenland, Baden, Hessen, Monaco und anderen auch König Letsie III. von Lesotho und als »Kaiser von Iran« der Sohn des ehemaligen Schahs Reza Pahlewi. Dessen Anwesenheit führt jedoch zu einem Protest der iranischen Regierung.

Die Hochzeiten des spanischen Hochadels laufen nach jahrhundertealtem Zeremoniell ab. Im Alltag aber bemühen sich König Juan Carlos und Königin Sofia um Volksnähe, dezentes Auftreten und Fortschritt für ihre bis Mitte der 70er Jahre durch eine Diktatur gelähmte Nation. Die Herrscherfamilie wohnt nicht mehr in ihrem prunkvollen Palast im Zentrum Madrids, sondern hat sich in den Zarzuela-Palast außerhalb der Hauptstadt zurückgezogen. Die Infantin verdient ihr Geld sogar selbst: Für rund 2500 Mark monatlich arbeitet sie bei der Kulturstiftung der Stadtsparkasse von Barcelona.

Obwohl der Schwiegersohn bürgerlicher Herkunft ist, scheint er nach Kriterien politischen Proporzes ausgesucht: Er stammt aus dem von Se-

paratisten geschundenen Baskenland, ist als Profispieler des FC Barcelona Aushängeschild der eigenwilligen Provinz Katalonien und als Mitglied der Nationalmannschaft und nunmehr Angehöriger der spanischen Krone ein Symbol für die Einheit des ganzen Landes. Zudem verdient er als Berufssportler mit rund einer Viertelmillion Mark jährlich ein fürstliches Salär.

Cristina und Iñaki treffen sich 1996 während der Olympischen Spiele in Atlanta. Nachdem die spanischen Handballer eine Bronzemedaille gewonnen haben, bitten sie einen Olympia-Funktionär, sie der Prinzessin vorzustellen. Im Anschluß an den Empfang besuchen die Prinzessin und einige der Sportler eine Diskothek. Es wird eine lange Nacht, in der es, wie Teamkollegen später den Medien anvertrauen, zwischen Cristina und Iñaki »gleich gefunkt« hat. Zurück in Barcelona treffen sich die beiden immer wieder, aber ihre Liebe bleibt ihr Geheimnis. Erst Anfang April 1997 verplappert sich Cristinas Tante Doña Pilar de Bourbon vor der Presse: »Er ist ein superschöner Mann.« Die spanischen Medien feiern jetzt nicht mehr nur die »Infantin des Lächelns«, sondern ein »Traumpaar ohne Allüren«. Auch nach der Hochzeit arbeitet die Bourbonen-Prinzessin bei der Sparkassenstiftung, und der Handball-Profi führt weiterhin mit Freunden ein Restaurant in Barcelona.

Cristina (geb. 1966) und Iñaki Urdangarin (geb. 1968) bei der Trauung in der Kathedrale von Barcelona (o.). Die Zeremonie wird in Spanisch, Baskisch und Katalanisch abgehalten. Bei der anschließenden Fahrt zum Empfang (u.) säumen mehr als 200 000 Menschen die Straßen.

Spiel, Satz und Sieg – Das Tennistraumpaar Agassi-Graf findet sich

Das Ende von Steffi Grafs Tenniskarriere bedeutet nicht, daß sie bei den großen Turnieren nicht mehr zu sehen sein wird. Jetzt begleitet sie ihren neuen Lebensgefährten, den amerikanischen Tennisstar Andre Agassi, zu seinen Spielen.

*Steffi Graf (*1969) und Andre Agassi (*1970) bei einem ihrer ersten gemeinsamen öffentlichen Auftritte (l.). Steffi Graf gilt als erfolgreichste Tennisspielerin der Welt. Sie gewann siebenmal das Turnier in Wimbledon und war 22mal Grand-Slam-Siegerin (u. r. mit dem French-Open-Pokal im Jahr 1999). Andre Agassi kann bisher vier Grand-Slam- und 29 Einzelturniersiege verbuchen. 1999 gewann er die US-Open (u. nach dem Gewinn der French Open 1999) und damit sein zweites Grand-Slam-Turnier des Jahres.*

Kaum hat Steffi Graf im August 1999 ihre Rücktritt aus dem Profitennis angekündigt, da schafft sie es schon mit einer neuen Schlagzeile auf die Titelblätter: Steffi Graf und Andre Agassi sind ein Paar. Presse, Tenniswelt und Fans sind begeistert und der Medienrummel um das prominenteste Paar des Tenniszirkus beginnt, denn mit einer Liebesbeziehung zwischen dem exaltierten Agassi und der disziplinierten und eher zurückhaltenden Steffi Graf hatte kaum jemand gerechnet. Bis vor ihrem Abschied war die 30jährige Brühlerin mit dem Rennfahrer Michael Bartels liiert und hatte erst kurz vor ihrem ersten öffentlichen Auftritt mit dem neuen Mann an ihrer Seite das Ende der Beziehung bekanntgegeben.

Andre Agassi hatte in den Monaten zuvor ein sensationelles Comeback gefeiert und sich nach einer tiefen privaten und beruflichen Krise von Platz 141 der Weltrangliste wieder auf den ersten Rang vorgekämpft. Dem Interesse an seiner neuen Beziehung steht er gelassen gegenüber, denn wegen seiner auf den Centercourts der Welt ungewöhnlichen Erscheinung stand er schon immer im Mittelpunkt des Medienrummels. Zu Beginn seiner internationalen Karriere war er nicht nur durch wilde Frisuren, ausgefallene – und in den Augen der gestrengen Welt des weißen Sports geradezu nachlässige – Kleidung aufgefallen. Auch sein Benehmen war eher unkonventionell. Nicht umsonst nannte man ihn „Tennispunk". Sein ausgesprochen schnelles Spiel tat ein übriges, um ihn wie einen Paradiesvogel unter den Tennisprofis erscheinen zu lassen. Auch Agassis Privatleben stand immer unter schärfster Beobachtung durch Presse und Fans. Dazu trugen vor allem seine prominenten Partnerinnen, darunter seine Ex-Ehefrau, die amerikanische Schauspielerin Brooke Shields, und die Schauspielerin und Sängerin Barbra Streisand bei. Das neue Glück bekommt augenscheinlich beiden Tennisstars hervorragend. Steffi Graf, die sich neben der neuen Beziehung vor allem ihrer Stiftung für traumatisierte Kinder widmet, ist oft auf der Tribüne zu sehen, wenn Andre Agassi den Tennisschläger schwingt. Dann wird ihr immer wieder gern bestätigt, nie zuvor glücklicher und attraktiver ausgesehen zu haben.

Chronik

1900–1909

BGB eingeführt

1.1.1900: Im Deutschen Reich wird das Bürgerliche Gesetzbuch eingeführt.

Skandal um »Feuer«

5.3.1900: Der Schlüsselroman »Feuer« von Gabriele d'Annunzio löst Empörung aus. Er schildert die Liebesbeziehung zwischen dem Autoren und der Theaterprinzipalin Eleonora Duse.

Eleonora Duse

Boxeraufstand in China

20.6.1900: Gegen den herrschenden Landadel und gegen den ausländischen Einfluß in China bricht der sog. Boxeraufstand aus und eskaliert nach der Ermordung des deutschen Gesandten in China Freiherrn von Ketteler, in Peking. Nach China entsendete, von einem deutschen General befehligte internationale Streitkräfte erobern daraufhin Peking.

Erster Zeppelin

2.7.1900: Der deutsche Konstrukteur Ferdinand Graf Zeppelin unternimmt die erste Fahrt mit einem Starrluftschiff.

Pariser Metro eröffnet

19.7.1900: Im Rahmen der Weltausstellung wird in Paris die erste Teilstrecke der Metro eröffnet.

Quantentheorie

14.12.1900: Die vom Berliner Physiker Max Planck als Ergebnis seiner Forschungen begründete Quantentheorie bedeutet eine Revolution in der Physik.

»Traumdeutung«

1900: Der Wiener Arzt Siegmund Freud veröffentlicht sein Werk »Die Traumdeutung«, mit dem er die Psychoanalyse begründet.

Nobel-Stiftung

10.12.1901: In Norwegen werden erstmals die von dem schwedischen Industriellen und Erfinder des Dynamits gestifteten Nobelpreise verliehen. Zu den sechs Preisträgern zählt auch der Deutsche Wilhelm Conrad Röntgen für die Entdeckung der nach ihm benannten Strahlen.

Vulkanausbruch

8.5.1902: Der Ausbruch des Vulkans Pelé auf der Insel Martinique fordert rund 40 000 Tote.

Transsibirische Eisenbahn

25.8.1902: In Rußland nimmt die zwischen Moskau und Wladiwostok verkehrende Transsibirische Eisenbahn den Betrieb auf. Der 1891 begonnene Bau wird 1916 fertiggestellt.

Assuan-Staudamm eingeweiht

10.12.1902: In Ägypten wird südlich von Assuan das größte Stauwehr der Welt eingeweiht. Mit der Aufstauung des Nils können nun weite Uferbereiche bewässert und landwirtschaftlich nutzbar gemacht werden.

Erste Fußballmeisterschaft

31.5.1903: In Hamburg findet das erste Spiel um die Deutsche Fußballmeisterschaft statt. Der VfB Leipzig schlägt den DFC Prag 7:2.

Erste Tour de France

1.7.1903: In Frankreich beginnt die erste »Tour de France«, ein spektakuläres Radrennen durch ganz Frankreich.

Nobelpreis für die Curies

10.12.1903: Die Wissenschaftler Pierre und Marie Curie erhalten den Nobelpreis für Physik. Das Ehepaar hat die Erforschung der Kernspaltung und der Radioaktivität begründet.

Der erste Motorflug

17.12.1903: In den USA gelingt den Brüdern Wilbur und Orville Wright der erste Motorflug in der Geschichte des Flugwesens – mit einem von ihnen selbst gebauten Doppeldecker (12 Sekunden über eine Entfernung von 50 Metern).

Aspirin erfunden

1903: Die deutsche Chemiefirma Bayer AG bringt das schmerzstillende und fiebersenkende synthetische Arzneimittel Aspirin auf den Markt, das seit 1904 auch als Tablette erhältlich ist.

Herero-Aufstand

12.1.1904: Ein Aufstand der Herero richtet sich gegen die deutsche Kolonialmacht in Südwestafrika. Der Aufstand wird von der Kolonialmacht blutig niedergeschlagen.

Hottentotten-Aufstand

3.10.1904: Mit einem Aufstand versucht der Stamm der Nama (Hottentotten) vergeblich, die deutsche Kolonialherrschaft in Südwestafrika abzuschütteln.

Erste Russische Revolution

22.1.1905: Am »Blutsonntag« schlägt russisches Militär eine friedliche Demonstration von etwa 30 000 Arbeitern vor dem Winterpalais in St.Petersburg nieder. Trotzdem folgen weitere Kundgebungen, Streiks, Attentate und Plünderungen. Auf die Forderungen der Demonstranten nach umfassenden Umgestaltungen u.a. der Bildung einer Volksvertretung und nach einer Agrarreform reagiert Zar Nikolaus II., der nach der militärischen Niederlage gegen Japan unter Druck steht, mit der Ankündigung der Schaffung eines Parlaments und einer Verfassung.

»Die Brücke« gegründet

7.6.1905: Die Maler Ernst Ludwig Kirchner, Erich Heckel, Karl Schmidt-Rottluff und Fritz Bleyl gründen in Dresden die expressionistische Künstlergemeinschaft »Die Brücke«, zu der zeitweise auch Pechstein, Mueller und Nolde gehören.

Nobelpreis für Koch

10.12.1905: In Oslo erhält der deutsche Bakteriologe Robert Koch für seine bakteriologischen Erkenntnisse und seine Entdeckung des Milzbrand-, Tuberkulose- und Cholera-Erregers den Nobelpreis für Medizin. Kochs Forschungsergebnisse liefern die Grundlage für eine moderne Seuchenbekämpfung.

Erdbeben in San Francisco

18.4.1906: Ein Erdbeben zerstört San Francisco. 450 Menschen kommen dabei ums Leben. Eine Viertelmillion Kalifornier wird obdachlos. Auf der zwölfteiligen Mercali-Skala erreicht das Beben den Wert 11.

Erstes russisches Parlament

10.5.1906: Zar Nikolaus II. eröffnet nach der Einführung der ersten russischen Verfassung (6.5.) mit der »Duma« die erste russische Volksvertretung. Am 21.7. löst der Zar die Duma wieder auf, weil ihm ihre Forderungen (Amnestie, Abschaffung der Todesstrafe, Pressefreiheit) zu radikal sind.

Haager Friedenskonferenz

15.6.1907: Die 2. Haager Friedenskonferenz (nach 1899) kodifiziert das Kriegs- und Neutralisationsrecht. Zwölf Abkommen, darunter die Haager Landkriegsordnung, bleiben als Ergebniss der Konferenz dauerhaft in Kraft.

Lenin im Exil

1907: Der russische Revolutionär Wladimir I. Lenin geht nach der Zeit zwischen 1900 und 1905 erneut in die Emigration und kehrt erst bei Ausbruch der Russischen Revolution von 1917 zurück.

Aufstand der »Jungtürken«

24.7.1908: In einer Revolution erzwingen die »Jungtürken«, deren Ziel die Umwandlung des Osmanischen Reichs in einen modernen Staat ist, den Rücktritt des Sultans Abdul Hamid II. und die Wiedereinsetzung der liberalen Verfassung von 1876.

Erster Ford »Tin Lizzy«

12.8.1908: Mit dem Bau des »Tin Lizzy« genannten Ford ersten »Modell T« in Detroit beginnt in den USA die Automobilisierung breiter Bevölkerungsschichten.

Annexion auf dem Balkan

5.10.1908: Die Annexion der schon seit 1878 habsburgisch besetzten, aber nominell noch dem Osmanischen Reich angehörenden Balkanländer Bosnien und Herzegowina durch Österreich-Ungarn sowie die gleichzeitige Unabhängigkeitserklärung Bulgariens führt zu einer internationalen Krise, die zunächst beigelegt werden kann.

Erdbeben in Italien

28.12.1908: Ein schweres Erdbeben und eine anschließende Springflut zerstören die sizilianische Hafenstadt Messina und das gegenüber auf dem italienischen Festland gelegene Reggio di Calabria fast vollständig. Mindestens 100 000 Menschen sterben.

Ende der Balkankrise

10.3.1909: Serbien lenkt in seinen nach der Annexion Bosnien-Herzegowinas durch die Österreicher erhobenen großserbischen Ansprüchen ein.

Nordpol-Expedition

6.4.1909: Der US-Amerikaner Robert E. Peary erreicht als erster Mensch den Nordpol.

Flug über Ärmelkanal

25.7.1909: Der französische Flieger Louis Blériot überfliegt als erster den Ärmelkanal. Für die 30 Kilometer von Calais nach Dover braucht er etwa 30 Minuten.

1910–1919

Halleyscher Komet

19.5.1910: Der Halleysche Komet passiert die Erde und ruft weltweit Weltuntergangsängste hervor.

Gründung Südafrikas

31.5.1910: Mit dem Zusammenschluß der Kapkolonie, Natals, Transvaals und des Oranjefreistaates gründet England die Südafrikanische Union als britischen Herrschaftsbereich.

Crippen hingerichtet

23.11.1910: Der britische Arzt Harvey Crippen wird in London hingerichtet. Er hat seine Frau ermordet und ist per Schiff mit seiner Geliebten Ethel le Neve nach Kanada geflüchtet.

Südpol-Expedition

14.12.1911: Der Norweger Roald Amundsen erreicht als erster Mensch den Südpol und gewinnt damit den Wettlauf gegen den Briten Robert Falcon Scott, der das Ziel als zweiter erreicht und auf dem Rückweg zu seinem Basislager mit seiner Mannschaft ums Leben kommt.

»Blauer Reiter« gegründet

18.12.1911: In München stellen die Maler Wassilij Kandinsky und Franz Marc erstmals als Künstlergemeinschaft »Der blaue Reiter« aus, der sich bald August Macke, Paul Klee, Gabriele Münter, Alfred Kubin und Robert Delaunay anschließen.

Erstes Hollywood-Studio

1911: In Hollywood/Kalifornien wird an der Ecke Sunset Boulevard/Gower Street das erste Filmstudio errichtet.

Deutsche Filme

12.2.1912: In einem Atelier in Neubabelsberg bei Berlin beginnt mit »Der Totentanz« unter dem dänischen Regisseur Urban Gad eine der ersten deutschen Filmproduktionen.

Chinas letzter Kaiser dankt ab

12.2.1912: Der letzte chinesische Kaiser, der sechsjährige P'u Yi, dankt ab; China wird endgültig Republik.

Untergang der Titanic

15.4.1912: Auf der Jungfernfahrt von Southampton nach New York kollidiert der als unsinkbar geltende britische Luxusdampfer Titanic mit einem Eisberg und sinkt. 1500 der 2200 Passagiere kommen dabei ums Leben.

Königsmord

18.3.1913: König Georg I. von Griechenland wird in Saloniki ermordet. Nachfolger wird sein Sohn Konstantin I.

Ende des ersten Balkankriegs

30.5.1913: Der Friede von London beendet den ersten Balkankrieg. Das Osmanische Reich verliert fast alle seine europäischen Besitzungen westlich der Linie Enos-Midia.

Mord an Thronfolger

28.6.1914: In der bosnischen Hauptstadt Sarajewo werden der österreichische Thronfolger Erzherzog Franz Ferdinand und seine Frau Sophie von Hohenberg von dem Gymnasiasten Gawrilo Princip ermordet.

Krieg gegen Serbien

28.7.1914: Die österreichisch-ungarische Kriegserklärung an Serbien führt zu neuen Spannungen zwischen den Entente-Mächten Großbritannien, Frankreich und Rußland einerseits und den Mittelmächten Deutschland, Österreich-Ungarn und Italien andererseits.

Kriegserklärungen

1.8.1914: Das Deutsche Reich erklärt Rußland (1.8.) und Frankreich (3.8.) den Krieg. Der Einmarsch deutscher Truppen (3.8.) in Belgien verletzt dessen Neutralität. Danach treten Großbritannien, Frankreich und Belgien in den Krieg gegen das Deutsche Reich und Österreich-Ungarn ein. Damit beginnt der Erste Weltkrieg.

Panamakanal eröffnet

15.8.1914: Mit der Fertigstellung des Panamakanals wird die erste Wasserstraße zwischen Atlantischem und Pazifischem Ozean eröffnet. Das Jahrhundertbauwerk verkürzt den Seeweg zwischen San Francisco und New York um fast 15 000 km.

Marne-Schlacht

9.9.1914: Die auf der Grundlage des »Schlieffen-Plans« von 1905 entwickelte Strategie im Westen scheitert. Nach der fünftägigen Marne-Schlacht wird der Vormarsch deutscher Truppen, der am 3.8. mit dem Einfall in Belgien begonnen hatte, von französischen und britischen Truppen vorläufig gestoppt.

Versenkung der »Lusitania«

7.5.1915: Das britische Passagierschiff »Lusitania« wird vor der irischen Küste von einem deutschen U-Boot versenkt. Der Angriff, dem über 1100 Zivilisten zum Opfer fallen, löst international größte Empörung aus. Da sich über 120 US-Bürger unter den Opfern befinden, protestiert die US-Regierung scharf und erwägt ihr Eingreifen in den Krieg.

Balkanfeldzug

6.10.1915: Der Balkanfeldzug der Mittelmächte beginnt mit einer Offensive gegen Serbien. Sein Ziel ist die Wiederherstellung der Landverbindung zum Osmanischen Reich. Der Erfolg Am 9.10. erobern die Truppen der Mittelmächte Belgrad. Obwohl britische und französische Truppen zu Hilfe kommen, fällt am 24.11. ganz Serbien in die Hände der Mittelmächte.

Ende der deutschen Kolonien

18.2.1916: Britische, französische und belgische Truppen beenden die deutsche Kolonialherrschaft in Kamerun. Nur die Einheiten in Deutsch-Ostafrika können sich bis Kriegsende halten. Damit endet die fast drei Jahrzehnte andauernde Kolonialgeschichte des Deutschen Reichs.

Schlacht von Verdun

21.2.1916: Mit dem Angriff deutscher Truppen auf die französischen Stellungen vor Verdun beginnt die »Hölle von Verdun«, die nach einer zermürbenden, zu keinerlei Entscheidung führenden Materialschlacht erst am 16.12. endet. Insgesamt verlieren dabei 700 000 Soldaten beider Armeen ihr Leben.

Februarrevolution in Rußland

8.3. (nach russischer Zeitrechnung: 23.2.) 1917: Die 1916 ausgebrochenen Unruhen in Rußland münden in der Februar-Revolution, die die über 300jährige Monarchie der Romanows beendet. Der dem bürgerlich-gemäßigten Flügel der Revolutionäre angehörende Alexander Kerenskij (1881–1970) bildet eine Regierung, die den Krieg weiterführt.

Kriegserklärung der USA

6.4.1917: Die USA erklären dem Deutschen Reich den Krieg. Auslöser dafür ist die Ausweitung des U-Boot-Krieges auf Schiffe neutraler Staaten seit Februar 1917. Präsident Wilson hat zuvor versucht, den Kriegseintritt so lange wie möglich hinauszuzögern.

Oktoberrevolution

7.11. (nach russischer Zeitrechnung: 25.10.) 1917: In Rußland bricht die von den Bolschewiki unter Lenin und Trotzki angeführte Oktoberrevolution aus, die Regierung Kerenskij wird gestürzt. Die Großgrundbesitzer werden enteignet, Tausende von Adligen und anderen Mitgliedern der russischen Oberschicht werden ermordet. Es kommt zu einem regelrechten Bürgerkrieg zwischen den »Roten« und den zarentreuen »Weißen«. Das revolutionäre Rußland will den ruinösen Krieg beenden und erklärt seine Bereitschaft zum Frieden.

Salzburger Festspiele

1917: Max Reinhardt, Richard Strauss und Hugo von Hofmannsthal gründen die Salzburger Festspielhausgemeinde.

Ermordung der Zarenfamilie

16.7.1918: Auf direkten Befehl Lenins werden Zar Nikolaus II. und seine Familie in Jekaterinburg von Bolschewisten ermordet. Auch andere Mitglieder des Kaiserhauses fallen wie zahllose russische Adlige den bolschewistischen Erschießungskommandos zum Opfer.

»November-Revolution«

9.11.1918: Im Deutschen Reich bricht mit der Abdankung des Kaisers Wilhelms II. die »November-Revolution« aus, die das zweite Deutsche Kaiserreich beendet. Erster Reichskanzler der Deutschen Republik wird der Führer der Mehrheitssozialdemokratischen Partei (MSPD), Friedrich Ebert.

Deutsche Kapitulation

11.11.1918: Der Leiter der deutschen Delegation Matthias Erzberger unterzeichnet in einem Eisenbahnwaggon im Wald von Compiègne nahe Paris die Waffenstillstandsbedingungen der Entente-Mächte. Sie kommen einer bedingungslosen Kapitulation gleich.

Ende der Monarchie

11.11.1918: Mit dem Verzicht des österreichischen Kaisers Karl I. auf Anteil an der Regierung endet die 600jährige Herrschaft der Habsburger-Monarchie. Der Vielvölkerstaat Österreich-Ungarn zerfällt in zahlreiche Einzelstaaten.

Sieg der Roten Armee

9.6.1919: Im russischen Bürgerkrieg bahnt sich der Sieg der Roten Armee über die »Weißen« an.

Versailler Vertrag

28.6.1919: Der von den Alliierten oktroyierte Friedensvertrag mit Deutschland wird im Spiegelsaal des Schlosses von Versailles unterzeichnet. Er beinhaltet Bestimmungen über territoriale Verluste und Reparationszahlungen. Der Vertrag wird in Deutschland als »Diktat von Versailles« mit Empörung aufgenommen.

Vertrag von St. Germain

10.9.1919: Im Vertrag von St. Germain-en-Laye verliert Österreich alle nicht-deutschsprachigen Gebiete. Polen, Ungarn, die Tschechoslowakei und das Königreich der Serben, Kroaten und Slowenen werden selbständige Staaten.

Prohibition in den USA

28.10.1919: Der Kongreß verabschiedet das von politisch einflußreichen religiösen Gruppen angeregte Prohibitionsgesetz, d. h. die Herstellung, der Transport und Verkauf aller alkoholischen Getränke werden untersagt. Schwarzbrennereien und Alkoholschmuggel verbreiten sich daraufhin binnen kurzer Zeit. Der illegale Handel läßt Verbrechersyndikate wie die Mafia unter Al Capone in Chicago zu riesigen Wirtschaftsimperien aufblühen.

1920–1929

Kapp-Putsch

13.–17.3.1920: Ein rechter Putschversuch unter dem ostpreußischen Generallandschaftsdirektor Kapp scheitert am Widerstand der Gewerkschaften, die einen Generalstreik organisieren.

Frauenwahlrecht

26.8.1920. Nach den meisten europäischen Staaten (außer Frankreich und der Schweiz) gewähren auch die USA den Frauen das Wahlrecht.

Österreich Republik

10.11.1920: In Österreich tritt die neue parlamentarische Verfassung in Kraft. Die Nationalversammlung tritt zu ihrer konstituierenden Sitzung zusammen. Das Land tritt dem Völkerbund bei.

Matrosenaufstand in Rußland

28.2.1921: Der in der Festung Kronstadt bei Petrograd ausgebrochene Matrosenaufstand zugunsten von Neuwahlen und Wiederherstellung der bürgerlichen Freiheiten wird am 18.3. niedergeschlagen.

Besetzung des Rheinlands

8.3.1921: Da Deutschland den Zahlungsmodus für die Reparationen ablehnt, kommt es zur Besetzung von Düsseldorf und Duisburg durch französische Einheiten. Am 5.5. erfolgt die Annahme der Reparationsforderungen unter dem Druck eines Londoner Ultimatums.

Teilung Irlands

6.12.1921: Mit dem Dominion-Vertrag zwischen Großbritannien und Irland wird der Freistaat Irland als britisches Dominion geschaffen.

Nobelpreis an Einstein

10.12.1921: Albert Einstein erhält den Nobelpreis für Physik.

Vertrag von Rapallo

16.4.1922: Das Deutsche Reich und Rußland schließen in Rapallo einen Vertrag über eine gegenseitige Anerkennung und die Aufnahme diplomatischer Beziehungen.

Mussolini wird »Duce«

30.10.1922: Benito Mussolini erzwingt von König Viktor Emanuel III. die Ernennung zum Ministerpräsidenten, nachdem er zwei Tage zuvor im »Marsch auf Rom« mit seinen Anhängern in die Hauptstadt einmarschiert ist.

Ruhrgebietsbesetzung

11.1.1923: Wegen Rückständen Deutschlands bei den Reparationszahlungen besetzen französische und belgische Truppen das Ruhrgebiet. Daraufhin stellt die Reichsregierung die Zahlungen ganz ein und ruft die Bevölkerung zum Widerstand gegen die Maßnahmen der Sieger auf. Wegen des vermehrten Geldumlaufs kommt es zum Ansteigen der Inflation.

Die Rentenmark

15.11.1923: Mit der Einführung der neuen Währung, der Rentenmark, wird die Inflation in Deutschland gestoppt. Ihren Höhepunkt hat sie erreicht, als der Kurs eines US-Dollars bei 4,2 Billionen Mark stand.

Apartheid in Südafrika

1923: In Südafrika wird das »Urban-Areas«- Gesetz verabschiedet, das getrennte Wohnviertel für die weiße und die schwarze Bevölkerung vorsieht und zu einer weiteren Entrechtung der schwarzen Bevölkerung führt.

Tucholsky heiratet

30.8.1924: Der deutsche Schriftsteller Kurt Tucholsky heiratet Mary Gerold in Berlin. Anschließend geht das Paar nach Paris, wo Tucholsky als Korrespondent der Zeitschrift »Weltbühne« arbeitet.

Technik in Deutschland

7.5.1925: In München wird der vom Architekten Oskar von Miller gestaltete Neubau des Deutschen Museums für Technik und Naturwissenschaften eröffnet.

Locarno-Pakt

16.10.1925: Auf der zugunsten der Sicherung des Friedens in Europa einberufenen Konferenz von Locarno wird ein Pakt zwischen Deutschland, Belgien, Großbritannien, Frankreich, Italien, Polen und der Tschechoslowakei geschlossen. Das Bündnis beinhaltet die Sicherung der deutschen Westgrenzen und ebnet dem nach dem Ersten Weltkrieg isolierten Deutschen Reich den Weg zum Eintritt in den Völkerbund.

Diktatur in Polen

12.5.1926: Jósef Pilsudski verübt in Polen einen Staatsstreich und errichtet eine diktatorische Regierung. Er beabsichtigt, die innere Krise, die sich in Arbeitslosigkeit, Mißwirtschaft, Korruption und Ämtergerangel äußert, zu beenden.

Putsch in Portugal

28.5.1926: In Portugal setzt General Manuel de Oliveira Gomes da Costa nach einem Putsch die republikanische Verfassung außer Kraft. Seit der Abschaffung der Monarchie 1910 ist das Land von inneren Unruhen erschüttert.

Hitchcocks Hochzeit

2.12.1926: Der britische Filmregisseur Alfred Hitchcock und seine langjährige Cutterin Alma Reville heiraten in London.

Atlantikflug Lindberghs

21.5.1927: Dem amerikanischen Flieger Charles A. Lindbergh gelingt in der einmotorigen »Spirit of St. Louis« der erste Alleinflug über den Atlantik, bei dem er in 33 Stunden und 29 Minuten von New York nach Paris gelangt.

Fünfjahrespläne

2.–19.12.1927: Unter der Führung von Stalin werden die ersten Fünfjahrespläne aufgestellt. Das bäuerliche Eigentum wird verstaatlicht und zum Kollektiveigentum.

Penicillin entdeckt

1928: Der britische Bakteriologe Alexander Fleming entdeckt das Penicillin. Durch dieses Antibiotikum bestehen erstmals Heilungschancen für bislang tödlich verlaufende Infektionskrankheiten.

Frida Kahlo

Künstlerehe in Mexico

1.8.1929: Erste Heirat von Frida Kahlo und Diego Maria Rivera in Mexico-City. Beide gehören zu den wichtigsten Erneuerern der mittelamerikanischen Malerei.

Jugoslawien

3.10.1929 : Nach der im Januar erfolgten Errichtung einer Königsdiktatur benennt der serbische König Alexander I. das Königreich der Serben, Kroaten und Slowenen in Jugoslawien um.

»Schwarzer Freitag«

25.10.1929: An der New Yorker Börse löst der Sturz der Aktienkurse Panik aus. Der überstürzte, massenhafte Verkauf von Wertpapieren verursacht einen Kursverfall um bis zu 90%, die Gesamtverluste belaufen sich auf 15 Mrd. Dollar. Der New Yorker Börsencrash löst eine internationale Wirtschaftskrise aus, die alle Industriestaaten in Mitleidenschaft zieht. Der Rückzug US-amerikanischer Kredite wirkt sich besonders auf Europa aus.

1930–1939

Freiheitskampf in Indien

12.3.1930: In Indien beginnt Gandhi mit seinen Anhängern den sog. »Salzmarsch«, der sich gegen die von Großbritannien verdoppelte Salzsteuer, eigentlich aber gegen die Weigerung, Indien in die Unabhängigkeit zu entlassen, richtet.

Spanien wird Republik

14.4.1931: Der spanische König Alfons IV. verzichtet auf seine Regierungsgewalt, nachdem die Republikaner bei den Gemeindewahlen am 12.4. die Mehrheit der Stimmen gewonnen haben. Spanien wird Republik und erhält Anfang Dezember eine Verfassung.

Ende der Reparationen

9.7.1932: Auf der Konferenz von Lausanne wird das Ende der deutschen Reparationszahlungen beschlossen.

Reichstagsbrand

27.2.1933: Der Reichstag in Berlin brennt. Der Brand, den der Holländer Marinus van der Lubbe gelegt hat, ist Anlaß für die nationalsozialistische Kommunistenverfolgung. Mit dem Erlaß der »Verordnung zum Schutz von Volk und Staat« beginnt die Ausschaltung der politischen Gegner, von denen Tausende verhaftet werden.

»New Deal« in den USA

4.3.1933: Der am 8.11.1932 gewählte US-Präsident Franklin D. Roosevelt startet das Gesetzwerk »New Deal«, das eine staatliche Wirtschaftsplanung zur Überwindung der Krise vorsieht und die USA zu einem Sozialstaat machen soll.

Erstes KZ in Dachau

20.3.1933: Der Reichsführer der SS, Heinrich Himmler, läßt bei Dachau das erste Konzentrationslager errichten, in dem politische Gegner gefangengehalten werden.

Ermächtigungsgesetz

23.3.1933: Der deutsche Reichstag verabschiedet das »Gesetz zur Behebung der Not von Volk und Reich«. Dieses »Ermächtigungsgesetz« erlaubt der Regierung, alleinverantwortlich Gesetze zu erlassen. Die Zusammenlegung von Exekutive und Legislative bedeutet das endgültige Ende der Weimarer Republik. Am 7.4. werden die Länder »gleichgeschaltet«, am 10.5. die Gewerkschaften entmachtet und am 14.7. die NSDAP als einzige Partei im Dritten Reich etabliert.

Boxidol heiratet

6.7.1933: Der deutsche Boxweltmeister aller Klassen Max Schmeling und die tschechische Filmschauspielerin Anni Ondra heiraten in Berlin.

Bonnie und Clyde tot

23.5.1934: Bonnie Parker und Clyde Barrow, bekannt als Gangsterpärchen Bonnie und Clyde, geraten in der Nähe der texanischen Stadt Arcadia in einen Hinterhalt der Polizei und werden erschossen.

Putschversuch in Österreich

25.7.1934: Bei einem gescheiterten Putschversuch der Nationalsozialisten wird der Bundeskanzler Engelbert Dollfuß in Wien ermordet. Sein Nachfolger wird Karl Schuschnigg, der das von Dollfuß 1932 errichtete autoritär-ständestaatliche Regime fortführt.

»Langer Marsch«

16.10.1934: Die chinesischen Kommunisten unter Mao Tsetung beginnen den »langen Marsch« über 12 000 Kilometer in den Nordwesten Chinas, nachdem Chiang Kai-shek die kommunistischen Heere in Südchina besiegt hat.

Persien wird Iran

27.12.1934: Der persische Schah Reza Pahlewi benennt sein Land von Persien in Iran um, um damit an die Glanzzeiten des Reiches in der Antike zu erinnern.

Saar-Abstimmung

1.3.1935: Durch eine Abstimmung mit 91% Pro-Stimmen kommt das Saarland wieder zum Deutschen Reich.

Nürnberger Rassengesetze

15.9.1935: Die nationalsozialistische Regierung erläßt für das Deutsche Reich die Nürnberger Rassengesetze und schafft damit die juristische Legitimation für die Verfolgung und Entrechtung aller Menschen jüdischen Glaubens, die in Deutschland leben.

Einmarsch ins Rheinland

7.3.1936: Die deutsche Wehrmacht marschiert unter Verletzung des Versailler Vertrags (1919) und des Locarno-Vertrags (1925) in das entmilitarisierte Rheinland ein.

Bürgerkrieg in Spanien

17.7.1936: Ein Militärputsch von rechtsgerichteten Generälen, der in Spanisch-Marokko beginnt und auf das Mutterland übergreift, löst den spanischen Bürgerkrieg aus. Die Aufständischen unter Führung von General Francisco Franco errichten eine Gegenregierung.

Japanisch-chinesischer Krieg

7.7.1937: Der japanisch-chinesische Krieg bricht aus. Nach der Herstellung des innerchinesischen Friedens übernimmt Chiang Kai-shek die Leitung über die Abwehrkämpfe gegen die Japaner.

Diktatur in Brasilien

10.11.1937: Der seit 1930 amtierende Staatschef Gétulio Dornelles Vargas errichtet mit der Hilfe der Armee eine Diktatur, mit der der »Estado Novo« proklamiert wird.

»Anschluß« Österreichs

13.3.1938: Nach dem Einmarsch deutscher Truppen in Österreich verkündet Hitler vor einer jubelnden Masse auf dem Wiener Heldenplatz den Anschluß Österreichs an das Deutsche Reich.

Münchener Abkommen

29.9.1938: Der Annexion der vorwiegend von Deutschen bewohnten tschechoslowakischen Sudetengebiete durch das Deutsche Reich stimmen im »Münchener Abkommen« Großbritannien, Frankreich und Italien zu. Damit verfolgen sie eine Beschwichtigungspolitik, um kriegerische Verwicklungen zu vermeiden.

Besetzung des Sudetengebiets

1.10.1938: Deutsche Truppen besetzen das deutsch besiedelte Sudetengebiet und damit etwa 20 % des tschechoslowakischen Staatsgebietes.

Kristallnacht

9.11.1938: Unter Federführung des Propagandaministers Joseph Goebbels initiieren NSDAP und SA ein Pogrom gegen Menschen jüdischen Glaubens. 91 Bürger fallen ihm zum Opfer, 26 000 werden verhaftet und in Konzentrationslager verschleppt; Synagogen werden in Brand gesteckt, Geschäfte und Wohnungen demoliert und geplündert.

Franco siegt

1.4.1939: Drei Tage nach der kampflosen Einnahme Madrids erklärt der siegreiche General Francisco Franco y Bahamonde den spanischen Bürgerkrieg für beendet. Bis 1942 werden rund 2 Millionen Franco-Gegner festgesetzt; das bereits während des Krieges etablierte autoritäre Staatssystem erfährt einen weiteren Ausbau.

Nichtangriffspakt

23.8.1939: In Moskau wird der deutsch-sowjetische Nichtangriffspakt unterzeichnet, in dem der gegenseitige Verzicht auf Gewaltanwendung sowie Neutralität im Falle kriegerischer Verwicklung einer der beiden Parteien vereinbart wird. Ein geheimes Zusatzabkommen grenzt die jeweiligen Interessen der beiden Mächte in Ost- und Südosteuropa voneinander ab.

Weltkrieg beginnt

1.9.1939: Der Zweite Weltkrieg beginnt mit dem deutschen Überfall auf Polen; ohne vorherige Kriegserklärung feuert die Besatzung des deutschen Linienschiffes »Schleswig-Holstein« ab 5.45 Uhr auf die Westerplatte vor Danzig.

Kriegseintritt

3.9.1939: Großbritannien und Frankreich erklären dem Deutschen Reich den Krieg.

Attentat auf Hitler scheitert

8.11.1939: Ein Bombenattentat von Georg Eisler auf Adolf Hitler im Münchener Hofbräukeller scheitert.

1940–1949

Waffenstillstand

22.6.1940: Bei Compiègne – dem Ort der Kapitulation des Deutschen Reiches nach dem Ersten Weltkrieg 1918 – wird der deutsch-französische Waffenstillstand unterzeichnet. Frankreich wird in einen deutsch besetzten und einen nicht besetzten Teil gespalten.

Dreimächtepakt

27.9.1940: In Berlin wird der Dreimächtepakt zwischen dem Deutschen Reich, Italien und Japan unterzeichnet. Die Staaten sichern sich gegenseitig ihre Unterstützung und die Anerkennung ihrer territorialen Interessen zu. Später treten auch Ungarn, Rumänien, Slowakei, Bulgarien und Jugoslawien dem Pakt bei.

Lana Turner

Lana Turners erste Ehe

12.2.1940: Die Filmschauspielerin Lana Turner und der Jazzmusiker Artie Shaw heiraten in Las Vegas. Es ist die erste von insgesamt sieben Ehen Lana Turners.

Afrikafeldzug

12.2.1941: Zur Unterstützung des italienischen Nordafrikafeldzugs treffen erste deutsche Verbände in Libyen ein. Bis zum 13.4. erobern die deutschen Truppen in einer Gegenoffensive die gesamte, kurz vorher von britischen Truppen besetzte Cyrenaika bis auf Tobruk zurück. Das Afrika-Korps soll die in Bedrängnis geratenen italienischen Streitkräfte unterstützen, die immer weiter nach Westen abgedrängt werden.

Balkanfeldzug

6.4.1941: Auf Wunsch des mit seiner Offensive gegen Griechenland gescheiterten italienischen Diktators Mussolini beginnt der deutsche Feldzug gegen Jugoslawien und Griechenland. Das Ziel der Operation ist vor allem die Ruhigstellung des Balkans bis zum geplanten deutschen Angriff auf die Sowjetunion.

Britische Bombenangriffe

8.5.1941: Die britische Royal Air Force fliegt mit 539 Bombern die bisher schwersten Angriffe auf Ziele im Deutschen Reich. Die schwersten Zerstörungen erleben dabei die im Norden gelegenen Städte Hamburg und Bremen.

Heß in Großbritannien

10.5.1941: Der »Stellvertreter des Führers« Rudolf Heß fliegt mit der Absicht, die britische Regierung zu einem Friedensabkommen mit dem Deutschen Reich zu bewegen, nach Schottland. Heß wird bis Kriegsende in Großbritannien inhaftiert und 1946 im Nürnberger Prozeß zu lebenslanger Haft verurteilt.

Überfall auf die Sowjetunion

22.6.1941: Ohne vorherige Kriegserklärung beginnt der seit dem 18.12.1940 unter dem Decknamen »Unternehmen Barbarossa« vorbereitete deutsche Angriff auf die Sowjetunion. Neben wirtschaftlichen, die Bodenschätze der Sowjetunion betreffenden Zielen hat dabei der rassenfanatische Vernichtungskrieg gegen »Juden und Bolschewisten« und die Schaffung von »Lebensraum im Osten« für die »deutsche Herrenrasse« Vorrang. Bedingt durch den einsetzenden Winter kommt der anfangs rasche Vormarsch der deutschen Heeresgruppen am 25.10. vor Moskau zum Stehen.

Judenstern

19.9.1941: Alle Juden in Deutschland und den besetzten Gebieten werden zum Tragen des Judensterns gezwungen, auch ihren Wohnsitz dürfen sie ohne Genehmigung nicht mehr verlassen. Im Oktober ergeht dann ein generelles Auswanderungsverbot für Juden. Zu diesen ersten Maßnahmen zur völligen Ausrottung der europäischen Juden gehören auch erste »Probevergasungen« im Konzentrationslager Auschwitz.

Pearl Harbor

7.12.1941: Gegen 6 Uhr morgens beginnt der japanische Luftangriff auf den US-amerikanischen Militärstützpunkt Pearl Harbor auf der Hawaii-Insel Oahu. Am 8.12. erklären die USA Japan den Krieg. Entsprechend der Hilfszusage vom 21.11. an Japan ergeht am 11.12. die Kriegserklärung des Deutschen Reiches an die USA.

Wannseekonferenz

20.1.1942: Am Großen Wannsee in Berlin beschließen führende Vertreter von SS und NS-Staatsorganisationen die »Endlösung der europäischen Judenfrage«, nämlich die bürokratisch organisierte Ausrottung von 11 Mio. europäischen Juden.

Raketenstart

3.10.1942: In der von Wernher von Braun (1912-1977) geleiteten Raketenversuchsanstalt Peenemünde auf Usedom startet die A4, die weltweit erste Fernrakete (Reichweite 320 km), die 1944 zur Bombardierung der britischen Hauptstadt London eingesetzt wird.

Frankreich

11.11.1942: Deutsche Truppen marschieren in den bislang unbesetzten Teil Frankreichs ein, nachdem sich die Vichy-Regierung auf die Seite der in Französisch-Nordwestafrika gelandeten Alliierten gestellt hat. Damit ist auch die abwartende Politik des französischen Staatschefs Pétain gescheitert.

Stalingrad

31.1.1943: Friedrich Paulus, der Oberbefehlshaber der seit November 1942 in Stalingrad eingeschlossenen 6. Armee, erklärt die Kapitulation der deutschen Truppen im Südkessel. Am 2.2. kapituliert auch der Nordkessel unter General Karl Strecker. Zwei Drittel der 284 000 eingeschlossenen deutschen Soldaten sind gefallen, verhungert und erfroren, 90 000 gehen in sowjetische Kriegsgefangenschaft. Die Niederlage in Stalingrad bedeutet die Kriegswende.

Die »Weiße Rose«

22.2.1943: In München werden die Geschwister Sophie und Hans Scholl hingerichtet. Zusammen mit anderen, später ebenfalls verhafteten und ermordeten Studenten und Professoren der Widerstandsgruppe »Weiße Rose« hatten sie an der Münchener Universität Flugblätter gegen das NS-Regime verteilt.

Kapitulation in Nordafrika

13.5.1943: Nach dem Scheitern der letzten deutschen Offensive der Heeresgruppe Afrika unter Generalfeldmarschall Erwin Rommel kapitulieren in Tunesien die deutsch-italienischen Nordafrika-Verbände. 275 000 Soldaten geraten in alliierte Gefangenschaft.

Chaplin heiratet

16.6.1943: Der legendäre Stummfilmstar Charlie Chaplin heiratet in Los Angeles die 36 Jahre jüngere Schauspielschülerin Oona O'Neill. Die Braut ist Tochter des bedeutenden amerikanischen Dramatikers Eugene O'Neill.

Charlie Chaplin und Oona O'Neill

Flächenbombardement

19.6.1943: Die Luftstreitkräfte der USA und Großbritanniens beginnen mit dem bei Tag und Nacht geflogenen Flächenbombardement zahlreicher deutscher Städte.

Konferenz von Teheran

28.11.–1.12.1943: In Teheran treffen US-Präsident Roosevelt, der britische Premierminister Churchill und der sowjetische Staatschef Stalin zum ersten Mal zu einer Konferenz zusammen. Dabei wird die Landung alliierter Truppen in der Normandie für das Frühjahr 1944 und die Westverschiebung Polens nach dem Krieg vereinbart.

Alliierte in der Normandie

6.6.1944: Unterstützt von Marine und Luftwaffe landen bis Ende Juli über 1 Mio. alliierte Soldaten an der Küste der Normandie und stoßen noch im Sommer bis vor Paris, nach Belgien und an den Rhein vor. Der Angriff wird von Bombern der Alliierten geschützt.

Attentat auf Hitler gescheitert

20.7.1944: Im ostpreußischen Führerhauptquartier »Wolfsschanze« scheitert ein vor allem von deutschen Offizieren geplantes Bombenattentat auf Hitler. Oberst Graf Schenk von Stauffenberg und etliche seiner Mitverschwörer werden sofort verhaftet und erschossen. Der als Sympathisant verdächtigte Generalfeldmarschall Erwin Rommel wird zum Selbstmord gezwungen.

Paris erobert

25./26.8.1944: Alliierte Truppen ziehen in Paris ein, die deutsche Besatzungsmacht kapituliert. Bejubelt von der Bevölkerung, marschiert am 26.8. General Charles de Gaulle mit seinen Anhängern über die Champs Elysées.

Konferenz von Jalta

4.–11.2.1945: In Jalta auf der Krim legen der sowjetische Staatschef Stalin, US-Präsident Roosevelt und der britische Premierminister Churchill die Richtlinien der alliierten Nachkriegspolitik fest. Beschlossen werden die Aufteilung Deutschlands in Besatzungszonen mit Beteiligung Frankreichs, die sowjetische Unterstützung des Krieges der USA gegen Japan und der sowjetische Anspruch auf Ostpolen. Nicht festgelegt werden die künftige Westgrenze Polens und die Höhe der deutschen Reparationszahlungen.

Mussolini erschossen

28.4.1945: Benito Mussolini wird mit seiner Geliebten Clara Petacci auf seiner Flucht nach Deutschland erschossen. Ihre Leichen werden in Mailand zur Abschreckung öffentlich zur Schau gestellt.

Selbstmord Hitlers

30.4.1945: Im Bunker unter der Berliner Reichskanzlei nehmen sich Hitler und seine kurz vorher angetraute Geliebte Eva Braun sowie das Ehepaar Goebbels (1.5.) das Leben. Laut Hitlers Testament wird Großadmiral Karl Dönitz Reichspräsident.

UNO-Gründung

25.4.–26.6.1945: Vertreter von 51 Staaten unterzeichnen die Verfassung der Vereinten Nationen (UNO). Wie von US-Präsident Roosevelt 1944 gefordert, wird auch die Bildung eines aus den Weltmächten USA, Sowjetunion, Großbritannien und China zusammengesetzten Sicherheitsrats beschlossen. Seit 1941 hat das US-State Departement an den Plänen gearbeitet.

Kapitulation

7.5.1945: Im Hauptquartier des westalliierten Oberbefehlshabers General Dwight D. Eisenhower unterzeichnet Generaloberst Alfred Jodl die bedingungslose Kapitulation der deutschen Wehrmacht. Am 9.5. erfolgt die Wiederholung der Unterzeichnung im sowjetischen Hauptquartier in Berlin-Karlshorst.

Potsdamer Konferenz

17.7.1945: Die alliierten Siegermächte USA, Großbritannien, Frankreich und Sowjetunion legen in Potsdam die politischen und wirtschaftlichen Grundsätze ihrer Besatzungspolitik fest. Das Deutsche Reich wird in vier Besatzungszonen aufgeteilt, entmilitarisiert und entnazifiziert.

Hiroshima

6.8.1945: Die US-Luftwaffe wirft über der japanischen Stadt Hiroshima die erste Atombombe ab. Durch die Explosion und die freigesetzte Strahlung kommen über 200 000 Menschen ums Leben.

Nürnberger Prozeß

14.11.1945: In Nürnberg beginnen vor einem alliierten Gericht die Verhandlungen gegen 24 der Hauptkriegsverbrecher. Am 30.9./1.10.1946 schließlich werden Martin Bormann, Hans Frank, Wilhelm Frick, Hermann Göring, Alfred Jodl, Ernst Kaltenbrunner, Wilhelm Keitel, Joachim von Ribbentrop, Alfred Rosenberg, Fritz Sauckel, Arthur Seyss-Inquart und Julius Streicher zum Tode verurteilt.

Juan Perón

Evita heiratet

5.12.1945: Hochzeit zwischen dem argentinischen Vizepräsidenten Juan Perón und der Schauspielerin Eva Duarte. Als spätere Präsidentengattin führt »Evita« soziale Reformen durch und wird zur meistverehrten Persönlichkeit ihres Landes.

SED-Gründung

21./22.4.1946: Auf Druck der Sowjetischen Militäradministration kommt es in der Sowjetisch besetzten Zone (SBZ) zur Zwangsvereinigung der KPD und der SPD zur Sozialistischen Einheitspartei Deutschlands (SED).

Westdeutschland

1.1.1947: Die amerikanische und die britische Besatzungszone werden zur Bizone zusammengeschlossen. Mit dem Beitritt der französischen Besatzungszone wird sie 1948 zur Trizone.

Marshall-Plan

5.6.1947: Der amerikanische Außenminister George C. Marshall schlägt in dem nach ihm benannten Plan ein Wirtschaftsaufbauprogramm für Europa vor. In Verbindung mit der sog. Truman-Doktrin vom 12.3.1947 verschärft der Plan die Ost-West-Spannungen.

Deutscher Wirtschaftsrat

25.7.1947: In Westdeutschland konstituiert sich ein von den Landtagen beschickter Wirtschaftsrat, mit dem erstmals gesetzgeberische Vollmachten an deutsche Stellen übergeben werden.

Teilung Palästinas

29.11.1947: Die UN-Generalversammlung beschließt die Teilung des britischen Mandatsgebietes Palästina in einen jüdischen und einen arabischen Teil. Diese Entscheidung führt zum Ausbruch des ersten israelisch-arabischen Krieges.

Gründung Israels

14.5.1948: Nach dem Ende des britischen Mandats über Palästina proklamiert der jüdische Nationalrat unter Vorsitz David Ben Gurions die Gründung des Staates Israel.

Währungsreform

21./23.6.1948: In den drei westdeutschen Besatzungszonen wird eine Währungsreform durchgeführt. Jeder Deutsche erhält 40,– DM.

Blockade

24.6.1948: Als Reaktion auf die westdeutsche Währungsreform, die als Beginn der Bildung eines deutschen Weststaates angesehen wird, beginnen die sowjetischen Besatzungsbehörden in der SBZ mit der Blockierung der Zufahrtswege nach Berlin. Mit einer Luftbrücke versorgen die Amerikaner daraufhin die Berliner Bevölkerung mit Nahrungsmitteln. Als Reaktion veranlassen die sowjetischen Besatzungsbehörden in der SBZ am 23.6. eine separate Währungsreform.

RGW gegründet

25.1.1949: Die Sowjetunion, Bulgarien, Ungarn, Polen, Rumänien und die Tschechoslowakei gründen den Rat für gegenseitige Wirtschaftshilfe (RGW). Am 22.2. kommt Albanien, am 29.9.1950 die DDR hinzu.

NATO-Gründung

4.4.1949: Die USA, Kanada, Großbritannien, Frankreich, die Benelux-Staaten, Norwegen, Dänemark, Island, Italien und Portugal schließen sich zur Nordatlantischen Verteidigungsorganisation (NATO) zusammen.

Gründung der BRD

8.5.1949: Der Parlamentarische Rat beschließt das Grundgesetz der Bundesrepublik Deutschland, die Gründung eines parlamentarischen Bundesstaates mit Volksvertretung und Gewaltenteilung. Konrad Adenauer (CDU) wird Bundeskanzler.

Hayworth heiratet Prinzen

27.5.1949: Die Hochzeit zwischen der amerikanischen Filmschauspielerin Rita Hayworth und dem indischen Prinzen Ali Khan ist eines der am meisten beachteten Medienereignisse des Jahres.

Gründung der DDR

7.10.1949: Der Deutsche Volksrat konstituiert sich als Volkskammer und proklamiert die Deutsche Demokratische Republik (DDR). An der Spitze des neuen Staates stehen Wilhelm Pieck und Otto Grotewohl. Damit ist die deutsche Teilung endgültig.

1950–1959

Ferntrauung

24.5.1950: Mit einer Ferntrauung in Mexico geben sich die schwedische Schauspielerin Ingrid Bergman und der italienische Filmregisseur Roberto Rossellini das Jawort.

Krieg in Korea

25.6.1950: Mit der Überschreitung der südkoreanischen Grenze durch nordkoreanische Truppen beginnt ein dreijähriger Krieg, der durch das Engagement der USA und der Volksrepublik China weltweite Bedeutung erhält.

Montanunion

18.4.1959: Frankreich, die Bundesrepublik Deutschland, Italien, Belgien, die Niederlande und Luxemburg treten in einem ersten Schritt zur europäischen Einigung dem Vertrag zur Bildung der »Europäischen Gemeinschaft für Kohle und Stahl« bei.

Frank Sinatra

»The voice« heiratet

7.11.1951: In Los Angeles heiraten der Sänger Frank Sinatra und die Schauspielerin Ava Gardner.

Stalin-Note

10.3.1952: In der »Stalin-Note« schlägt die Sowjetunion Verhandlungen über einen gesamtdeutschen Friedensvertrag und die Wiedervereinigung Deutschlands unter der Voraussetzung strikter Neutralität vor. Die Westmächte und Kanzler Adenauer lehnen das Angebot ab.

Königin Elisabeth gekrönt

2.6.1953: Nach dem Tod ihres Vaters Georg VI. am 6.2.1952 wird die junge Elizabeth II. zur Königin von Großbritannien gekrönt.

Juni-Aufstand in der DDR

17.6.1953: Die Arbeiter in der DDR fordern mit Massenstreiks und Demonstrationen eine Verbesserung ihrer Lebensbedingungen, freie Wahlen und den Rücktritt der SED-Regierung. Sowjetische Panzer beenden die Unruhen.

Kennedy-Hochzeit

12.9.1953: Der demokratische Politiker und spätere Präsident John F. Kennedy und Jacqueline Bouvier schließen die Ehe.

John F. und Jacqueline Kennedy

Frankreich zieht ab

7.5.1954: Die Kapitulation der französischen Dschungelfestung Diên Biên Phu bedeutet das Ende der französischen Kolonialherrschaft in Indochina.

Warschauer Pakt gegründet

14.5.1955: Die UdSSR, die DDR, Albanien, Bulgarien, Polen, Rumänien, die Tschechoslowakei und Ungarn gründen in Warschau ein Militärbündnis, den »Warschauer Pakt«, der ein Gegengewicht zur NATO bilden soll. Am 6.5. war die BRD in die NATO aufgenommen worden.

Hochzeit in Monaco

19.4.1956: In Monte Carlo findet unter weltweiter Anteilnahme die Hochzeit zwischen Fürst Rainier III. von Monaco und der amerikanischen Schauspielerin Grace Kelly statt. Als Fürstin trägt sie den Namen Gracia Patricia.

Aufstand in Ungarn

21.10.1956: In Budapest beginnt ein Volksaufstand gegen die Kommunisten; Studenten und Arbeiter fordern u. a. den Abzug der sowjetischen Truppen, freie Wahlen, ein Mehrparteiensystem und Anlehnung an den Westen. Sowjetische Truppen schlagen den Aufstand am 3. und 4.11. in der Hauptstadt des Landes nieder. Auf sowjetische Weisung wird eine neue Regierung unter János Kádár gebildet.

EWG-Verträge

25.3.1957: Die Außenminister von Belgien, der Bundesrepublik, Frankreich, Italien, Luxemburg und den Niederlanden unterzeichnen die »Römischen Verträge« zur Gründung der Europäischen Wirtschaftsgemeinschaft (EWG).

Sputnik schockiert Westen

4.10.1958: Der UdSSR gelingt der Start des ersten künstlichen Erdsatelliten »Sputnik«. In den USA löst sie damit einen Schock aus, der zur Intensivierung eigener Forschungen führt.

Revolution in Kuba

1.1.1959: Nach jahrelangem Guerillakampf gegen das korrupte Batista-Regime übernimmt der Sozialrevolutionär Fidel Castro die Macht auf der Karibikinsel. Trotz eines US-Embargos führt er eine Enteignung von Großgrundbesitzern und ausländischen Konzernen durch.

Bürgerliche in Kaiserfamilie

10.4.1959: Prinz Akihito heiratet die Industriellentochter Mitschiko Shoda. Es ist die erste Ehe zwischen einem Mitglied des Herrscherhauses und einer Bürgerlichen in der 2600jährigen Geschichte der japanischen Monarchie.

Chruschtschow in Amerika

15.–27.9.1959: Zu einem zwölftägigen Staatsbesuch, der zu »friedlicher Koexistenz« der rivalisierenden Supermächte beitragen soll, hält sich Nikita Chruschtschow in den USA auf. Die politischen Gespräche auf dem Landsitz von US-Präsident Eisenhower begründen den »Geist von Camp David«, der eine weltweite Entspannungspolitik einleiten soll.

1960–1969

EFTA-Gründung

4.1.1960: Dänemark, Großbritannien, Irland, Norwegen, Österreich, Portugal, Schweden, die Schweiz und Liechtenstein gründen die Europäische Freihandelszone EFTA.

Kollektivierung

14.4.1960: In der DDR ist die Kollektivierung der landwirtschaftlichen Betriebe abgeschlossen. Ebenso wie in Handel und Industrie soll auch auf dem Land das Privateigentum an Produktionsmitteln abgeschafft werden.

Kennedy wird US-Präsident

21.1.1961: Der erst 44jährige Demokrat John F. Kennedy wird 35. Präsident der Vereinigten Staaten.

Gagarin im All

12.4.1961: Der sowjetische Kosmonaut Jurij Gagarin fliegt als erster Mensch ins Weltall. Mit dem Raumschiff »Wostock I« umrundet er die Erde auf einer elliptischen Bahn. Für die USA bedeutet der erste von der Sowjetunion ausgehende bemannte Raumflug einen schweren Rückschlag.

Bau der Berliner Mauer

13.8.1961: DDR-Grenzpolizisten riegeln die Grenzen zwischen Ost- und West-Berlin ab. Am 15.8. beginnt der Bau der Mauer quer durch Berlin. Die Regierung Ulbricht will mit dieser Maßnahme die die Wirtschaft der DDR schädigende Massenabwanderung von DDR-Bürgern nach Westen stoppen.

Algerien wird unabhängig

18.3.1962: Der Algerienkrieg zwischen der Unabhängigkeitsbewegung FLN und französischen Truppen ist beendet. Algerien wird unabhängig, erster Staatspräsident wird Ahmed Ben Bella.

Zweites Vatikanisches Konzil

11.10.1962: Das von Papst Johannes XXIII. in Rom einberufene Zweite Vatikanische Konzil beschließt für die Gottesdienste in Zukunft die Benutzung der jeweiligen Landessprache statt des Lateinischen sowie eine engere Zusammenarbeit mit anderen christlichen Religionsgemeinschaften. An diesem Konzil nehmen Kirchenfürsten aus nicht weniger als 133 Nationen teil.

Kuba-Krise

22.10.1962: Die Kuba-Krise führt die Welt an den Rand eines Atomkriegs. Die USA, die sich von den auf Kuba heimlich stationierten sowjetischen Raketenbasen bedroht fühlen, verhängen eine Seeblockade um Kuba. Als dort sowjetische Schiffe auftauchen, droht eine militärische Konfrontation, die aber durch einen Notenwechsel zwischen beiden Großmächten abgewehrt werden kann.

Elysée-Vertrag

22.1.1963: In Paris unterzeichnen Staatspräsident de Gaulle und Bundeskanzler Adenauer den Elysée-Vertrag über eine enge Zusammenarbeit in der Außen-, Verteidigungs- und Kulturpolitik.

Atomstopp-Abkommen

5.8.1963: Die USA, Großbritannien und die Sowjetunion unterzeichnen in Moskau ein Abkommen über die Beendigung von Kernwaffenversuchen in der Atmosphäre, im Weltraum und im Wasser.

Erhard Bundeskanzler

16.10.1963: Ludwig Erhard (CDU) wird zum Nachfolger des zurückgetretenen Bundeskanzlers Adenauer (ebenfalls CDU) gewählt.

John F. Kennedy ermordet

22.11.1963: Während einer Fahrt durch Dallas/Texas wird der amerikanische Präsident von dem ehemaligen Marinesoldaten Lee Harvey Oswald erschossen. Am 24.11. wird Oswald im Polizeipräsidium von Dallas von dem Nachtclubbesitzer Jack Ruby erschossen. Neuer Präsident der USA wird Vizepräsident Lyndon B. Johnson.

Star-Hochzeit

20.3.1964: Unter großer öffentlicher Anteilnahme feiern in Montreal die amerikanische Schauspielerin Elizabeth Taylor und ihr britischer Kollege Richard Burton Hochzeit.

Liz Taylor

USA in Vietnam

2./4.8.1964: Nordvietnamesische Torpedoboote beschießen US-Zerstörer. Am 7.8. beschließt der US-Kongreß, den Kampf der südvietnamesischen Regierung gegen die kommunistischen Vietcong militärisch zu unterstützen.

PLO gegründet

5.–11.9.1964: Auf der Zweiten Arabischen Gipfelkonferenz wird die kurz zuvor gegründete Palästinensische Befreiungsorganisation (PLO) als offizielle Vertreterin der Palästinenser anerkannt.

Rassenunruhen in den USA

Im Jahre 1965 kommt es besonders in den amerikanischen Industriestädten zur Verschärfung der Rassenunruhen. Die radikale Schwarzenorganisation Black Muslims erhält neuen Zulauf. Die blutigen Krawalle werden erst durch den Einsatz der Nationalgarde niedergeschlagen.

Gandhi Ministerpräsidentin

24.1.1966: Die Tochter des früheren indischen Premierministers Nehru wird indische Ministerpräsidentin.

Hochzeit in Amsterdam

10.3.1966: Hochzeit der niederländischen Kronprinzessin Beatrix mit dem deutschen Diplomaten Claus von Amsberg.

Trauung in Paris

9.4.1966: Die Schauspielerin Sophia Loren und der Filmproduzent Carlo Ponti geben sich in Paris ein zweites Mal das Jawort, nach dem die erste Verehelichung von den Behörden in Italien und Frankreich nicht anerkannt worden ist.

Kulturrevolution in China

15.5.1966: Parteichef Mao Tse-tung leitet die Große Proletarische Kulturrevolution ein, die eine gesellschaftliche Umformung aller Teile der Bevölkerung herbeiführen soll und dabei auch vor Terrormaßnahmen nicht zurückschreckt.

Priscilla und Elvis Presley

Rock'n'Roll-Hochzeit

2. 5. 1967: Der Rock'n'Roll-Star Elvis Presley heiratet nach achtjähriger Romanze die Offizierstochter Priscilla Beaulieu.

Biafra-Krieg

30.5.1967: Mit der Unabhängigkeitserklärung der erdölreichen nigerianischen Provinz Biafra beginnt ein blutiger Bürgerkrieg.

Schah-Besuch

2.6.1967: Beim Besuch des persischen Schahs Mohammed Reza Pahlevi in Berlin kommt es zu Protesten gegen die Menschenrechtsverletzungen des Teheraner Regimes und zu heftigen Auseinandersetzungen zwischen Demonstranten und der Polizei, bei denen der Student Benno Ohnesorg erschossen wird.

Sechs-Tage-Krieg

5.–11.6.1967: Mit einer sechstägigen Offensive erkämpft Israel den Zugang zum Roten Meer und die Wiedervereinigung des bis dahin jordanischen Ostteils von Jerusalem mit dem israelischen Westteil der Stadt. Die arabischen Staaten verhängen einen Ölboykott gegenüber den USA und Großbritannien. Ägyptens Staatspräsident Nasser erklärt den Suezkanal gesperrt.

EG gegründet

1.7.1967: Frankreich, Italien, die Benelux-Länder und die Bundesrepublik Deutschland beschließen die Erweiterung der Europäischen Wirtschaftsgemeinschaft (EWG) in eine Europäische Gemeinschaft (EG). Ein gemeinsamer Ministerrat wird eingerichtet, ebenso eine gemeinsame Kommission.

Herztransplantation

3.12.1967: In Kapstadt gelingt dem südafrikanischen Chirurgen Christiaan Barnard die erste Herztransplantation.

Prager Frühling

5.1.1968: Mit der Wahl von Alexander Dubček zum Vorsitzenden des ZK der Kommunistischen Partei beginnt in der Tschechoslowakei der »Prager Frühling«, eine politische und gesellschaftliche Liberalisierung auf allen Ebenen.

Martin Luther King getötet

4.4.1968: In Memphis/Tennessee wird der schwarze amerikanische Pfarrer und Bürgerrechtler Martin Luther King von einem weißen Rassisten erschossen. Sein Tod löst schwere Rassenunruhen aus.

Schüsse auf Rudi Dutschke

11.4.1968: Rudi Dutschke, der Führer des Sozialistischen Deutschen Studentenbundes (SDS), wird bei einem Attentat schwer verletzt. Daraufhin kommt es in allen deutschen Großstädten zu heftigen Ausschreitungen.

Notstandsgesetze

29.5.1968: Die zur Verhinderung von bürgerkriegsähnlichen Zuständen vom deutschen Bundestag beschlossenen verfassungsändernden Notstandsgesetze führen zu einer weiteren Verschärfung der studentischen Proteste.

Einmarsch in Prag

20./21.8.1968: Mit dem von heftigen Protesten der Bevölkerung begleiteten Einmarsch von Truppen des Warschauer Pakts endet in der Tschechoslowakei die Periode der Liberalisierung. Die führenden Politiker treten auf Druck Moskaus zurück. Neuer Parteichef wird Gustav Husák.

»Beatle« heiratet

12.3.1969: Paul McCartney von den »Beatles« heiratet in London die amerikanische Fotojournalistin Linda Eastman.

Rücktritt de Gaulles

27.4.1969: Nach dem Scheitern eines Referendums über eine regionale Neuorganisation tritt der seit 1958 amtierende französische Staatspräsident de Gaulle zurück. Sein Nachfolger wird Georges Pompidou.

Mondlandung

20.7.1969: Die Landefähre des amerikanischen Raumschiffs »Apollo 11« landet auf dem Mond. Am 21. betritt der Astronaut Neil Armstrong als erster Mensch den Himmelskörper mit den klassisch gewordenen Worten: »Dies ist ein kleiner Schritt für einen Menschen, aber ein großer Schritt für die Menschheit.«

Willy Brandt Bundeskanzler

21.10.1969: Willy Brandt wird zum ersten sozialdemokratischen Kanzler der Bundesrepublik gewählt und bildet mit Außenminister Walter Scheel (FDP) eine Koalitionsregierung aus SPD und FDP.

1970–1979

Deutsch-deutsche Gespräche

19.3./21.5.1970: Im März kommt es in Erfurt und in Kassel zu ersten innerdeutschen Gipfeltreffen zwischen Bundeskanzler Brandt und dem DDR-Staatsratsvorsitzenden Willi Stoph. Beide Gespräche enden ohne konkrete Ergebnisse

Krieg in Kambodscha

30.4.1970: Nach dem Sturz des kambodschanischen Staatsoberhauptes Prinz Sihanuk weiten die USA ihren Krieg in Vietnam auch auf Kambodscha aus.

Gründung der RAF

14.5.1970: Der aus dem Gefängnis befreite Kaufhausbrandstifter Andreas Baader gründet zusammen mit der Journalistin Ulrike Meinhof die »Rote Armee Fraktion« (RAF) zur gewaltsamen Durchsetzung ihrer politischen Ziele.

Ostverträge

21.8.1970: Als erster der Ostverträge wird in Moskau der deutsch-sowjetische Vertrag über Gewaltverzicht und Zusammenarbeit geschlossen. Grundlage der Vereinbarungen ist die Anerkennung der bestehenden Grenzen, vor allem der Oder-Neiße-Linie und der innerdeutschen Grenze. Am 7.12. folgt in Warschau die Unterzeichnung des deutsch-polnischen Vertrags über die Normalisierung der beiderseitigen Beziehungen.

Rücktritt Ulbrichts

3.5.1971: Walter Ulbricht tritt von seinem Posten als Erster Sekretär des ZK der SED zurück. Sein Nachfolger wird Erich Honecker.

»Rolling Stone« heiratet

12.5.1971: Der britische Rockstar Mick Jagger von den »Rolling Stones« heiratet in St. Tropez das nicaraguanische Fotomodell Bianca Morena.

Mick Jagger

Arabische Emirate gegründet

2.12.1971: Sechs Scheichtümer und Emirate am Persischen Golf schließen sich zur Föderation der Arabischen Emirate zusammen.

Grundlagen-Vertrag

17.5.1972: In Ost-Berlin schließen die Bundesrepublik und die DDR den »Grundlagen-Vertrag« über die gegenseitige Anerkennung der Souveränität beider Staaten.

SALT-I-Abkommen

22.5.1972: In Moskau verhandeln US-Präsident Nixon und Parteichef Breschnew über eine Verbesserung der beiderseitigen Beziehungen. Wichtigstes Ergebnis ist das »SALT-I«-Abkommen über eine Begrenzung der strategischen Nuklearrüstung. Mit der Doktrin der »friedlichen Koexistenz« tolerieren sich die unterschiedlichen Gesellschaftssysteme.

Olympia-Attentat in München

5.9.1972: Arabische Terroristen der Gruppe »Schwarzer September« stürmen das Olympische Dorf in München, töten zwei israelische Sportler, nehmen neun weitere als Geiseln und fordern die Freilassung von 200 in Israel inhaftierten Arabern. Bei einer mißlungenen Befreiungsaktion kommen neben fünf Arabern auch die israelischen Geiseln und ein deutscher Polizist ums Leben.

Waffenstillstand in Vietnam

27.1.1973: In Paris unterzeichnen Vertreter der USA, Nord- und Südvietnams ein Waffenstillstandsabkommen. Gleichzeitig wird der Abzug aller amerikanischen Truppen vereinbart. Der Krieg zwischen Süd- und Nordvietnam setzt sich allerdings noch bis 1975 fort. Die militärische Niederlage in Vietnam und der Verlust von 58 000 amerikanischen Soldaten lösen in den USA eine tiefe gesellschaftliche Krise aus.

Putsch in Chile

11.9.1973: Bei einem vom US-Geheimdienst CIA unterstützten Putsch einer rechten chilenischen Militärjunta unter General Pinochet wird Staatspräsident Allende erschossen. In den nächsten Jahren werden in Chile Tausende von Regimegegnern ermordet.

Perón erneut Präsident

23.9.1973: In Argentinien wird der aus dem spanischen Exil zurückgekehrte ehemalige Präsident Juan Perón erneut zum Staatsoberhaupt gewählt.

Jom-Kippur-Krieg

6.10.1973: Am höchsten jüdischen Feiertag Jom Kippur führen Ägypten und Syrien einen Überraschungsangriff gegen Israel. Ägyptischen Truppen gelingt die Überschreitung des Suez-Kanals. In einer israelischen Gegenoffensive werden die ägyptischen Linien durchbrochen, die Syrer bis vor Damaskus zurückgedrängt. Die Einhaltung des am 25.10. vereinbarten Waffenstillstands wird von UN-Truppen überwacht.

Ölkrise

28.10.1973: Um der Forderung nach Abzug der Israelis aus den besetzten Gebieten Nachdruck zu verleihen, verhängen die erdölexportierenden arabischen Staaten einen Lieferboykott über die USA und andere israelfreundliche Länder. In den westeuropäischen Staaten werden drastische Sparmaßnahmen zum Ölverbrauch und Fahrverbote für PKW angeordnet. In Großbritannien löst der Boykott eine Wirtschaftskrise aus.

Prinzessin Annes Hochzeit

14.11.1973: Hochzeit von Prinzessin Anne und Mark Phillips. Der Bräutigam ist der zweite Bürgerliche, der in die britische Königsfamilie einheiratet.

Solschenizyn ausgebürgert

12./13.2.1974: Die Verhaftung und Ausbürgerung des russischen Literaturnobelpreisträgers und Regimekritikers Alexander Solschenizyn führt zu weltweiten Protesten. Erst im Jahre 1990 gibt ihm der sowjetische Staatschef Michail Gorbatschow die Staatsbürgerschaft zurück.

Rücktritt Willy Brandts

7.5.1974: Nach der Enttarnung seines persönlichen Referenten Günter Guillaume als DDR-Spion tritt Bundeskanzler Willy Brandt zurück. Zwei Jahre lang ist der Agent im engsten Umfeld des Kanzlers tätig. Brandts Nachfolger wird Bundesfinanzminister Helmut Schmidt.

Fußballweltmeisterschaft

7.7.1974: Vor knapp 80 000 Zuschauern wird die deutsche Nationalmannschaft im Münchener Olympiastadion nach 20 Jahren zum zweiten Mal Fußballweltmeister.

Zypernkrise

15.7.1974: Von der griechischen Militärjunta unterstützte griechisch-zypriotische Offiziere stürzen Präsident Erzbischof Makarios. Zwischen 20.7. und 16.8. besetzen türkische Truppen den Nordteil der Insel.

Nixon tritt zurück

8.8.1974: Angesichts eines wegen der Watergate-Affäre drohenden Amtsenthebungsverfahrens tritt der amerikanische Präsident Nixon zurück. Nachfolger wird der bisherige Vizepräsident Gerald Ford.

KSZE-Schlußakte

1.8.1975: In Helsinki unterzeichnen die Vertreter von 35 Staaten Europas, darunter der Bundesrepublik und der DDR, sowie Nordamerikas die Schlußakte der KSZE-Konferenz. Einer der Hauptpunkte des Vertragswerks ist die Anerkennung der Gleichberechtigung aller Staaten und Gesellschaftsordnungen.

Concorde

21.1.1976: Mit der von einem französisch-britischen Konsortium gebauten »Concorde« geht das erste Überschall-Verkehrsflugzeug auf der Transatlantikstrecke in den Liniendienst.

Schwedisch-deutsche Hochzeit

19.6.1976: Der schwedische König Carl XVI. Gustaf und die Deutsche Silvia Sommerlath heiraten in Stockholm.

Silvia und Carl Gustaf

Vietnam wiedervereinigt

2.7.1976: Mit der Wiedervereinigung Nord-und Südvietnams wird die Sozialistische Republik Vietnam gegründet.

Katastrophe in Seveso

10.7.1976: Bei der Explosion eines Chemiewerks bei Seveso nahe Mailand wird hochgiftiges Dioxin frei und verursacht eine der schlimmsten Umweltkatastrophen des Jahrhunderts, die die Gesundheit von Hunderten von Menschen für ihr ganzes Leben zerstört. Ein Gebiet von 320 Hektar, in dem rund 5000 Menschen leben, wird auf viele Jahre verseucht.

»Charta 77«

7.1.1977: Eine u. a. von dem Schriftsteller Václav Havel angeführte tschechoslowakische Bürgerrechtsbewegung fordert mit der Resolution »Charta 77« die Respektierung der Menschen- und Bürgerrechte in ihrem Land gemäß der KSZE-Schlußakte.

Freie Wahlen in Spanien

15.6.1977: Die ersten freien Wahlen in Spanien seit 1936 gewinnt die Union des Demokratischen Zentrums mit Ministerpräsident Adolfo Suárez an der Spitze.

Sadat in Israel

20.11.1977: Auf Einladung des israelischen Ministerpräsidenten Menachem Begin spricht der ägyptische Staatspräsident Anwar al-Sadat vor dem israelischen Parlament, der Knesseth.

Ende weißer Herrschaft

Februar/März 1978: Unter dem Druck schwarzer Befreiungsbewegungen beruft der rhodesische Ministerpräsident Ian Smith erstmals eine gemischtrassische Regierung und läutet das Ende einer Epoche ein.

Erstes »Retortenbaby«

26.7.1978: In Großbritannien wird »Baby Louise«, das erste außerhalb des Mutterleibes gezeugte Baby, geboren.

Camp David

6.–17.9.1978: Ägypten und Israel einigen sich in Camp David über einen Friedensvertrag für ihre Region. Dieser beinhaltet die Räumung der Halbinsel Sinai, die Aufnahme diplomatischer Beziehungen zwischen beiden Ländern und die Einleitung von Verhandlungen über das von Israel besetzte Westjordanland und den Gaza-Streifen.

Neuer Papst

16.10.1978: Nach dem Tod Papst Pauls VI. am 6.8. und seines nur 33 Tage amtierenden Nachfolgers Papst Johannes Pauls I. am 26.8. wird der Pole Karol Wojtyla als Johannes Paul II. zum neuen Papst gewählt.

Umsturz im Iran

16.1.1979: Schah Reza Pahlevi flieht wegen bürgerkriegsähnlicher Unruhen nach Ägypten. Am 1.2. kehrt der iranische Schiitenführer Ajatollah Chomeini aus dem französischen Exil zurück. An »Volksgerichten« beginnen Prozesse gegen Anhänger des Schahs. Tausende werden hingerichtet.

Europäisches Parlament

7.–10.6.1979: In Belgien, Dänemark, Frankreich, Großbritannien, Irland, Italien, Luxemburg, den Niederlanden und der Bundesrepublik finden die ersten Direktwahlen zum Europäischen Parlament statt.

Kriegsende in Nicaragua

17.7.1979: Der Bürgerkrieg in Nicaragua geht mit dem Sieg der linksgerichteten sandinistischen Befreiungsfront zu Ende.

Scorsese und Rossellini

30.9.1979: Der amerikanische Regisseur Martin Scorsese und die Schauspielerin Isabella Rosselini heiraten in Rom.

Ariane

24.12.1979: Im Raumfahrtzentrum Kourou gelingt der erste erfolgreiche Start der europäischen Trägerrakete.

1980–1989

»Grüne« gegründet

13.1.1980: Auf ihrem Gründungsparteitag formieren sich die westdeutschen »Grünen« als neue Partei am 23. März legen sie die Grundzüge ihrer Politik als »ökologisch, basisdemokratisch, gewaltfrei« fest.

Simbabwe unabhängig

18.4.1980: Nach Beilegung des Rhodesien-Konflikts wird Simbabwe von Großbritannien unabhängig; die ZANU-Partei Robert Mugabes übernimmt die Macht.

Terror in Italien

2.8.1980: In der italienischen Stadt Bologna werden bei einem Attentat auf dem Bahnhof über 80 Menschen getötet.

Gierek tritt ab

6.9.1980: Nach umfassenden Streikaktionen wird der polnische Staats- und Parteichef Edward Gierek zum Rücktritt gezwungen. Freie Gewerkschaften entstehen, deren Führer Lech Walesa wird.

Krieg am Golf

21.9.1980: Mit dem Einmarsch irakischer Truppen in den Iran beginnt der Erste Golfkrieg zwischen den beiden Staaten. Bevorzugtes Ziel von Bombenangriffen sind Städte im unteren Zweistromland sowie Erdölförderungs- und Erdölverarbeitungsanlagen.

Griechenland in der EG

1.1.1981: Als zehntes Vollmitglied tritt Griechenland der Europäischen Gemeinschaft (EG) bei. Am selben Tag führt die Gemeinschaft den ECU als einzige Verrechnungseinheit der EG-Mitglieder ein.

Geiseln frei

20.1.1981: Nach zähen Verhandlungen werden die seit dem 4. November 1979 in der Teheraner US-Botschaft festgehaltenen Geiseln freigelassen und in die USA ausgeflogen.

Lady Diana

Britische Traumhochzeit

29.7.1981: Die Hochzeit zwischen dem britischen Thronfolger Charles und Lady Diana Spencer rührt Millionen. Rund 3000 geladene Gäste verfolgen die Trauung.

Kriegsrecht in Polen

13.12.1981: Der polnische Ministerpräsident General Jaruzelski verhängt auf Druck der sowjetischen Führung das Kriegsrecht über Polen, um die Ausbreitung der »Solidarität« zu stoppen. Die Gewerkschaft wird verboten, zahlreiche ihrer Funktionäre kommen in Haft. Die USA reagieren mit der Verhängung von Wirtschaftssanktionen gegen die UdSSR.

AIDS-Fälle häufen sich

31.12.1981: Die Fälle der 1980 erstmals diagnostizierten unheilbaren Immunschwächekrankheit (Acquired Immune Deficincy Syndrome) häufen sich. Bis zum Jahr 2000 wird mit 30 bis 40 Millionen Infizierten gerechnet.

Friedensforum in Dresden

13.2.1982: Seit der Stationierung sowjetischer SS-20-Raketen und dem NATO-Doppelbeschluß 1979 wächst in der DDR die nicht-staatliche Friedensbewegung heran. Unter dem Motto »Schwerter zu Pflugscharen« beteiligen sich 5000 meist jugendliche DDR-Bürger an einem Friedensforum in der Dresdner Kreuzkirche.

Falkland-Krieg

2.4.1982: 5000 argentinische Soldaten erobern die Falkland-Inseln, die Großbritannien 1833 in Besitz genommen hat. Der Besitz der Inseln sichert den britischen Anspruch auf Teile der Antarktis – nach rund achtwöchigen Kämpfen sind die »Falklands« am 14. Juni wieder in der Hand Großbritanniens.

Bürgerkrieg im Libanon

6.6.1982: Der seit 1975 anhaltende Bürgerkrieg erreicht einen Höhepunkt. Die israelische Armee marschiert, unterstützt von libanesischen christlichen Milizen, in den Libanon ein, um dort stationierte PLO-Truppen zurückzudrängen.

Neue Regierung in Bonn

17.9.1982: Nach 13 Jahren bricht die sozialliberale Bundesregierung auseinander: die FDP ist mit der Wirtschafts- und Sozialpolitik der SPD nicht länger einverstanden. Am 1. Oktober wird Oppositionsführer Helmut Kohl mit den Stimmen der FDP durch ein konstruktives Mißtrauensvotum zum Bundeskanzler gewählt. Schmidt tritt zurück.

Invasion auf Grenada

25.10.1983: Zusammen mit Einheiten aus sechs Karibik-Staaten besetzen 2000 US-Soldaten die Karibik-Insel Grenada, auf der Armeeangehörige eine linke Militärjunta errichtet haben. Ziel der Aktion ist die Verhinderung des Aufbaus eines sowjetischen Vorpostens.

Indira Gandhi ermordet

31.10.1984: Die indische Ministerpräsidentin Indira Gandhi wird in Neu-Delhi von zwei Sikhs erschossen; wenige Stunden nach dem Attentat wird ihr Sohn Rajiv als ihr Nachfolger vereidigt. Unruhen, die zwischen Hindus und Sikhs ausbrechen, kosten 1100 Menschen das Leben. Zum Schutz der Bevölkerung wird die Armee in von Sikhs bewohnte Stadtteile entsandt und strenge Ausgangssperren verhängt.

Chemiekatastrophe in Bhopal

3.12.1984: 2000 Menschen sterben an den Folgen einer Giftgaskatastrophe im indischen Bhopal. Das Ausströmen hochgiftiger Gase aus einer Fabrik für Pflanzenschutzmittel führt zu dem Unglück.

Hongkong zurück an China

19.12.1984: Großbritannien und China treffen eine Vereinbarung über die Rückgabe der britischen Kronkolonie Hongkong unter die Souveränität der Volksrepublik China für das Jahr 1997.

Gorbatschow KPdSU-Chef

11.3.1985: Michail Gorbatschow (54) wird nur einen Tag nach dem Tod von Konstantin Tschernenko neuer Generalsekretär der KPdSU. Unter den Schlagworten »Glasnost« (Öffnung) und »Perestroika« (Umgestaltung).

Ausschreitungen im Stadion

29.5.1985: Im Brüsseler Heysel-Stadion kommen bei Ausschreitungen vorwiegend britischer »Fußballfans« 98 Menschen ums Leben.

Neue EG-Mitglieder

12.6.1985: In Lissabon und Madrid werden die Verträge über den Beitritt Spaniens und Portugals zur EG unterzeichnet. Mit dieser »Süderweiterung«, die als historischer Schritt gesehen wird, verschärfen sich die ohnehin beträchtlichen landwirtschaftlichen Probleme der Gemeinschaft.

Hollywood-Hochzeit

15.12.1985: Der amerikanische Actiondarsteller Sylvester Stallone und das dänische Fotomodell Brigitte Nielsen feiern eine prunkvolle Hochzeit.

»Challenger«-Katastrophe

28.1.1986: Beim bisher schwersten Unfall in der Geschichte der bemannten Raumfahrt explodiert die US-Raumfähre »Challenger«. Alle Mitglieder der siebenköpfigen Besatzung kommen ums Leben.

Schwarzenegger heiratet

26.4.1986: Der österreichische Bodybuilder und Filmschauspieler Arnold Schwarzenegger heiratet die amerikanische Fernsehjournalistin Maria Shriver.

Arnold Schwarzenegger

GAU in Tschernobyl

26.4.1986: In der sowjetischen Kernkraftanlage Tschernobyl (Ukraine) ereignet sich der bisher schwerste Unfall in der Geschichte der friedlichen Nutzung der Kernenergie. Eine radioaktive Wolke erfaßt ganz Mitteleuropa; mehr als ein halbe Million Sowjetbürger trägt dauerhafte Schäden davon, und die Umgebung des Unglücksgebiets ist auf Generationen hinaus verstrahlt.

Intifada

Im Dezember 1987 beginnt der Aufstand (Intifada) der Palästinenser in den von Israel besetzten Gebieten. Gewaltexzesse israelischer Soldaten führen zu internationalen Protesten und belasten die Koalition zwischen Likud und Arbeiterpartei.

Golfkrieg beendet

20.8.1988: Nach acht Jahren Krieg mit rund 500 000 Opfern einigen sich Iran und Irak auf einen Waffenstillstand.

Sieg der Demokratie in Chile

5.10.1988: Die Bevölkerung Chiles spricht sich in einem Referendum gegen eine Verlängerung der Amtszeit von Staatschef Augusto Pinochet aus, der nach einem von ihm geführten Putsch seit 15 Jahren diktatorisch regiert.

Solidarität siegt

17.4.1989: Die nach Verhängung des Kriegsrechts in Polen verbotene Gewerkschaft »Solidarität« wird wieder zugelassen. Nach freien Wahlen im Juni wird am 24.8. der Chefredakteur der Gewerkschaftszeitung »Solidarität«, Tadeuz Mazowiecki, Ministerpräsident des Landes.

Massaker in Peking

4.6.1989: Mit einem brutalen Militäreinsatz gegen über 100 000 Demonstranten beendet die chinesische Führung friedliche Proteste für Menschenrechte und Demokratie auf dem »Platz des Himmlischen Friedens« in Peking. Damit ist die Anfang der 80er Jahre begonnene Reformbewegung beendet.

Hochzeit in Griechenland

13.7.1989: Der 70jährige griechische Ministerpräsident Andreas Papandreou und die 35jährige Stewardeß Dimitra Liani heiraten in Athen.

Dimitra Liani

Montags-Demos

9.10.1989: 70 000 Menschen demonstrieren in Leipzig für Reformen. Seit September fordern Demonstranten freie Wahlen; auch der Rücktritt von Staats- und Parteichef Erich Honecker führt nicht zu einem Ende der Kundgebungen. Am 23.10. und 4.11. folgen weitere Demonstrationen, an denen über eine Million Menschen teilnimmt. Sie fordern das Ende des sozialistischen Regimes.

Demokratie in Ungarn

23.10.1989: Staatspräsident Szürös erklärt die bisherige Volksrepublik Ungarn zur demokratischen Republik. Aus den ersten freien Wahlen seit 1945 geht 1990 das konservative Ungarische Demokratische Forum (UDF) von Jozséf Antall als Sieger hervor.

Die Mauer fällt

9.11.1989: Völlig überraschend wird in der Nacht zum 10.11. die Berliner Mauer durchlässig. Ab 22 Uhr strömen 50 000 Menschen in Richtung Westen, wo sie begeistert empfangen werden. Innerhalb weniger Tage endet die 1949 vollzogene Teilung Deutschlands.

Monopol der SED zu Ende

1.12.1989: Die Volkskammer beschließt eine Streichung des Machtmonopols der SED. Damit endet ihre Rolle als staatstragende Macht.

1990–1999

Mandela frei

11.2.1990: Die Regierung Südafrikas beschließt die Wiederzulassung des African National Congress (ANC) und die Freilassung seines seit 27 Jahren inhaftierten Führers Nelson Mandela. Ein Ende der Wirtschaftssanktionen gegen das Land soll erreicht werden.

Baltische Staaten unabhängig

11.3.1990: Als erste der drei baltischen Republiken erklärt sich Litauen für unabhängig, Lettland und Estland folgen. Nach einem Versuch, die Republiken gewaltsam in der Union zu halten, erkennt Moskau ihren Schritt am 6.9.1991 an.

DDR

18.3.1990: Überraschend gewinnt das konservative Wahlbündnis »Allianz für Deutschland« unter der Führung des Christdemokraten Lothar de Mazière die ersten freien Wahlen zur Volkskammer.

Boris Jelzin Präsident

29.5.1990: Der Oberste Sowjet der Russischen Föderativen Republik wählt den Radikalreformer Boris Jelzin zu seinem Präsidenten.

Golfkrieg II

2.8.1990: Der irakische Diktator Saddam Hussein überfällt das benachbarte Emirat Kuweit und erklärt es nach siegreichem Vormarsch seiner Truppen am 28.8. zum 19. Verwaltungsbezirk des Irak.

Zwei + Vier

12.9.1990: In Moskau wird von Frankreich, Großbritannien, der UdSSR, den USA, der Bundesrepublik Deutschland sowie der DDR das Abschlußdokument der »Zwei + Vier«-Gespräche unterzeichnet, das den Weg zur deutschen Einheit freimacht.

Beitritt

3.10.1990: Nach 41 Jahren sind die beiden deutschen Staaten wiedervereinigt; die DDR tritt der Bundesrepubilk bei. Rechtliche Grundlage ist der am 31.8. unterzeichnete deutsch-deutsche Einigungsvertrag.

Militäroffensive gegen Irak

17.1.1991: Nach dem Scheitern aller diplomatischen Bemühungen starten alliierte Truppen aus 31 Staaten eine Militäroffensive zur Befreiung Kuweits, die den Krieg am 28.2. beendet.

Warschauer Pakt aufgelöst

31.3.1991: Der politische Wandel in Osteuropa führt zur Auflösung der militärischen Strukturen des Warschauer Pakts.

Berlin wird Bundeshauptstadt

20.6.1991: Mit dem knappen Ergebnis von 338 zu 320 Stimmen votiert der deutsche Bundestag in namentlicher Abstimmung nach heftiger Debatte für Berlin als künftigen Parlaments- und Regierungssitz.

Balkan-Krieg

27.6.1991: Zwei Tage nach dem offiziellen Ausscheiden von Slowenien und Kroatien aus dem jugoslawischen Staatsverband beginnt der offene Bürgerkrieg. Teile der serbisch geführten Bundesarmee versuchen vergeblich, die beiden Republiken in den alten Staat zurückzuzwingen.

Ende der UdSSR

21.12.1991: Elf von 15 ehemaligen Sowjetrepubliken schließen sich zur Gemeinschaft Unabhängiger Staaten (GUS) zusammen. Damit endet die Existenz der Sowjetunion. Die GUS-Mitglieder erklären Gorbatschow für abgesetzt; am 25.12. tritt er als sowjetischer Staatspräsident zurück.

EU-Vertrag

7.2.1992: Die Außen- und Finanzminister unterzeichnen in Maastricht den Vertrag über einen Ausbau der EG zu einer Europäischen Union mit einer einheitlichen Währung und gemeinsamer Außen- und Sicherheitspolitik.

Rebellen-Sieg

16.4.1992: Mit dem Einmarsch moslemischer Rebellen-Verbände in die Hauptstadt Kabul endet der seit 13 Jahren anhaltende Bürgerkrieg in Afghanistan. Staatspräsident Mohammed Nadschibullah tritt zurück, 500 000 Menschen fliehen aus der Stadt.

Spaltung

5.6.1992: Nach Parlamentswahlen in der CSFR bilden die beiden Sieger, der Tscheche Václav Klaus und der Slowake Vladimir Meciar, eine Übergangsregierung, die die Spaltung der Republik in zwei unabhängige Staaten beschließt: Tschechien und Slowakei.

Clinton gewinnt

3.11.1992: Der Demokrat Bill Clinton gewinnt die Wahl um das amerikanische Präsidentenamt gegen den 68jährigen republikanischen Amtsinhaber George Bush.

Woody Allen und Soon-Yi

Allen heiratet Stieftochter

23.12.1992: Der amerikanische Starkomiker und Filmregisseur Woody Allen heiratet in Paris nach langwieriger Scheidung von Mia Farrow seine Adoptivtochter Soon-Yi Previn.

Reformpolitik bestätigt

25.4.1993: Ein Referendum bestätigt sowohl den 1991 vom Volk gewählten russischen Präsidenten Boris Jelzin im Amt als auch dessen Reformpolitik. Der mit Jelzin verfeindete Kongreß der Volksdeputierten amtiert jedoch vorerst weiter.

Gaza-Jericho-Abkommen

13.9.1993: In Washington unterzeichnen der israelische Ministerpräsident Yitzhak Rabin und der Palästinenser-Führer Jassir Arafat das Gaza-Jericho-Abkommen über eine Autonomie der Palästinenser in den von Israel besetzten Gebieten. Das Abkommen sieht eine zunächst bis 1999 befristete Selbstverwaltung der Palästinenser im Gaza-Streifen und Jericho vor. Für Juli 1994 werden Wahlen zu einem palästinensischen Autonomierat anberaumt. Israel soll seine Armee aus den besetzten Gebieten abziehen. Mögliche Konflikte soll ein gemeinsamer Ausschuß regeln.

Putsch gegen Jelzin

4.10.1993: In Moskau scheitert ein Putschversuch von Jelzin-Gegnern. Nach der Auflösung des reformfeindlichen Parlaments durch Jelzin und der Ankündigung von Neuwahlen sowie eines Referendums über eine neue Verfassung hatte der Oberste Sowjet Jelzin für abgesetzt erklärt und seinen Stellvertreter Alexander Rutzkoi zum Staatschef ernannt. Das daraufhin von etwa 10 000 Jelzin-Gegnern besetzte Weiße Haus in Moskau kann von Jelzin-treuen Elitetruppen geräumt werden. 300 Parlamentarier werden verhaftet.

Europäische Union

1.11.1993: In der Europäischen Gemeinschaft (EG) tritt der 1991 vereinbarte Vertrag von Maastricht in Kraft, der eine wesentliche Intensivierung der politischen und wirtschaftlichen Zusammenarbeit der EG-Länder vorsieht. Aus der bisherigen EG wird die Europäische Union (EU).

Jugoslawien-Konflikt

11.2.1994: Ein blutiger Anschlag serbischer Artillerie auf Zivilisten in Sarajevo veranlaßt die NATO-Staaten zum militärischen Eingreifen in Bosnien-Herzegowina. Damit werden die Serben zum Rückzug ihrer schweren Waffen gezwungen. Am 25.2. tritt ein Waffenstillstand zwischen Kroaten und Moslems in Kraft, dem die Errichtung der Föderation von Bosnien-Herzegowina folgt.

Wahlen in Südafrika

26.4.1994: Bei den ersten freien Wahlen, an denen auch die nichtweiße Bevölkerung Südafrikas teilnimmt, siegt der African National Congress (ANC), dessen Parteivorsitzender Nelson Mandela am 9.5. zum ersten schwarzen Präsidenten Südafrikas gewählt wird.

Tschetschenien-Konflikt

22.6.1995: Nach einem die Führung in Moskau belastenden Geiseldrama wird in einem Waffenstillstandsabkommen zwischen den Kriegsparteien die Entwaffnung der tschetschenischen Unabhängigkeitskämpfer und der Abzug der russischen Truppen vereinbart.

Jugoslawien-Konflikt

4.8.1995: Die kroatische Armee erobert die seit 1991 bestehende Serbische Republik Krajna.

Formel-1-Weltmeisterschaft

22.10.1995: Der deutsche Rennfahrer Michael Schumacher wird zum zweitenmal Weltmeister in der Formel 1.

Yitzhak Rabin ermordet

4.11.1995: Bei einer Friedenskundgebung in Tel Aviv wird der israelische Premierminister Yitzhak Rabin von einem aus dem orthodox-rechtsradikalen Milieu Israels stammenden Gegner seiner Versöhnungspolitik mit den Arabern erschossen.

Dayton-Abkommen

21.11.1995: Unter massivem, auch militärischem Druck von UNO und NATO unterzeichnen in Dayton/USA die Führer der jugoslawischen Bürgerkriegsparteien Milosevic, Tudjman und Izetbegovic ein Abkommen zur Beendigung des seit vier Jahren andauernden Balkankonflikts mit seinen mehr als 250 000 Toten und 2 Millionen. Flüchtlingen.

Wahlen in Rußland

16.6.1996: Präsident Jelzin gewinnt mit 35 % der Stimmen gegenüber seinem kommunistischen Mitbewerber Sjuganow (32 %) die erste Runde der russischen Präsidentschaftswahlen. Die Stichwahl am 3. Juli bringt einen überzeugenden Wahlsieg Jelzins.

Olympische Sommerspiele

19.7.1996: US-Präsident Bill Clinton eröffnet in Atlanta im Bundesstaat Georgia die XXVI. Olympischen Sommerspiele der Neuzeit (bis 4.8.). Die Spiele werden von einem im Zentrum Atlantas verübten Bombenattentat überschattet, bei dem zwei Personen getötet werden.

Erstes Säugetier geklont

23.2.1997: Britische Wissenschaftler geben bekannt, daß erstmals das Klonen eines Säugetiers gelungen ist. Das Schaf »Dolly« hat keine Eltern, sondern ist im Labor als genetische Kopie eines Artgenossen entstanden.

Klimakatastrophe

26.9.1997: Das Klimaphänomen »El Niño« verursacht Flutkatastrophen in Südamerika und Waldbrände in Südostasien. Teile Indonesiens werden von einer riesigen Rußwolke eingehüllt.

Cristina und Iñaki

Infantin heiratet Handballer

4.10.1997: Im Beisein des internationalen Hochadels heiratet die spanische Infantin Cristina in Barcelona den Handballspieler Iñaki Urdangarin.

Währungsunion

2.5.1998: Die Staats- und Regierungschefs der Europäischen Union beschließen in Brüssel den Start der europäischen Währungsunion am 1.1.1999. Erster Präsident der Europäischen Zentralbank in Frankfurt ist der Niederländer Wim Duisenberg.

Schweres Bahnunglück

3. 6. 1998: Beim schwersten Eisenbahnunglück in Deutschland kommen 101 Menschen ums Leben. Ein Hochgeschwindigkeitszug entgleist bei Eschede und rast mit rund 200 Stundenkilometern gegen einen Brückenpfeiler.

Flutwelle in Papua-Neuguinea

20. 7. 1998: Als Folge eines Seebebens überschwemmt eine zehn Meter hohe Flutwelle die Nordostküste Papua-Neuguineas. Dem »Tsunami« genannten Naturphänomen fallen nicht weniger als 8000 Menschen zum Opfer.

Personenregister

Sachregister

Bildnachweis

amnesty international, Bonn: 29 u.

Archiv für Kunst und Geschichte, Berlin: 6, 15, 16 r.,17, 22, 23, 24 u., 25 u., 36, 38/39, 39 o.,43, 47, 48 o. (Lotte Jacobi), 51, 69 l., 75, 80 o., 87 u., 89, 100, 104 u., 128, 222 u.

Artothek /J. Blauel, München: 24 o.

Associated Press, Frankfurt/M.: 230/231, 305 r. o., 317 u. l.

Bertelsmann Lexikon Verlag, Gütersloh: 21 r., 25 o., 41 o., 42 l., 46, 91 o.

Bongarts Sportfotografie, Hamburg: 317 u. r.

Cinetext, Frankfurt/M.: 34/35, 52/53, 54/55, 56/57, 61 u., 63 r., 64, 65 u., 72/73, 114 o., 114 u., 118 m. r., 120/121, 122, 138 u. r., 146, 198/199, 210/211, 227, 238, 248 o., 251 r. o., 253, 254/255, 261 r. m., 266 l., 278 o., 278 u., 282/283, 290 u., 297 o., 298/299, 299 r./2.v.o., 300 u.

Constantin-Film: 138 u. l.

Deutsches Museum, München: 30/31

dpa, Frankfurt: 101, 271, 272/273, 289 u.

Horstmüller, Düsseldorf: 231 o.

Interfoto, München: 41 u., 77 u. l., 88, 103

Keystone Pressedienst, Hamburg: 39 u., 77 o. r., 77 o. l., 77 u. r., 126/127, 166, 213, 250/251, 281 o.

Metropolitan Museum of Modern Art, New York: 70

Österr. Nationalbibliothek, Wien: 42 r.

Public Address, Hamburg: 268/269, 288

Rowohlt Verlag, Reinbeck: 69 r.

Sipa Press, Paris: 16 l., 81 u., 90, 110, 134/135, 147, 153 u., 155, 171 o., 182/183, 184 u., 185 o., 185 u., 193, 218 o., 218 u., 219, 223 o., 224/225, 233 o., 239, 240 l., 242, 247, 260/261, 261 r. o., 261 r. u., 265 o., 275, 279, 304/305, 286, 287, 289 o., 290 o., 291, 292/293, 294/295, 299 r.u., 301, 304/305, 310, 312/ 313, 314/315, 316, 327, 328, 330, 331

Scherz Verlag, Bern: 32

Schiller Nationalmuseum/ Deutsches Literaturarchiv, Marbach: 5, 68

Süddeutscher Verlag, München: 19, 44, 50, 74 o., 74 u.

Seite 23 u. 25 o.: © Städt. Galerie im Lenbachhaus, München/VG Bild-Kunst, Bonn 1998
Seite 24 o.: © Staatsgalerie Moderner Kunst, München/VG Bild-Kunst, Bonn 1998
Seite 38/39: © Kunstmuseum, Basel/VG Bild-Kunst, Bonn 1998
Seite 47 u. 49: © VG Bild-Kunst, Bonn 1998
Seite 70: © Metropolitan Museum of Art/VG Bild-Kunst, Bonn 1998
Seite 197: © Succession Picasso/VG Bild-Kunst, Bonn 1998

Worpsweder Verlag, Lilienthal: 13/14, 20, 21

Alle übrigen Abbildungen: Corbis-Bettmann, New York/AFP/Penguin/Reuters/ A. Rothschild/ Springer/UPI

Trotz größter Sorgfalt konnten die Urheber des Bildmaterials nicht in allen Fällen ermittelt werden. Es wird gegebenenfalls um Mitteilung gebeten.

Impressum

Autorisierte Sonderausgabe für Bassermann Verlag

Idee
Ulrike Rohland

Projektleitung
Dr. Jörg Meidenbauer, München

Text/Redaktion
Petra Frese, Dr. Pia-Maria Funke, Mathias Hejny, Dr. Jörg Meidenbauer, Dr. Martina Stoyanoff-Odoy, Dr. Annette Zehnter

Bildredaktion
Ulrike Rohland

Gestaltung
Ludwig Kaiser, München

Layout
Andreas Hubert, München

5502400X03 02 01
817 2635 4453 6271